职业教育·城市轨道交通类专业教材

隧道及地下工程技术

（第2版）

王运周　主　编

王道远　雷娟娟　副主编

杨建国　主　审

人民交通出版社股份有限公司

北京

内 容 提 要

本教材为职业教育城市轨道交通类专业教材。教材内容以隧道及地下工程结构组成和施工过程为主线,分为隧道及地下工程基础知识、地下车站施工、区间隧道施工、不良和特殊地质地段隧道施工、防排水技术、施工质量检测及监控量测6个项目。

教材编写从隧道及地下工程施工员、资料员、检测员等岗位工作任务和职业能力着手,以工作任务为导向,详细介绍了隧道及地下工程施工过程中的岗位工作流程、工作内容及注意事项,强调了施工技能和检测能力的培养,紧紧围绕工作任务需要,合理取舍理论知识,融"教、学、做"于一体,强化学生职业能力的培养,旨在培养高素质的技能型人才。

本教材是城市轨道交通工程技术专业的核心课程教材,可供高职高专、五年制高职、应用型本科等院校城市轨道交通类专业学生学习使用,也可作为隧道及地下工程施工员、资料员及检测员的培训教材。

＊本教材配套资源丰富,包括 **PPT** 课件、视频、电子活页、习题答案等资源,供教学者使用。**PPT** 课件等可通过加入职教轨道教学研讨群(**QQ** 群:**129327355**)获取。

图书在版编目(CIP)数据

隧道及地下工程技术/王运周主编. —2 版. —北京:人民交通出版社股份有限公司,2023.6 (2025.7 重印)

ISBN 978-7-114-18558-8

Ⅰ.①隧… Ⅱ.①王… Ⅲ.①隧道工程—工程技术Ⅳ.①U45

中国版本图书馆 CIP 数据核字(2022)第 256291 号

职业教育·城市轨道交通类专业教材
Suidao ji Dixia Gongcheng Jishu

书　　　名:	隧道及地下工程技术(第 2 版)
著 作 者:	王运周
责任编辑:	杨　思
责任校对:	赵媛媛　龙　雪
责任印制:	张　凯
出版发行:	人民交通出版社股份有限公司
地　　址:	(100011)北京市朝阳区安定门外外馆斜街 3 号
网　　址:	http://www.ccpcl.com.cn
销售电话:	(010)85285911
总 经 销:	人民交通出版社股份有限公司发行部
经　　销:	各地新华书店
印　　刷:	北京武英文博科技有限公司
开　　本:	787×1092　1/16
印　　张:	14.75
字　　数:	326 千
版　　次:	2014 年 2 月　第 1 版 2023 年 6 月　第 2 版
印　　次:	2025 年 7 月　第 2 版　第 2 次印刷　总第 11 次印刷
书　　号:	ISBN 978-7-114-18558-8
定　　价:	45.00 元

教材编写理念与思路

本教材以习近平新时代中国特色社会主义思想为指导,在编写中深入贯彻落实党的二十大精神,在教材内容安排中遵循职业教育教学规律和人才成长规律,适应城市轨道交通行业的快速发展。教材内容以真实项目、典型工作任务等为载体,以隧道及地下工程施工员、资料员、检测员的岗位工作任务为导向,将新技术、新工艺、新规范、新标准与教材内容及时对接,力求知识、能力和职业素养能够有机结合,为培养高素质的技能型人才提供保障。

主要内容

为了创新办学模式,深化产教融合、校企合作,教材由具有丰富教学经验的专业教师及城市轨道交通企业技术骨干编写,将教材内容分为隧道及地下工程基础知识、地下车站施工、区间隧道施工、不良和特殊地质地段隧道施工、防排水技术、施工质量检测及监控量测 6 个项目。

修订要点

本次教材修订在第 1 版教材的基础上分别从教学内容、教学设计及配套资源等方面进行改进。教学内容以项目、任务的形式呈现,考虑到防水对地下工程的重要性,增加了防排水技术部分,使教学内容更加完整,所有教学内容与新技术、新工艺、新规范、新标准及时对接;教学设计以培养高素质的技能型人才为宗旨,每个项目模块都设计了岗位实境、项目任务书、过关练习及工程案例分析,实现日常教学的有效性,为学生就业打好基础。在第 1 版的基础上,本教材配有优质的 PPT 课件及大量的图片、题库、视频等丰富教学资源。

特色与创新

教材全面贯彻课程思政要求,坚持正确的政治方向和价值导向。教材体现中华民族风格,体现人类文化知识积累和创新成果,全面落实立德树人要求,弘扬劳动光荣、技能宝贵、创造伟大的时代风尚。

"岗课赛证"融通。教材对接最新行业标准和规范,围绕岗位实际工作过程。其中,隧道及地下工程基础知识、地下车站施工、区间隧道施工、防排水技术等内容对标二级建造师职业技能等级证书考核方案中相应考核要点,施工质量检测及监控量测对标检测师职业技能等级证书考核方案中相应考核要点,贯彻落实了"岗课赛证"融通。

岗位任务衔接有序。教材遵循学生认知规律和职业成长规律,教学内容由浅入深、循序渐进。每个项目分解为若干基于岗位的教学任务,让学生在完成知识准备的前提下合作完成每个任务,提高学生的职业能力。

实现"以学生为中心"的教学相长。教材配有教学调查反馈,学生可结合自身学习体验,反馈建议,有助于教师不断改进教学方法和内容。

编写分工

本教材由甘肃交通职业技术学院王运周担任主编,河北交通职业技术学院王道远、甘肃交通职业技术学院雷娟娟担任副主编,交通运输部科学研究院杨建国担任主审。项目一由甘肃交通职业技术学院王运周编写,项目二、项目四、项目五、项目六由甘肃交通职业技术学院雷娟娟编写,项目三由河北交通职业技术学院王道远编写。

配套服务

本教材配套资源丰富,包括 PPT 课件、视频、电子活页等,供教学者使用,满足新形势下线上、线下混合式教学要求。

致谢

本教材参考和引用了地铁方面的一些标准、规范,城市轨道交通工程技术专家、学者的著作和成果,这些文献资料对编写教材和开展教学具有重要的价值,在此向相关作者表示衷心的感谢。虽然编者在教材编写过程中进行了精心的设计和凝练,但由于水平有限,书中难免存在不足和疏漏之处,敬请读者批评指正,以便修订完善。

编 者
2023 年 2 月

目 录

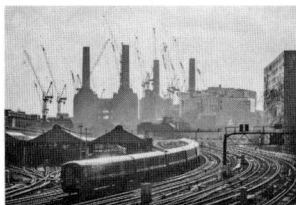

课程导学

一、课程特点与任务

"隧道及地下工程施工"是城市轨道交通工程技术专业的核心课程,其内容具有较强的系统性和实践性。该课程的任务是使学生掌握本专业所涉及的隧道及地下工程的施工技术知识,以及有关的施工规范、标准;在施工员岗位上,能根据工程性质、施工图纸要求、现场实际情况选择相应的施工工艺、施工机具等;在资料员岗位上,能够收集、归档和整理各类资料,能够进行施工中各种试块、试件的取样、送检等工作;在检测员岗位上,能够严格按照标准、规范做好检测工作的原始记录和数据处理等工作。总之,对于学生而言,毕业后要想在本专业岗位工作范围内尽快合格顶岗,学好该课程的相关知识至关重要。

二、职业岗位现状

近年来,在党和国家的大力支持下,我国轨道交通建设正处于快速发展阶段,党的二十大报告指出推进新型工业化,加快建设**制造强国、质量强国、交通强国**。隧道及地下工程行业对施工员、资料员、检测员等基层技术人员的需求不断增加,这也促使施工企业对基层技术人员的需求不断增加。学生毕业上岗即顶岗,企业对毕业生应具有的施工技术、施工管理的知识与能力提出了更高的要求。

随着经济的发展,城市轨道交通建设步伐加快。其中,隧道及地下工程不仅不占用有限地面空间,还提高了出行效率,所以越来越多的城市隧道及地下工程走进了人们的生活。隧道及地下工程基础知识、地下车站施工、区间隧道施工、不良和特殊地质地段隧道施工、防排水技术、施工质量检测及监控量测等对学习隧道及地下工程岗位专业知识、岗位技能、职业素养等有十分重要的意义。

三、学习建议

本教材项目一介绍了隧道及地下工程,地质勘查,围岩分级,地铁隧道平面、纵断面及净空限界设计，城市隧道交通隧道结构构造等方面的基础知识，体现了该课程系统性强的特点。项目二至项目六则介绍了地下车站、区间隧道及不良和特殊地质地段隧道的施工工艺，以及防排水技术与施工质量检测及监控量测方法等，这部分内容紧密联系实际工程，体现了该课程实践性强的特点。由于隧道及地下工程施工具有复杂性，单凭课堂学习很难熟练掌握相关知识和技能，必须辅以大量的具体实践环节，包括各种实习、参观、现场教学，只有实践环节与课堂教学有机结合，才能更有效地体现该课程、本教材的价值。为此，提出几点学习建议供参考。

（1）每个项目均应结合案例进行学习。建议在学习隧道及地下工程基础知识后，应进行一次现场参观学习，做到理论联系实际；学习地下车站、区间隧道施工时，有条件的可进行现场参观学习，如果不具备参观学习条件，可通过 VR 模拟施工工序，或通过录像观摩学习；学习不良和特殊地质地段隧道施工时，学生可通过网络资源补充学习；学习防排水技术时要理论紧密联系实际，做防排水系统模型；学习施工质量检测及监控量测时，要进行现场实训。

（2）学习过程中应了解相关的现行施工规范、规程、标准等，结合行业实践，体现高等职业教育特点。

（3）学时安排建议如下：

序号	课程内容	总学时	学时分配		
			讲授	录像观摩	现场实训
1	隧道及地下工程基础知识	6	4		2
2	地下车站施工	12	8	2	2
3	区间隧道施工	14	10	2	2
4	不良和特殊地质地段隧道施工	4	4		
5	防排水技术	4	2		2
6	施工质量检测及监控量测	8	4		4
	总计	48	32	4	12

各位同学：在全面建设社会主义现代化国家新征程中，职业教育前途广阔、大有可为。青年强，则国家强。当代中国青年生逢其时，施展才干的舞台无比广阔，实现梦想的前景无比光明。广大青年要坚定不移听党话、跟党走，怀抱梦想又脚踏实地，敢想敢为又善作善成，立志做有理想、敢担当、能吃苦、肯奋斗的新时代好青年，让青春在全面建设社会主义现代化国家的火热实践中绽放绚丽之花。

四、配套资源使用说明

为方便各位同学掌握书中知识,教材配有视频动画、在线答题等资源。可扫描封面二维码按照相关操作观看动画、在线答题。

更多资源可关注"交通教育"微信公众号,"交通云课堂"中有大量隧道及地下工程相关微课,各位同学可观看学习。

五、案例导入

下面让我们以一则案例开启学习之旅。

某市为了缓解交通压力,计划在 10 年内建成 3 条城市轨道交通线路。其中,城市轨道交通 1 号线一期工程土建 I 标段 2 工区包含三站两区间,分别是 A 站、B 站—A 站区间、A 站—C 站区间,线路总长 3.725km。

1. 车站工程

A 站:车站采用岛式双柱三跨箱形框架结构,地下一层为物业开发层,地下二层为站厅层,地下三层为站台层。车站主体及附属工程均采用现浇钢筋混凝土结构,结构外侧设柔性全包防水层。车站主体及附属工程均采用明挖法施工,车站小里程端为盾构始发,大里程端为盾构吊出。

2. 区间工程

B 站—A 站区间:区间设计里程右线长 1388.800m,左线长 1376.368m。区间采用明挖法和盾构法施工,明挖区间里程长度为 695.800m,盾构区间长度为 692.800m,从 A 站始发,由接收井吊出。区间设置两个联络通道,分别采用明挖法、暗挖法施工。A 站—C 站区间:区间设计里程右线长 2120.009m,左线长 2133.613m。区间由 A 站出站后,下穿黄河沿某路下方敷设,下穿黄河段长度约 317.000m。由于场地周边相对空旷,线路采用双线同侧绕避大桥,由大桥上游下穿河底通过。区间设置盾构检修井,采用明挖法、暗挖法施工。在区间盾构施工时,考虑到黄河高水压可能导致的结构渗漏问题,对管片防水密封垫进行特殊设计,以化解高水压带来的风险。

城市轨道交通 1 号线属于地下工程,其一期工程土建 I 标段 2 工区在车站、区间建设中涉及的盖挖法、明挖法、暗挖法、盾构法等施工方法,防排水方法等是目前隧道及地下工程常见的方法。

隧道及地下工程施工方法、防排水技术、施工质量检测与监控量测等职业技能是城市轨道交通工程技术专业必备技能,为了能够毕业上岗即顶岗,让我们开启隧道及地下工程技术的学习之旅吧!

项目一
隧道及地下工程基础知识

岗位实境

城市轨道交通工程技术专业二年级学生小李，马上要在轨道交通相关承建单位进行施工员、资料员、检测员等岗位助理的轮岗实习。为了获得轮岗实习的职业技能及职业素养，在实习之旅开启之前，请跟随小李一起学习隧道及地下工程的相关基础知识吧。

项目任务书 ▷▷▷

名称		隧道及地下工程基础知识
学习目标	知识目标	(1)知道隧道及地下工程的基本概念、组成、分类及特点; (2)能列举围岩分级的基本质量指标; (3)熟悉隧道施工超前地质预报的方法; (4)了解隧道选线、平面设计的内容
	技能目标	(1)能依据基本质量指标判断围岩的质量级别; (2)能准确说出城市轨道交通车站及区间的具体构造; (3)能准确说出地铁车站的附属设施
	素质目标	(1)具备安全与自我保护意识; (2)具备沟通协调能力、语言表达能力; (3)培养团结协作、热情有礼、认真细心的品格
学习重点		(1)从概念、组成、分类等方面总体介绍隧道; (2)地质预报对地下工程,尤其是隧道工程施工至关重要,请结合任务二知识,介绍隧道施工超前地质预报的方法和内容; (3)简述常见的地铁隧道限界,试比较它与公路隧道、铁路隧道限界的异同; (4)参观所在城市轨道交通隧道,介绍所参观线路某一个车站和区间的结构组成
任务 实施要求		(1)班级学生分组,5~8 人为一个学习团队; (2)每个学习团队组织学习,进行项目任务分析、任务分配、团队工作任务分配表制订; (3)资料及相关知识学习,完成任务实施的前期知识积累; (4)团队按任务分配表按时完成任务; (5)依据评价表,客观、公正评价任务实施情况
任务 实施要点		(1)学习资源收集与整理; (2)确认任务学习的重点与难点; (3)学习团队进行讨论,通过团队合作获取问题的解决方案; (4)培养施工安全意识
任务拓展		(1)结合本城市的情况,组织团队成员去现场参观学习; (2)能够进行城市轨道隧道相关资料的查找与整理; (3)制作任务书要求的多媒体课件(PPT),为今后的工作留下资料

城市轨道交通工程技术专业相关职业知识要求:
(1)掌握隧道及地下工程的构成、隧道的分类;
(2)掌握地质预报的方法及适用条件;
(3)掌握围岩分级的基本方法

任务一 隧道及地下工程概述

◀◀ **任务描述与分解** 🖊

任务描述：从概念、组成、分类等方面总体介绍隧道。

任务分解：根据任务描述，完成以下任务。

(1)小组合作讨论所学内容，明确隧道的概念、组成、分类、特点等；

(2)参观隧道或收集隧道案例；

(3)小组代表结合案例汇报本小组的任务完成情况。

◀◀ **知识准备** 🖊

随着经济及现代化公路的发展，隧道及地下工程在工程中的重要作用和地位日益突显。隧道在缩短线路里程，改善线形和运输条件，有效防止山地陡坡地滚石、泥石流等自然灾害，提高行车安全性和可靠性，协调当地环境，保护自然景观方面发挥着重要的作用。

一、隧道

(一)隧道的概念

1970年，OECD(经济合作与发展组织)隧道会议从技术方面将隧道定义为：以任何方式修建，最终使用于地表面以下的条形建筑物，其内部空洞净空断面在 $2m^2$ 以上者均为隧道。在地下工程的广泛范围中，用以保持地下空间作为运输孔道的建筑物，称为隧道。隧道也是一种修建在地下，两端有出入口，供车辆、行人、水流及管线等通过的工程建筑物。

(二)隧道的组成

隧道由主体建筑物和附属建筑物两部分组成。隧道主体建筑物由洞身衬砌和洞门建筑两部分组成。隧道主体建筑物的作用是保持隧道的稳定，保证行车安全，洞身衬砌和洞门形式如图1-1-1a)、b)所示。洞门的构造形式由多方面因素决定，如地形地貌、岩体稳定性、通风方式、照明状况以及环境条件等。在洞门容易坍塌或在山体坡面有崩坍和落石地段，则应接长洞身(即早进洞或晚出洞)，或加筑明洞洞口，如图1-1-1c)所示。

公路隧道附属建筑物是主体建筑物以外的其他建筑物，是为了运营管理、维修养护、给水排水、供蓄发电、通风照明、通信、安全等而修建的建筑物。附属建筑物包括检修道、人行道(或避车洞)、防排水设施、通风道，以及供电、照明、消防、通信、救援及监控等附属设施。

(三)隧道的分类

隧道的种类繁多，从不同的角度有不同的分类方法。常见的分类方法:按隧道所处的地质条件,可以分为土质隧道和石质隧道;按埋置深度,可以分为浅埋隧道和深埋隧道;按隧道的长度,可以分为中隧道(铁路隧道规定:$500m < L \leqslant 3000m$;公路隧道规定:$500m < L \leqslant 1000m$)、长隧道(铁路隧道规定:$3000m < L \leqslant 10000m$;公路隧道规定:$1000m < L \leqslant 3000m$)和特长隧道(铁路隧道规定:$Lm > 10000m$;公路隧道规定:$L > 3000m$)。比较明确的还是按照它的用途来分,可以分为以下几种。

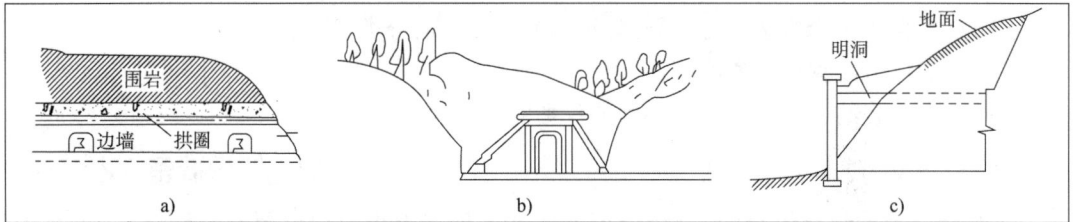

■ 图 1-1-1

隧道主体建筑物的组成

a)洞身;b)洞门;c)明洞

1. 交通隧道

交通隧道是隧道中数量最多的一种。其作用是提供交通运输和人行的通道,以满足交通线路畅通的要求。其一般包括以下几种。

(1)铁路隧道。我国是个多山的国家,地势西高东低,地形复杂,开挖隧道直接穿山而过,既可使线路顺直,又可以减小坡度,使运营条件得以改善。例如:川黔铁路线上的凉风垭隧道,跨越分水岭时,拔起高度小、展线短、线路顺直,造价也低,越岭高度降低了96m,线路缩短了14.7km,并避开了不良地质区域。由此可见,在山区地带铁路线上,隧道起了很大作用。

(2)公路隧道。随着社会经济的发展,高速公路的大量修建,出现了大量的公路隧道。公路隧道在改善公路技术状态,缩短运行距离,提高运输能力以及减少事故等方面起到了重要的作用。例如乌鞘岭隧道群,使翻越乌鞘岭的时间减少了40min。

(3)水底隧道。当交通线路需要跨越江、河、湖、海、洋时,一般可以选择的方案有架桥、轮渡和水底隧道。采用水底隧道方案可以解决净空限制和通行量小的矛盾。

(4)地下铁道。地下铁道是解决大城市中交通拥挤、地面交通用地有限等问题,而能大量快速运送乘客的一种城市交通设施。

(5)航运隧道。当运河需要越过分水岭时,修建航运隧道,把分水岭两边的河道连通起来,既可以缩短航程,又可以节省船闸的费用,使航船迅速而顺直地驶过,航运条件大为改善。

(6)人行地道。在城市中,为了提高交通运输能力并减少交通事故,除架设人行过街天桥以外,还可以修建人行地道来穿越街道等,这样可以缓解地面不同交通流互相交叉的情况,少占用地面空间,同时也可大大减少交通事故。

2.水工隧道

水工隧道是水利工程和水力发电枢纽的一个重要组成部分,包括以下几种。

(1)引水隧道。进行水资源的调动或把水引入水电站的发电机组,产生动力资源。

(2)排水隧道。它是把发电机组排出的废水送出去的隧道。

(3)导流隧道或泄洪隧道。它是水利工程中的一个重要组成部分,用于疏导水流并补充溢洪道流量超限后的泄洪。

(4)排沙隧道。用来冲刷水库中淤积的泥沙,把泥沙裹带运出水库。

3.市政隧道

市政隧道是城市中为安置各种不同市政设施的地下孔道。市政隧道包括给水隧道、污水隧道、管路隧道、线路隧道、人防隧道等。

4.矿山隧道

矿山隧道是在矿山开采中,用来为采矿服务的隧道。矿山隧道包括运输巷道、给水隧道、通风隧道等。

(四)隧道的特点

隧道具有以下特点:

(1)隧道埋于地下,受工程地质和水文地质条件影响较大。

(2)隧道是一个条形的建筑物。

(3)隧道施工环境较差。

(4)施工工地多位于偏远的深山峡谷之中。

(5)隧道埋设于地下,一旦建成就难以更改。

(6)施工可以少受或不受昼夜更替影响。

二、地下工程

(一)地下工程的基本概念

地下工程:为达到各种不同的使用目的,在山体内或地面下修建的建筑物。

(二)地下工程的分类

按其使用性质划分:

(1)地下交通工程:地下铁道、隧道、人行地道、海(河、湖)底隧道等。

(2)地下市政管道工程:输水隧道、地下给排水管道、供气道、共同沟。

(3)地下工业建筑:地下核电站、地下车间、地下厂房。

(4)地下民用建筑:地下商业街、地下商场。

（5）地下军事工程。

（6）地下仓储工程。

（7）地下文娱文化设施。

（8）地下体育设施。

(三)地下工程的特点

1. 自然防护力强

为满足防护和使用要求,地下工程需要一定的覆盖层厚度,因此地下工程有较好的防护能力,能抗御地震、台风等自然灾害和火灾、爆炸等人为灾害。

2. 受外界条件影响小

地层的热稳定性和密闭性较好,内部温度受外界影响很小。地下工程的防震性和密闭性比地面建筑好。因此,地下工程受外界条件影响小。

3. 受地质条件影响大

岩土体结构、强度及地下水位等对地下工程选址、平面布置、地下工程净高和跨度确定都有较大影响。

4. 施工条件特殊

地下工程施工空间有限;土石方量大;施工作业面小。

三、我国隧道及地下工程的发展

自1978年改革开放以来,我国隧道及地下工程经过多年的发展,已经取得了不错的成绩。但隧道及地下工程建设技术标准高、工程量大、施工难度大、建设周期长、所需设备器材多,在整个建设过程中都需要占用大量的资金。随着经济的发展及国家财政支持力度的加大,我国隧道及地下工程建设的步伐逐步加快。

北京地铁于1965年7月1日开始修建一期工程,1971年正式通车;天津地铁于1970年动工,于1984年开通一条长7.4km的运营线;上海地铁1号线于1995年建成;广州地铁1号线于1998年建成。

截至2020年底,全国在建铁路隧道2746座,总长6083km,规划建设铁路隧道6395座,总长16325km;公路隧道有21316处,总长约21999.3km。截至2020年底,我国共计有45个城市开通运营地铁线路244条,总长约7969.7km。

为给更多的居民提供舒适的居住、工作环境,很多大城市已加大对城市地下工程建设的投入力度,如珠海市管廊总投资高达20亿元,已成为我国规模最大的地下综合工程之一。

◀◀ **任务实施与评价** 📄 ——

任务实施与评价如表 1-1-1 所示。

任务实施与评价表　　　　　　　　　　　　　　　　　　　　表 1-1-1

任务要点	从概念、组成、分类等方面总体介绍一下隧道			
班级		姓名		评价时间	
任务实施	考核标准		分值(分)	得分(分)
	总体阐述隧道、地下工程等基本概念、组成、分类等		10	
	准确定义隧道		10	
	详细介绍隧道组成		10	
	准确区分各种隧道		10	
	组员分工合理，职责明晰，团结合作，表现出一定的职业素养		10	
	调研材料丰富、翔实		10	
	PPT 清晰、图文并茂		10	
	富有创新精神		10	
	表达流畅，分析合理		20	
	总计		100	

互评意见：

学习心得：

指导教师意见：

说明：小组互评要实事求是，公平公正

任务二　地质勘查

任务描述与分解 ▶▶▶

任务描述:地质预报对隧道工程施工至关重要,请结合本任务的相关知识,介绍隧道施工超前地质预报的方法和内容。

任务分解:根据任务描述,完成以下任务。

(1)小组合作讨论所学知识,明确隧道施工超前地质预报的内容和方法;

(2)在网上收集隧道施工超前地质预报指导施工的工程案例,感悟施工安全的重要性;

(3)小组代表讲解任务完成情况。

知识准备 ▶▶▶

── 请注意 ▶

这部分知识点是"1+X"测绘地理信息数据获取与处理职业技能等级证书(中级)考点。

一、隧道工程地质勘查及测绘的要求和项目内容

(一)隧道地质勘查技术规范的总要求

(1)查明隧道通过地段的地形、地貌、地层、岩性、构造。

(2)查明隧道是否通过煤层、膨胀性地层、有害矿体等。

(3)查明不良地质、特殊地质对隧道通过的影响。

(4)查明隧道附近井、泉的分布情况,并分析隧道所在地区的水文地质条件,判断地下水类型、补给来源等。

(5)对于深埋隧道,应做隧道地温升温预测。

(6)综合分析岩性、构造、地下水等有关地质测绘、勘查、测试结果,分段确定隧道围岩级别。

(7)在隧道洞口需要接长明洞的地段,查明明洞的工程地质条件。

(8)查明横洞、平行导坑、斜井、竖井等的工程地质条件。

(二)地质勘查内容

1.地形、地貌勘查内容

主要查明隧道通过地段的山体自然情况。

2.地层、岩性勘查内容

主要查明隧道通过地段的地层时代、地层层序、地层岩性、岩性变化等。

3.地质构造勘查内容

勘查重点是褶皱、断层、节理、侵入体或岩脉等。

4.水文地质勘查内容

主要勘查隧道所在地段及其附近的井、泉点分布,泉水类型及其与其他地质构造的关系等。

5.滑坡、落石、泥石流等地质勘查内容

主要查明不良地质是否存在及其性质、存在的位置及范围,以及不良地质对隧道施工和隧道本身的影响。不良地质灾害举例如图 1-2-1所示。

6.地温测定

地温对隧道施工,特别是对深埋隧道施工有很大影响,所以隧道工程地质勘查要进行地温测定,为施工单位提供地温资料。

■ 图1-2-1
高阳寨隧道洞口发生岩崩滑坡

(三)隧道地质勘查的工作要求

1.隧道地质勘查的总体工作要求

(1)钻孔布置。钻孔数量不应少于 3 个;长度大于 3000m 的隧道,有条件时,每 500~700m 钻一孔,钻孔布置在隧道中线外 6~8m 处,必要时也可在中线上布孔。

(2)钻探深度。钻探深度应根据构筑物的类型、规模以及水文地质和工程地质评价的需要确定,遇到溶洞、暗河及其他不良地质时,应适当加深。

(3)钻探过程中若遇到地下水,应做好水位记录和观测工作,探明含水层的位置和深度,并取样做水质分析,判明水对混凝土的侵蚀性。

(4)为了解隧道通过的岩、土的力学性质,应取代表样品进行试验。

(5)对有害矿体和气体,应取样做定性、定量分析。

2.隧道地质勘查各阶段的工作要求

隧道地质勘查包括初测和定测两个阶段。

(1)初测要求。对于长隧道、特长隧道、多线隧道、工程地质条件复杂的隧道以及需做代表性设计的隧道,应编制隧道路线方案,绘制工程地质纵断面图,分段确定隧道围岩分级。对于水文地质、工程地质条件较复杂,长度超过 2000m 的越岭隧道,应充分利用卫星像片图、航空照片判释,作大面积地质测绘。

(2)定测要求。不论是对于一般隧道、长大隧道还是地质复杂的隧道,均应进行单独的工程地质勘查工作,编制单独供点的图表资料。

(四)隧道工程勘查的内容

1.自然概况

自然概况勘查内容以地形、地貌特征为主,包括自然地理以及与地质

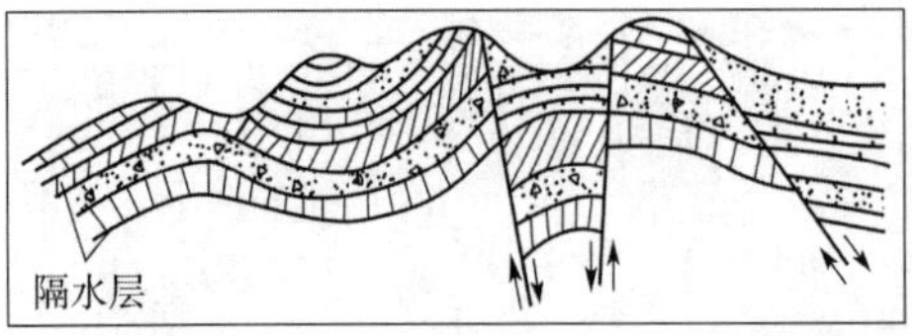

■ 图 1-2-2
隧道典型地质剖面图

结构有关的地形、地貌特征等的概况。

2. 工程地质特征

地层、岩性及地质构造特征方面,应着重查清地质构造变动的性质,断层、节理、软弱结构面特征等。隧道典型地质剖面图如图 1-2-2 所示。

3. 水文地质特征

隧道水文地质勘查的内容包括地下水类型及地下水位,含水层的分布范围及相应的透水系数、水量、补给关系、水质,地下水对混凝土的侵蚀性,有无异常涌水、突水等。

4. 不良地质地段

不良地质地段是指影响隧道洞口安全或洞身稳定的不良地质和特殊岩土地段。勘查中需查明不良地质地段的类型和规模以及发生、发展的原因,根据其发展趋势,判明其对隧道影响的程度。

5. 地震基本烈度等级

通过高烈度地震区时,应调查地震对既有建筑物的毁损情况、自然破坏现象等。

6. 气象资料

气象资料包括气温、气压、风力等级、湿度、降水量、洪水历史数据、晴雨情况、降雪量、积雪厚度、地层冻结深度等,这些资料是隧道设计和施工所必需的。

7. 施工条件

施工条件包括建筑材料及可供应的水、电情况,周围环境,地下管线与采空区等,施工场地及弃渣条件,有关法令及规章制度对噪声、振动、地表下沉等的限制等。

(五)隧道工程测绘的规定

(1)按设计阶段要求搜集或测绘地形图、纵断面图、横断面图。

(2)测绘资料的图纸内容要反映隧道所在地的工程地质及水文地质情况。

(3)在隧道洞口和辅助坑道口的附近,按规定设置必要的平面控制点和水准点。

(4)测绘资料符合规定的精度要求。

各种不同比例尺的地形图、纵断面图、横断面图等,其上应附有工程地质及水文地质情况,以充分反映隧道位置和洞口位置的地形、地物、地质等的全貌,这些是供选定隧道方案,确定隧道平面、高程位置、洞口位置,以及进行整个隧道工程布置和结构设计的基础资料。

(六)长隧道、特长隧道和工程地质条件复杂的隧道的勘查

对长隧道、特长隧道和工程地质条件复杂的隧道,应进行大面积的区域性工程地质勘查、测绘,并加强地质勘查和试验工作,查明区域地质构造及工程地质、水文地质条件;当地下水对隧道影响较大时,应进行地下水的动态勘查。必要时宜采取相应措施,如开挖试验坑道进行勘查、观测试验,直接判断和确认围岩状态及性质。应提出采用工程方案的理由和可靠的工程措施意见,以保证隧道设计合理、施工和运营安全,这些意见可作为隧道设计的依据。

(七)设计阶段的地质勘查

根据隧道规模的不同宜采用测绘、弹性波勘查、遥感、钻孔、试验坑道等方法进行地质勘查,在不同的围岩条件下应采用不同的方法。

(八)施工阶段的地质勘查

根据需要开挖的工作面直接观察或利用超前钻孔、导坑、试验坑道、物探、地质雷达等进行地质勘查。施工阶段地质勘查应完成下列任务:

(1)核定地质构造、岩性、地下水等。

(2)及时预测和解决施工中遇到的工程地质及水文地质问题。

(3)为今后的施工设计提供依据。

目前,各国十分重视对隧道及地下工程施工阶段的地质勘查工作,其中对开挖工作面的直接观察是极其重要的,在每次爆破开挖后,应立即组织专人进行开挖工作面观察并素描记录。

(九)工程评价及处理措施

根据勘查结果,应对下列各项内容做出工程评价并提出处理措施:

(1)围岩自稳性。

(2)隧道涌水量、涌水压力等。

(3)岩土膨胀压力。

(4)滑坡状况、偏压。

(5)围岩状态和土压特性。

(6)高地应力区应力场。

(7)瓦斯、岩溶及人为坑洞等。

(十)围岩级别的判定

判定围岩级别是解决隧道设计、施工中各种问题的基础,围岩级别的判定是按设计和施工两个阶段进行的,设计阶段可先对围岩级别进行预判断,施工阶段可根据已暴露的围岩条件判定围岩级别,这是对设计阶段的预判断进行修正的过程,是客观、可靠、可信的判断。

二、隧道施工超前地质预报的内容和方法

隧道施工超前地质预报是根据隧道开挖揭示的洞身围岩条件的变化趋势和通过各种地球物理探测手段得到的隧道施工掌子面前方地质情况

的探测结果,结合洞内外地质勘查、掌子面素描结果和预报人员地质经验,对隧道前方可能遇到的不良地质体及其可能引发的地质灾害的性质、分布位置、规模的预测;是在分析既有地质资料的基础上,采用一系列手段对隧道施工掌子面前方工程地质与水文地质条件及不良地质体的工程性质、位置、产状、规模等进行探测、辨别、分析、解释及预报,并提出技术措施和建议。

下列隧道工程中应进行超前地质预报:

(1)深埋、长大隧道。

(2)地质复杂的隧道。

(3)水下隧道。

(4)可能存在大断层、岩溶、大量涌水、突泥、瓦斯爆炸等严重工程地质灾害的隧道。

(5)可能因开挖造成环境污染和生态破坏的隧道。

(6)覆盖层太厚、植被良好不易进行地质勘查的隧道等。

(一)超前地质预报的内容

超前地质预报应包括以下主要内容:

(1)地层岩性预报,特别是对软弱夹层、破碎地层、煤层及特殊岩土的预报。

(2)地质构造预报,特别是对断层、节理密集带、褶皱轴等的预报。

(3)不良地质预报,特别是对岩溶、人为坑洞、瓦斯等发育情况进行预报。

(4)地下水预报,特别是对岩溶管道水及富水断层等情况进行预报。

(二)超前地质预报的方法

超前地质预报可采用地质调查法、超前钻探法、物探法、超前导坑预报法等方法。

1.地质调查法

地质调查法是根据隧道已有勘查资料、地表补充地质调查资料和隧道内地质素描,通过地层层序对比、地层分界线及构造线地下和地表相关性分析、断层要素与隧道几何参数的相关性分析、邻近隧道内不良地质体的前兆分析等,利用常规地质理论、地质作图和趋势分析等,推测开挖工作面前方可能的地质情况的一种超前地质预报方法。

地质调查法适用于各种地质条件下隧道的超前地质预报。

(1)隧道地表补充地质调查。

隧道地表补充地质调查主要包括以下内容:

①对已有地质勘查成果的熟悉、核查和确认。

②查明地层、岩体在隧道地表的出露及接触关系。

③查明断层、褶皱、节理密集带等地质构造在隧道地表的出露位置、规模、性质等。

④查明地表岩溶发育位置、规模及分布规律。

⑤查明煤层,膨胀岩,含天然气、含放射性物质等特殊地层在地表的出露位置等。

⑥查明人为坑洞位置、走向、高程等,以及其与隧道等空间关系。

根据隧道地表补充地质调查结果,结合设计文件、资料和图纸,核实和修正超前地质预报重点区段。

(2)隧道内地质素描。

隧道内地质素描是将隧道所揭露的地层岩性、地质构造、结构面产状、地下水出露位置及出水状态、出水量、煤层、溶洞等准确记录下来并绘制成图表,是地质调查法工作的一部分,分为开挖工作面地质素描和洞身地质素描,主要包括以下内容:

①工程地质地层岩体:描述地层时代、岩性、层间结合度、风化程度等。

②地质构造:描述褶皱、断层、节理裂隙特征、岩层产状等,包括断层的位置、产状、性质,破碎带的宽度、物质成分、含水情况以及与隧道的关系,节理裂隙的组数、产状、间距、填充物、延伸长度、张开度及节理面特征、力学性质,分析组合特征,判断岩体完整程度。

③岩溶:描述岩溶规模、形态、位置、所属地层和构造部位,填充物成分、状态以及岩溶展布的空间关系等。

④水文地质:长期观测地下水的分布、出露形态,围岩的透水性、水量、水压、水温、颜色、泥沙含量,以及地下水活动对围岩稳定性的影响。在观测的基础上进行水质、出水点和地层岩性、地质构造、岩溶暗河等关系的分析;进行地表相关气象、水文观测;建立涌水点地质档案等。

⑤稳定性特征及支护情况:记录不同工程地质、水文条件下隧道围岩稳定性、支护方式以及初期支护后的变化情况。对发生围岩失稳或变形较大的地段,详细分析并描述围岩失稳或变形产生的原因、过程、结果等。

⑥影像:对隧道内重要的和具有代表性的地质现象应进行拍照和录像。

(3)地质调查法注意事项。

①隧道地表补充地质调查应在实施洞内超前地质预报前进行,并在洞内超前地质预报实施过程中根据需要随时补充,现场应做好记录,并于当天及时整理;地质素描图应采用现场绘制草图、室内及时誊清的方式完成,必须在现场根据实际情况绘制,不得靠回忆绘制或在室内绘制。地质素描原始记录、图、表应当天整理;隧道地表补充地质调查和洞内地质素描资料应及时反映在隧道工程地质平面图和纵断面图上,并应分段完善、总结;应按要求采集标本,并及时整理。

②应用地质调查法实施隧道施工超前地质预报,并应编制以下资料:地质调查法预报报告;开挖工作面地质素描图,比例尺根据需要确定;隧道

洞身地质展示图,比例尺为1:500～1:100;地层分界线及构造线隧道内和地表相关性分析预报图(必要时作),比例尺根据需要确定;地质复杂地段纵、横断面图,比例尺为1:500～1:100;地质监测与测试资料;有关影像资料。

2. 超前钻探法

超前钻探法包括超前地质钻探和加深炮孔探测两种方法。

(1)超前地质钻探。

超前地质钻探是利用钻机在隧道开挖工作面进行钻探获取地质信息的一种超前地质预报方法。该法适用于各种地质条件下的隧道超前地质预报,在富水软弱断层破碎带、富水岩溶发育区、煤层瓦斯发育区、重大物探异常区等地质条件复杂地段必须采用该法。一般地段采用冲击钻,复杂地质地段采用回转取芯钻。

(2)加深炮孔探测。

加深炮孔探测是利用风钻或凿岩台车等在隧道开挖工作面钻小孔径浅孔获取地质信息的方法。该法适用于各种地质条件下隧道超前地质预报,尤其适用于岩溶发育区。

3. 物探法

物探法包括地震波反射法、电磁波反射法(地质雷达探测)、红外探测法和高分辨率直流电法等。

(1)地震波反射法。

地震波反射法(Tunnel Seismic Prediction, TSP)是利用人工激发的地震波、声波在不均匀地质体中所产生的反射波特性来预报隧道开挖工作面前方地质情况的一种物探方法。隧道地震波反射法的原理是,由小药量爆破产生的地震波信号沿隧道方向以球面波的形式传播,地震波在不同岩层中以不同的速度传播,在不同岩层交界面处被反射,并被高精度的接收器接收。通过计算机软件分析前方围岩性质、节理裂隙分布、软弱岩层及含水状况等,最终显示屏上显示各种围岩构造界面与隧道轴线相交所呈现的角度及与掌子面的距离,并可初步测定岩石的弹性模量、密度、泊松比等参数以供参考。TSP 预测原理如图 1-2-3 所示。

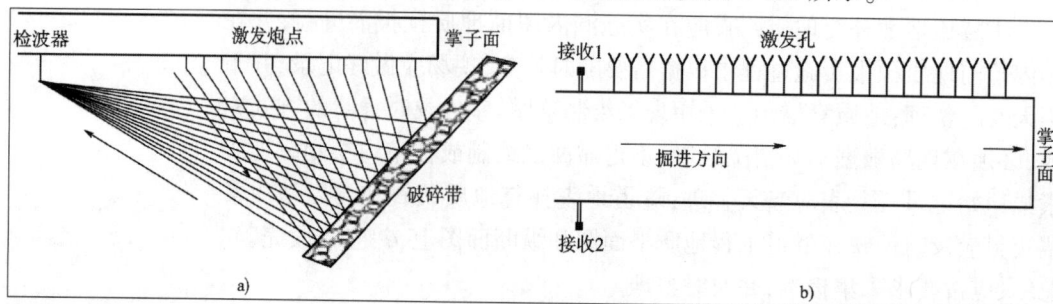

■ 图 1-2-3
TSP 预测原理

(2)电磁波反射法。

电磁波反射法超前地质预报主要采用地质雷达探测。地质雷达探测是利用电磁波在隧道开挖工作面前方岩体中的传播及反射,根据传播速度和反射脉冲波走势进行超前地质预报的一种物探方法。

(3)红外探测法。

红外探测法是根据红外辐射原理,即一切物质都在向外辐射红外线电磁波的原理,通过接收和分析红外辐射信号,探测局部地温异常现象,判断地下脉状含水带、隐状含水体等所在的位置进行超前地质预报的方法。其探测原理如图 1-2-4 所示。

(4)高分辨率直流电法。

高分辨率直流电法是以岩石的电性差异(电阻率差异)为基础,在全空间条件下建立电场,电流通过布置在隧道内的供电电极在围岩中建立起全空间稳定电场,通过研究电场或电磁场的分布规律预报开挖工作面前方储水、导水构造分布和发育情况的一种直流电法探测技术。

4.超前导坑预报法

超前导坑预报法是根据超前导坑中揭示的地质情况,通过地质理论和作图法预报正洞地质条件的方法,可分为平行超前导坑预报法和正洞超前导坑预报法。线间距较小的隧道可互为平行导坑,以先行开挖的隧道预报后开挖的隧道地质条件。超前导坑预报法适用于各种地质条件。

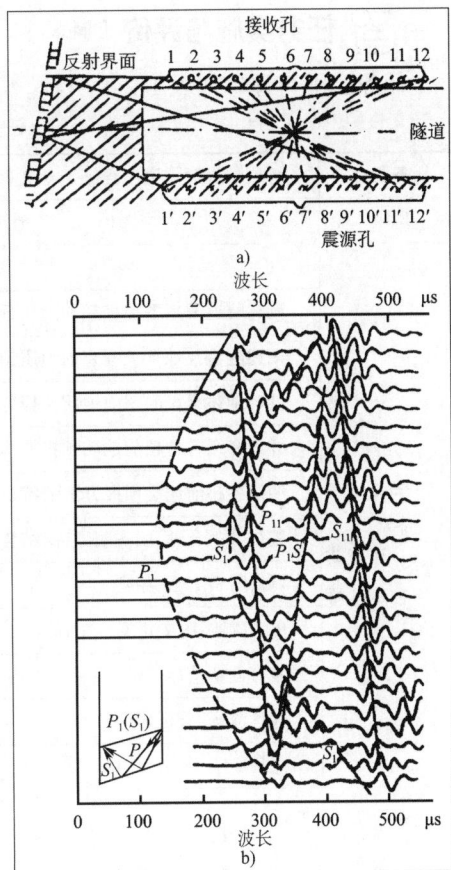

■ 图 1-2-4
红外探测法原理
a)测线布置;b)红外探测曲线图

任务实施与评价 ▷▶▷

任务实施与评价如表 1-2-1 所示。

任务实施与评价表

表 1-2-1

任务要点	地质预报对隧道工程施工至关重要,请结合本任务知识,介绍隧道施工超前地质预报的方法和内容			
班级		姓名		评价时间	
任务实施	考核标准	分值(分)	得分(分)
	阐述隧道及地下工程超前地质预报的新方法有哪些	10	
	阐述隧道及地下工程超前地质预报的新方法各有哪些优缺点	10	
	准确阐述常见的超前地质预报方法	10	
	详细介绍各种超前地质预报方法的适用范围	10	
	明确各超前地质预报方法的特点	10	
	组员分工合理,职责明晰,团结合作,表现出一定的职业素养	10	
	调研材料丰富、翔实	10	
	PPT 清晰、图文并茂	10	
	富有创新精神	10	
	表达流畅,分析合理	10	
	总计	100	
互评意见:			
学习心得:			
指导教师意见:			
说明:小组互评要实事求是,公平公正			

任务三 围岩分级

◀◀ **任务描述与分解** ✎ ——

任务描述:在隧道工程中,对隧道围岩加以研究并分级是进行隧道设计与施工的基础。一个较好的、符合地下工程实际情况的围岩分级,对改善地下结构设计、发展新的隧道施工工艺、确保隧道施工安全等有着十分重要的意义。

经前期勘查,某岩石的单轴饱和抗压强度为48MPa,岩块压缩波速度为5.6km/s,岩体压缩波速度为4.3km/s。试判断该岩体的基本质量级别。

任务分解:根据任务描述,要完成对该围岩的分级,需要完成以下任务。

(1)小组合作讨论所学内容,厘清围岩分级的基本思路;

(2)依据任务描述中的围岩情况,完成对该围岩的初步分级;

(3)小组代表讲解任务实施具体步骤。

◀◀ **知识准备** ⬚ ——

由于工程地质条件具有复杂性和多变性,目前国内外提出了许多隧道围岩分级方法,有的已在实践中得到应用。经过长期工程实践,发现主要反映岩石强度的 f 值分级法不能全面反映隧道围岩的稳定特征和状态。为了更好地反映隧道围岩的稳定特征和状态,以围岩结构特征和完整状态为分类基础,并参考国内外有关围岩分级成果,参考《铁路工程地质勘察规范》(TB 10012—2019)对围岩分级的内容进行了调整和修改,制订了新的隧道围岩分级方案。下面对这一新的隧道围岩分级方案进行介绍。

一、隧道围岩概述

隧道围岩是指地壳中受隧道开挖影响的那一部分岩体或对隧道稳定性有影响的那一部分岩体。在隧道开挖和支护过程中,隧道围岩应力重新分布,其性质也相应有所变化。围岩的工程性质一般包括物理性质、水理性质和力学性质,对围岩稳定性影响最大的是力学性质,即围岩抵抗变形和破坏的性能。

岩体与岩石有着很大的区别。工程中,岩石几乎可以被认为是均质、连续且具有各向同性的介质,而岩体则具有明显的非均质性、不连续性和各向异性。岩体力学性质的判定,一般都需要在现场进行原位试验才能获得较为真实的结果。国际岩石力学学会(ISRM)试验方法委员会认为,

在大型地下工程详细设计阶段,为探明岩体力学性质所进行的现场原位试验主要有如下两种:

(1)变形试验,通常都是在试验隧道(洞)内采用承压板法或径向千斤顶法进行试验。

(2)剪切试验,一般是在基坑或隧道(洞)内采用斜推法进行试验。

现场原位试验需要花费大量的资金和时间,而且由于测点位置和加载方式不同,试验结果的离散性也很大。因此,常常采用取样并在试验室内进行试验来代替现场原位试验。但室内试验较难模拟岩体真正的力学作用条件,更重要的是对于较破碎和软弱不均质的岩体,不易取得可供试验用的试样。如何选取试验方法,应视岩体的结构特征而定。一般来说,破裂岩体以现场原位试验为主,较完整的岩体以室内试验为宜。

(一)岩体的变形特性

岩体的抗拉变形能力很低,因此,岩体受拉后会沿结构面发生断裂,一般不需要专门来研究岩体的受拉变形特性。

岩体的受压变形特性,可以用它在受压时的应力-应变曲线(亦称本构关系)来说明。典型的岩石、软弱结构面和岩体在单轴受压时的全应力-应变曲线如图1-3-1所示。从图中可以看出,岩石的应力-应变曲线线性关系比较明显,说明它是以弹性变形为主;软弱结构面的应力-应变曲线呈现出非线性特征,说明它是以塑性变形为主。而岩体的应力-应变曲线则复杂得多。典型的岩体全应力-应变曲线可以分解为以下四个阶段:

(1)压密阶段(OA)。这一阶段的变形主要是由于岩体中结构面的闭合和充填物的压缩而产生的。随着应力的增加,变形增长率逐渐减小,应力-应变关系曲线呈非线性凹状曲线,变形模量小,总的压缩量取决于结构面的性态。

(2)弹性阶段(AB)。岩体充分压密后便进入弹性阶段,所出现的弹性变形是岩体的结构面和结构体共同产生的,应力与应变呈线性关系。

(3)塑性阶段(BC)。岩体继续受力,变形发展到弹性极限后便进入塑性阶段,此时岩体的变形特性受结构面和结构体的变形特性共同制约。整体性好的岩体延性小,塑性变形不明显,达到强度极限后迅速破坏,破裂岩体塑性变形大,甚至有的从压密阶段直接发展到塑性阶段,而不经过弹性阶段。

(4)破裂和破坏阶段(CD)。应力达到峰值后,岩体即开始破裂和破坏。破坏开始时,应力下降比较缓慢,说明破裂面上仍具有一定摩擦力,岩体还能承受一定的荷载。而后,应力急剧下降,岩体全面崩溃。最后当破坏终止时,应变无约束地增大,但保留一定的强度,即残余强度。

从岩体的全应力-应变曲线的分析中可以看出,岩体既不是简单的弹性体,也不是简单的塑性体,而是较为复杂的弹塑性体。整体性好的岩体接近弹性体,破裂岩体和松散岩体则偏向于塑性体。

对于弹性材料,其加载和卸载曲线相同,在循环加载和卸载条件下这两条曲线也相同,并且互相重合。

岩体属于非线性材料,如果卸载点超过了其屈服点,则卸载曲线和加载曲线不重合,形成塑性滞回环。如果经过反复加载与卸载,且每次施加的最大荷载与第一次加载的最大荷载一样,则每次加载、卸载曲线都各自形成一个塑性滞回环。这些塑性滞回环随着加载、卸载次数的增加而越来越窄,最后加载、卸载曲线重合,近似于一条直线,岩体近似于弹性体。若在高于弹性极限的某一应力下反复加载、卸载,岩体将进一步变形,直至发生破坏,破坏时的峰值应力低于其单轴抗压强度,这一应力常被称为疲劳强度。由此可见,在高于疲劳强度的应力反复作用下,其累积的变形也将导致岩体的破坏。典型岩体全应力-应变曲线如图 1-3-2 所示。

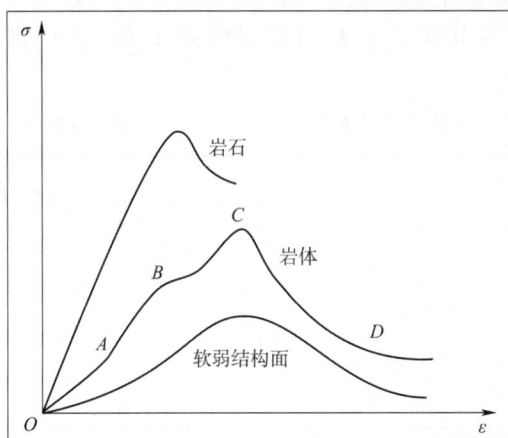

■ 图 1-3-1
典型岩石、软弱结构面和岩体在单轴受压时的全应力-
应变曲线

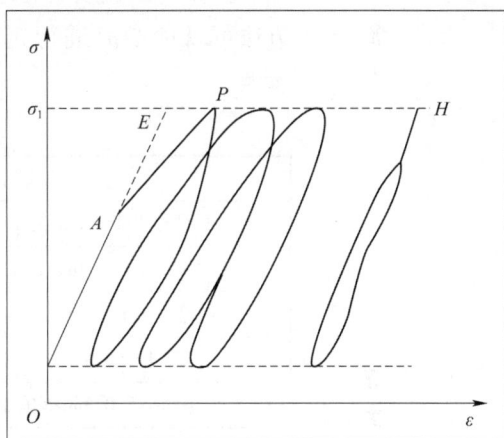

■ 图 1-3-2
典型岩体全应力-应变曲线

(二)岩体的强度

通过上述分析可知,岩体和岩石的变形、破坏机理差异很大,前者主要受宏观的结构面控制,而后者则受岩石的微裂隙制约。因而岩体的强度比岩石的强度低得多,并具有明显的各向异性。只有当岩体中结构面的规模较小,结合力很强时,岩体的强度才与岩石的强度接近。一般情况下,岩体的抗压强度只有岩石抗压强度的 70% ~ 80%,结构面发育的岩体,其抗压强度仅有岩石抗压强度的 5% ~ 10%。

(三)岩体的构造-力学特性

众所周知,岩体是整个地质母体的一部分,岩体内部有着许多结构面,有的是因构造作用形成,有的是因其他原因形成,如风化、变质等。这些结构面把岩体分割成各种类型和尺寸的岩块,因此,岩体可以说是各种类型和尺寸的岩块的集合体。

从岩体构造-力学特性上看,岩体可分为无裂隙岩体和裂隙岩体两大类。地下工程在多数情况下是修筑在裂隙岩体中的,裂隙岩体强度受到许多因素的影响,从宏观的构造到微观的结构,很难形成一个公认的标准,而且岩体强度的试验方法也存在着相当大的技术困难。因此,根据岩体的状态,用经验估计岩体强度,有时是很现实的,也是可取的。目前,通常采用以下经验公式初步估计岩体的强度:

$$R_M = R_b \cdot k \qquad (1\text{-}3\text{-}1)$$

式中:R_M——岩体强度,MPa;

$\quad R_b$——岩石单轴饱和抗压强度,MPa;

$\quad k$——岩石强度降低系数。

估计岩体强度的关键是确定岩石强度降低系数 k 值。目前,有多种方法可以对 k 值进行判定。如苏联关于 k 的建议值列于表 1-3-1,供参考。

岩石强度降低系数 k 值　　　　　　　　　　　　表 1-3-1

岩体状态	k
层厚大于 1.0m,有 1 组裂隙,间距大于 1.5m	0.9
层厚为 0.5~1.0m,裂隙不超过 2 组,间距 1~1.5m	0.7
层厚为 0.5~1.0m,有 3~4 组裂隙,间距 0.5~1m	0.5
层厚小于 0.5m,裂隙小于 6 组,间距小于 0.5m	0.3
层厚小于 0.3m,裂隙小于 6 组,间距小于 0.3m	0.1~0.2

(四)岩体的破坏准则

理论和试验研究都表明,多数岩体在初始应力状态下处于弹性阶段,而在开挖成洞后,洞室周围岩体将产生松弛或进入塑性状态。

弹塑性模型的基本概念认为岩体在屈服极限之前,只有可恢复的弹性变形,达到屈服极限以后,变形由可恢复的弹性变形和不可恢复的永久变形(塑性变形)两部分组成,弹性变形按弹性理论计算,塑性变形按塑性理论计算。

(五)隧道围岩失稳破坏性态

隧道围岩变形、破坏与岩体结构的关系十分密切。根据工程实践观察,隧道围岩失稳破坏性态大致有以下五种情况。

1. 脆性破裂

整体状和块状结构岩体,岩性坚硬,在一般工程开挖条件下表现稳定,仅产生局部掉块。但在高应力区,洞周应力集中可引起"岩爆",岩石成碎片射出并发出破裂响声,属于脆性破裂。

2. 块体运动

当块状或层状岩体受明显的少数软弱结构面切割而形成数量有限的块体时,由于块体间的联系很弱,在自重作用下块体有向临空面运动的趋势,逐渐形成塌落、滑动、转动、倾倒以及块体挤出等失稳破坏性态。块体挤出是块体受到周围岩体传来的应力作用的结果。如果在支护结构和围岩之间有较大空隙而又未回填密实或没有回填,块体运动可能对支护结构产生冲击荷载,从而使之破坏。

3. 弯曲折断破坏

层状岩体尤其是有软弱夹层的互层岩体,由于层间结合力差,易于错动,所以抗弯能力较弱;洞顶岩体受重力作用易产生下沉弯曲,进而胀裂、折断形成塌落体;边墙岩体在侧向水平力作用下弯曲变形而鼓出,也将对支护结构产生压力,严重时可使支护结构折断而塌落。

4. 松动解脱

碎裂结构岩体是由碎块组合而成的,在张拉力、单轴压力、振动力作用下容易松动、溃散(解脱)而成碎块脱落。在洞顶表现为崩塌,在边墙则表现为滑塌、坍塌。

5. 塑性变形和剪切破坏

若散体结构岩体或碎裂结构岩体中含有较多的软弱结构面,开挖后受到围岩应力的作用,将产生塑性变形和剪切破坏,往往表现为塌方、边墙挤入、底鼓以及洞径缩小等,而且变形的时间效应比较明显。有些含蒙脱土或硬石膏等矿物的膨胀性岩体或结构面,遇水膨胀并向洞内挤入,也属于塑性变形。

(六)围岩的初始应力场

地下工程一个重要的力学特性就是:地下工程是在具有一定的应力历史和应力场的围岩中修建的,所以围岩的初始应力场的状态,极大地影响着在其中发生的一切力学现象,这一点与地面工程是极其不同的。

初始应力场在坑道开挖前是客观存在的,在这种应力场中修建地下工程就必须了解它的组成和影响因素。通常所说的初始应力场泛指由于岩体的自重和地质构造作用,在坑道开挖前岩体中就已经存在的初始静应力场。

1. 围岩初始应力场的组成

一般认为初始应力由自重应力和构造应力组成,因此初始应力场可分为自重应力场和构造应力场,这两类应力场的基本规律有明显的差异。围岩的自重应力场较容易理解,它是地心引力和惯性离心力共同作用的结果。围岩的构造应力场比较复杂,按其形成时间,可以分为过去地质构造运动(如断层、褶曲、层间错动等)所引起的、现在正在活动和变化的构造运动(如地层升降、板块运动等)所引起的。地震的产生正是新构造应力的反映。

2.围岩初始应力场的影响因素

围岩的初始应力场一般受到两类因素的影响:第一类为重力、温度、岩体的物理力学性质及构造、地形等经常性的因素;第二类为地壳运动、地下水活动、人类的长期活动等暂时性或局部性的因素。

二、围岩分级的基本因素及围岩基本分级

(一)围岩分级的基本因素

围岩分级的基本因素包括岩石坚硬程度和岩体完整程度,应采用定性划分和定量指标两种方法确定。岩石坚硬程度分为极硬岩、硬岩、较软岩、软岩和极软岩五个等级(表1-3-2),岩体完整程度分为完整、较完整、较破碎、破碎和极破碎五个等级(表1-3-3)。

岩石坚硬程度的划分　　　　　　　　　　　　　　　　表1-3-2

岩石类别		单轴饱和抗压强度 R_b(MPa)	代表性岩石
硬质岩	极硬岩	$R_b>60$	花岗岩、闪长岩、玄武岩等岩浆岩; 硅岩、钙质胶结的砾岩及砂岩、石灰岩、白云岩等沉积岩; 片麻岩、石英岩、大理岩、板岩、片岩等变质岩
	硬岩	$30<R_b\leqslant60$	
软质岩	较软岩	$15<R_b\leqslant30$	凝灰岩等喷出岩; 砂砾岩、泥质砂岩、泥质页岩、炭质页岩、泥灰岩、泥岩、煤等沉积岩; 云母片石或千枚岩等变质岩
	软岩	$5<R_b\leqslant15$	
	极软岩	$R_b\leqslant5$	

岩体完整程度的划分　　　　　　　　　　　　　　　　表1-3-3

完整程度	结构面特征	结构类型	岩体完整性指数 K_v
完整	结构面1~2组,以构造型节理或层面为主,密闭型	巨块状整体结构	$K_v>0.75$
较完整	结构面2~3组,以构造型节理、层面为主,裂隙多呈密闭型,部分为微张型,少有充填物	块状结构	$0.55<K_v\leqslant0.75$
较破碎	结构面大于3组,以节理及风化裂隙为主,在断层附近受构造影响较大,裂隙以微张型和张开型为主,多有充填物	层状结构、块石碎石结构	$0.35<K_v\leqslant0.55$
破碎	结构面大于3组,以风化裂隙为主,在断层附近受构造作用影响大,裂隙以张开型为主,多有充填物	碎石角砾状结构	$0.15<K_v\leqslant0.35$
极破碎	结构面杂乱无序,在断层附近受断层作用影响大,宽张裂隙全为泥质或泥夹岩屑充填,充填物厚度大	散体状结构	$K_v\leqslant0.15$

(二)围岩基本分级

根据围岩分级的基本因素将围岩分为6级(表1-3-4)。

围岩基本分级   表 1-3-4

围岩级别	岩体特征	土体特征	围岩弹性纵波速度 v（km/s）
I	极硬岩,岩体完整	—	>4.5
II	极硬岩,岩体较完整； 硬岩,岩体完整	—	3.5~4.5
III	极硬岩,岩体较破碎； 硬岩或软硬岩互层,岩体较完整； 较软岩,岩体完整	—	2.5~4.0
IV	极硬岩,岩体破碎； 硬岩,岩体较破碎或破碎； 较软岩或软硬岩互层,且以软岩为主,岩体较完整或较破碎； 软岩,岩体完整或较完整	具压密或成岩作用的黏性土、粉土及砂类土,一般钙质、铁质胶结的碎(卵)石土、大块石土、黄土(Q_1、Q_2)	1.5~3.0
V	软岩,岩体破碎至极破碎； 全部极软岩及全部极破碎岩(包括受构造影响严重的破碎带)	一般为第四系坚硬、硬塑黏性土,稍密及以上、稍湿至潮湿的碎(卵)石土、圆砾土、角砾土、粉土及黄土(Q_3、Q_4)	1.0~2.0
VI	受构造影响很严重呈碎石、角砾及粉末、泥土状的断层带	软塑状黏性土、饱和的粉土、砂类土等	<1.0（饱和状态的土<1.5）

三、围岩分级的影响因素及分级的修正

在围岩基本分级的基础上,综合考虑隧道工程的特点、地下水状态、初始应力场等必要的因素对分级进行修正。

1. 地下水

隧道施工的大量实践证明,地下水是施工塌方、坑道围岩丧失稳定的重要因素。在不同的围岩中地下水的影响很不相同,归纳起来有以下几种。

(1)使岩质软化,强度降低,对软岩尤为明显,对土体则可促使其液化或流动。

(2)在有软弱结构面的围岩中,会冲走充填物或使夹层液化,使岩块滑动。

(3)在隧道围岩分级中,地下水的影响是不容忽视的,同级围岩遇水会降低围岩级别。降低的幅度主要视以下两方面而定：

①围岩的岩性及结构面的状态。

②地下水的性质、水量大小、流通条件及其对围岩的浸润状况和危害程度。

围岩分级中关于地下水状态的分级和影响的修正参照表 1-3-5 和表 1-3-6。

地下水状态的分级　　　　　　　　　　　　　　　　　　表 1-3-5

级别	状态	渗水量[L/(min·10m)]
I	干燥或湿润	<10
II	偶有渗水	10~25
III	经常渗水	25~125

地下水影响的修正　　　　　　　　　　　　　　　　　　表 1-3-6

地下水状态级别	围岩级别					
	I	II	III	IV	V	VI
I	I	II	III	IV	V	—
II	I	II	IV	V	VI	—
III	II	III	IV	V	VI	—

2. 初始应力场

围岩的初始应力场对岩体的构造-力学特征是有一定影响的。因此,围岩分级中考虑了初始应力场的影响,采取修正系数的方法,对围岩级别予以降低(表 1-3-7、表 1-3-8)。

另外,若隧道洞身埋藏较浅,应根据围岩受地表的影响情况进行修正。当围岩为风化层时应按风化层的围岩基本分级考虑;当围岩仅受地表影响时,应相应地将围岩降低 I ~ II 级。

初始应力状态评估　　　　　　　　　　　　　　　　　　表 1-3-7

初始应力状态	主要现象	评估基准(R_b/σ_{max})
极高应力	硬质岩:开挖过程中时有岩爆发生,有岩块弹出,洞壁岩体发生剥离,新生裂缝多,成洞性差;基坑有剥离现象	<4
	软质岩:岩心常有饼化现象,开挖过程中洞壁岩体有剥离,位移极为显著,甚至发生大位移,持续时间长,不易成洞;基坑发生显著隆起或剥离	
高应力	硬质岩:开挖过程中可能出现岩爆,洞壁岩体有剥离和掉块现象,新生裂缝较多,成洞性较差;基坑时有剥离现象	4~7
	软质岩:岩心时有饼化现象,开挖过程中洞壁岩体位移显著,持续时间长,成洞性差;基坑有隆起现象	

初始应力影响的修正　　　　　　　　　　　　　　　　　　表 1-3-8

初始应力状态	围岩级别					
	I	II	III	IV	V	VI
极高应力	I	II	III 或 IV	V	VI	—
高应力	I	II	III	IV 或 V	VI	—

◀◀ **任务实施与评价** 📄 ——

任务实施与评价如表 1-3-9 所示。

任务实施与评价表   表 1-3-9

任务要点	判断岩体的基本质量级别			
班级		姓名		评价时间
任务实施	考核标准		分值(分)	得分(分)
	小组讨论围岩分级的影响因素		10	
	清晰列举围岩分级的影响因素		10	
	明确围岩分级各影响因素的具体含义		10	
	确定围岩分级的基本思路		10	
	围岩分级结果准确		10	
	组员分工合理,职责明晰,团结合作,表现出一定的职业素养		10	
	调研材料丰富、翔实		10	
	PPT 清晰、图文并茂		10	
	富有创新精神		10	
	表达流畅,分析合理		10	
	总计		100	

互评意见:

学习心得:

指导教师意见:

说明:小组互评要实事求是,公平公正

任务四　地铁隧道平面、纵断面及限界设计

任务描述与分解 ▷▶▶

任务描述:简述常见的地铁隧道限界,试比较它与公路隧道、铁路隧道限界的异同。

任务分解:根据任务描述,完成以下任务。

(1)小组合作讨论所学内容,明确地铁隧道常见的限界,感悟行业规则的重要性;

(2)在网上收集资料,了解地铁、公路、铁路隧道限界,比较三者间的异同;

(3)小组代表讲解任务完成情况。

知识准备 ▷▶▶

隧道内的线路是地铁线路中的一个区段。隧道设计时,首先要满足线路明线所规定的各种技术指标。由于隧道内施工、运营、养护、改建等工作条件均比明线差,所以在设计隧道内的线路时,除了遵照线路明线所规定的技术指标以外,还应附加一些适应隧道内工作条件的技术要求。

一、隧道平面设计

城市轨道交通列车运行是个十分复杂的运输过程,它需要利用多种技术设备,同时要求运输相关各部门、各工种、各项作业之间相互协调配合。因此,列车实际在车站的到达或出发,通常不能完全按照运行图规定的时刻进行,而是以运行图规定时刻为基点,在一定范围内进行波动。

就城市轨道交通而言,线路越直越好。线路顺直,车辆可以快速通过,走行的距离也较短,有利于车辆多拉快跑,提高线路的运营效率。

线路平面应结合地形、地貌、地质、水文、既有和规划地下管网、既有和规划地上及地下构筑物、人防工程、既有和规划道路及交通状况进行设计,尽量减少拆迁,便于施工和交通疏解。

线路应尽量沿城市主干道敷设,平行于道路红线设站。

参考《地铁设计规范》(GB 50157—2013)6.2.1 条,平面曲线设计应符合下列规定:

(1)线路平面圆曲线半径应根据车辆类型、地形条件、运行速度、环境要求等综合因素比选确定。最小曲线半径应符合表 1-4-1 的规定。

(2)线路平面曲线半径选择宜适应所在区段的列车运行速度要求。当条件不具备设置满足速度要求的曲线半径时,应按限定的允许未被平衡横向加速度计算通过的最高速度。

（3）车站站台宜设在直线上。当设在曲线上时，其站台有效长度范围的线路曲线最小半径应符合相关规定。

（4）折返线、停车线等宜设在直线上。困难情况下，除道岔区外，可设在曲线上，并可不设缓和曲线，超高应为 0～15mm。但在车挡前宜保持不少于 20m 的直线段。

（5）圆曲线最小长度，在正线、联络线及车辆基地出入线上，A 型车不宜小于 25m，B 型车不宜小于 20m；在困难情况下，不得小于一节车辆的全轴距；车场线不应小于 3m。

（6）新建线路不应采用复曲线，在困难地段，应经技术经济比较后采用。复曲线间应设置中间缓和曲线，其长度不应小于 20m，并应满足超高顺坡率不大于 2‰ 的要求。

最小曲线半径（单位：m）　　　　　　　　　　　表 1-4-1

线路	车型			
	A 型车		B 型车	
	一般地段	困难地段	一般地段	困难地段
正线	350	300	300	250
出入线、联络线	250	150	200	150
车场线	150	—	150	—

在困难地段，经充分的技术经济比较后，可采用复曲线。当复曲线的两圆曲线的曲率差大于 1/2000 时，应设置中间缓和曲线，其长度应根据计算确定，但不应小于 20m。

相邻两曲线间的夹直线，最小长度为 20m。当曲线超高在夹直线上递减时，夹直线的最小长度还应计入超高递减长度。

车站内的站台段线路宜为直线，在困难地段可设在曲线上，当采用 A 型车时其半径不宜小于 1000m，采用 B 型车时其半径不宜小于 800m。

二、隧道纵断面设计

线路纵断面应根据工程地质、水文地质、地下障碍物情况、车辆性能、运营特点和施工方法进行设计。

有条件时，线路纵断面宜按"高站位、低区间"的节能坡形进行设计。

跨河流的高架线路，其纵断面宜按当地洪水设防要求进行设计。

参考《地铁设计规范》（GB 50157—2013）6.3.1 条，线路坡度设计应符合下列规定：

（1）正线的最大坡度宜采用 30‰，困难地段最大坡度可采用 35‰。在山地城市的特殊地形地区，经技术经济比较，有充分依据时，最大坡度可采用 40‰。

（2）联络线、出入线的最大坡度宜采用 40‰。

（3）区间隧道的线路最小坡度宜采用 3‰；困难条件下可采用 2‰；区间地面线和高架线，当具有有效排水措施时，可采用平坡。

参考《地铁设计规范》（GB 50157—2013）6.3.2 条，车站及其配线坡度设计应符合下列规定：

（1）车站宜布置在纵断面的凸型部位上，可根据具体条件，按节能理念，设计合理的进出站坡度和坡段长度。

（2）车站站台范围内的线路应设在一个坡道上，坡度宜采用 2‰。当具有有效排水措施或与相邻建筑物合建时，可采用平坡。

（3）具有夜间停放车辆功能的配线，应布置在面向车挡或区间的下坡道上，隧道内的坡度宜为 2‰，地面和高架桥上坡度不应大于 1.5‰。

（4）道岔宜设在不大于 5‰的坡道上。在困难地段应采用无砟道床，尖轨后端为固定接头的道岔，可设在不大于 10‰的坡道上。

（5）车场内的库（棚）线宜设在平坡道上，库外停放车的线路坡度不应大于 1.5‰，咽喉区道岔坡度不宜大于 3.0‰。

参考《地铁设计规范》（GB 50157—2013）6.3.3 条，坡段与竖曲线设计应符合下列规定：

（1）线路坡段长度不宜小于远期列车长度，并应满足相邻竖曲线间的夹直线长度不小于 50m 的要求。

（2）两相邻坡段的坡度代数差大于或等于 2‰时，应设圆曲线型的竖曲线连接，竖曲线的半径不应小于表 1-4-2 的数值。

请注意

这部分知识点是"1＋X"城市轨道交通线路维护职业技能等级证书（中级）考点。

竖曲线半径（单位：m）   表 1-4-2

线别		一般情况	困难情况
正线	区间	5000	2500
	车站端部	3000	2000
联络线、出入线、车场线		2000	

车站站台和道岔范围内，不得设置竖曲线。竖曲线与道岔端部的距离不应小于 5m。

有砟道床地段的竖曲线，不得与平曲线的超高顺坡地段重叠，但整体道床地段可不受此限。

坡段长度不应小于远期列车计算长度。

最大坡度地段的坡段最大长度，应根据车辆技术性能确定。

地下区间线路最低点的位置，宜与区间联络通道的位置相一致，并应方便区间废水泵站的排水。纵断面设计时，应注意不同轨道结构高度的差异。

三、隧道限界设计

限界是限定车辆运行及轨道区周围构筑物超越的轮廓线。限界根据车辆的轮廓尺寸、性能技术参数、线路特性、轨道特性、设备安装以及各种误差及变形等因素,并考虑列车在运动中的状态等因素,通过科学的分析计算和技术经济比较综合分析确定。在线路上运行的车辆必须与隧道边缘、各种建筑物及设备之间保持一定的距离,以确保列车的安全运行。城市轨道交通的限界主要包括车辆限界、设备限界和建筑限界。

1. 车辆限界

车辆限界是车辆在平直线上正常运行状态下所形成最大动态包络线,用以控制车辆制造,以及制定站台和站台门的定位尺寸。以最高行车速度运行在具有最大标准公差和磨耗限度的平直轨道上,车辆任何部分都应被容纳在限界轮廓之内,不得超越。

直线地段车辆限界是以线路为基准的基准轮廓线的最外各点,按车辆在线路上运行时产生的最不利位置确定。其值必须根据车辆技术参数、最大行车速度、轨道参数、接触网(接触轨)参数,结合各种磨耗值计算确定,一般由车辆供货商提供。车辆轮廓线坐标点如图 1-4-1 所示。

2. 设备限界

设备限界是车辆限界外在基准坐标系中的一个轮廓,在车辆限界的基础上加上车辆的偏移和倾斜,再加上设计、施工中不可预计的安全预留量形成。当车辆以最高速度运行时,应容纳车辆各部分的限界轮廓、建筑物及安装的一切设备,均不得向内侵入此限界。

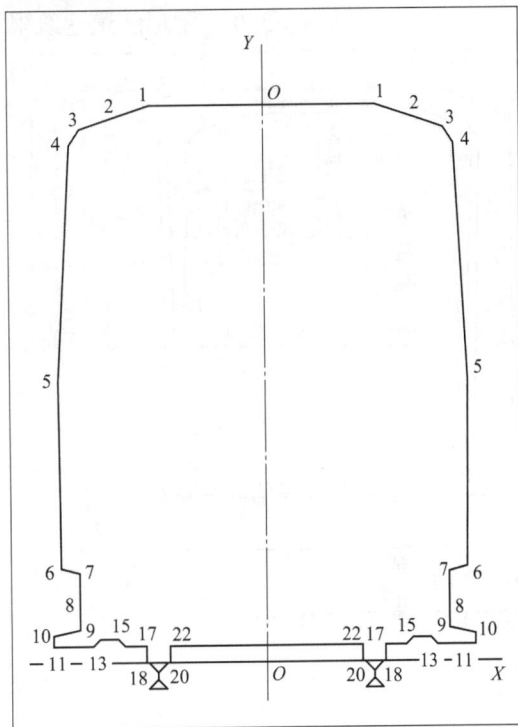

■ 图 1-4-1

车辆轮廓线坐标点

直线地段设备限界的外轮廓在车辆限界之外,自车体肩部横向加宽 100mm、边梁下端横向加宽 30mm、顶部加高 60mm、受电弓加高 50mm、车下悬挂物降低 50mm 后形成。

3. 建筑限界

建筑限界是隧道和高架桥等结构物的最小横断面有效内轮廓线。在建筑限界以内、设备限界以外的空间,应能满足固定设备和管线安装的需要。在进行隧道和高架桥设计时,必须考虑施工误差、测量误差、结构变形等因素,以保证竣工后隧道和高架桥的有效净空满足建筑限界的要求。

　　区间隧道的建筑限界是根据已定的车辆类型、受电方式、施工方法及地质条件等按不同结构形式确定的。

　　区间直线段矩形隧道建筑限界、明挖施工的矩形隧道建筑限界宽度为 4100mm,高度为 4500mm,如图 1-4-2 所示。

　　盾构施工的圆形隧道,不论在直线地段还是在曲线地段,只能采用同一直径的盾构,要在直线和不同曲线半径的地段分别采用不同直径的盾构进行施工是不可能的,所以应按最小曲线半径选用盾构直径进行施工,这样才能满足圆形隧道的建筑限界要求。如线路最小曲线半径 $R=300$ m,圆形隧道建筑限界的直径宜为 5200mm,如图 1-4-3 所示。

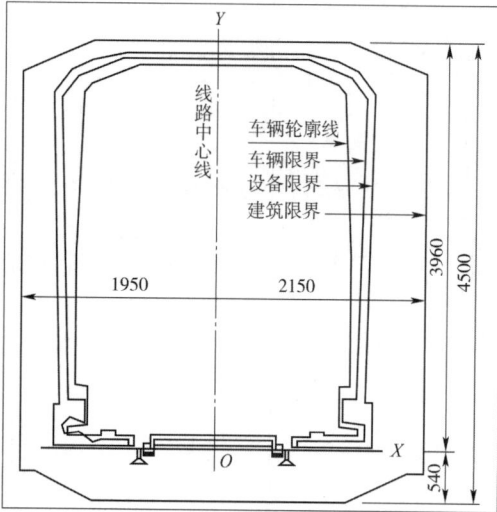

■ 图 1-4-2

区间建筑限界图(尺寸单位:mm)

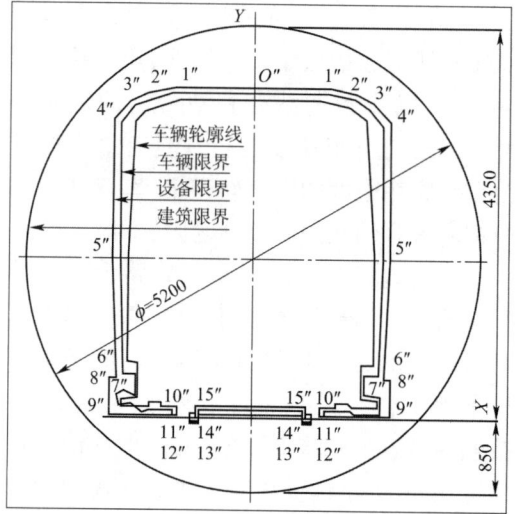

■ 图 1-4-3

圆形隧道建筑限界图(尺寸单位:mm)

◀◀ **任务实施与评价** 📄

任务实施与评价如表 1-4-3 所示。

任务实施与评价表   表 1-4-3

任务要点	简述常见的地铁隧道限界,比较它与公路隧道、铁路隧道限界的异同			
班级		姓名	评价时间	
	考核标准		分值(分)	得分(分)
任务实施	能说清城市轨道交通的隧道平面设计、纵断面设计、建筑限界等基本概念		10	
	能简述常见的地铁隧道限界并比较它与公路隧道、铁路隧道限界的异同		10	
	明确常见的地铁隧道限界		10	
	知道公路隧道及铁路隧道常见的限界		10	
	讲清楚不同隧道限界的异同,感悟行业规则的重要性		10	
	组员分工合理,职责明晰,团结合作,表现出一定的职业素养		10	
	调研材料丰富、翔实		10	
	PPT 清晰、图文并茂		10	
	富有创新精神		10	
	表达流畅,分析合理		10	
	总计		100	

互评意见:

学习心得:

指导教师意见:

说明:小组互评要实事求是,公平公正

任务五　城市轨道交通隧道概述

✏ 任务描述与分解 ▷▶▶

　　　　任务描述:参观所在城市轨道交通隧道,介绍所参观线路某一个车站和区间的结构组成。

　　　　任务分解:根据任务描述,完成以下任务。

　　　　(1)小组合作讨论所学内容,明确地铁车站的结构组成;

　　　　(2)合作讨论地铁区间的结构组成;

　　　　(3)小组代表讲解任务完成情况。

✏ 知识准备 ▷▶▶

　　　　城市轨道交通隧道根据其功能、使用要求、设置位置的不同划分成车站、区间和车辆段三个部分,这三个部分构成了一条完整的隧道线路运行系统,地铁车站按功能分为中间站、区域站、枢纽站等,如图1-5-1所示。

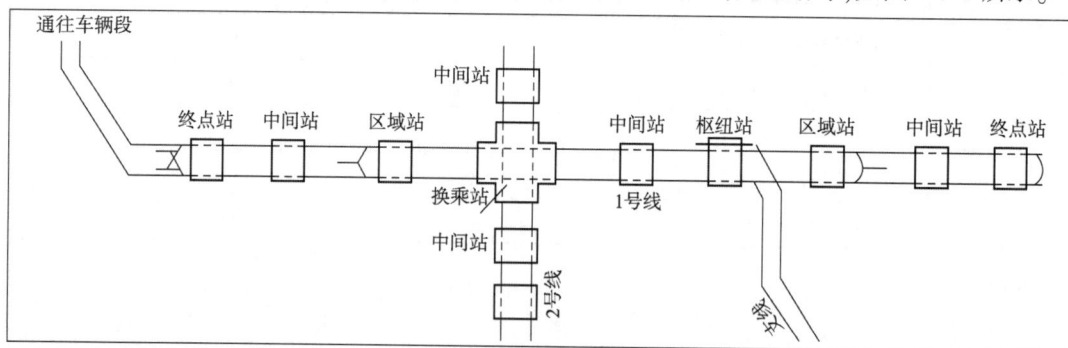

■ 图1-5-1

地铁车站设置示意图

　　　　车站是城市轨道交通网中一种重要的建筑物。车站的位置、环境条件、设计的合理性,都会直接影响隧道的社会效益和经济效益,影响城市规划和城市景观。

　　　　区间是联结相邻两个车站的行车通道,关系列车的安全运行。区间设计的合理性、经济性对城市轨道交通隧道投资的影响大,对乘客乘坐列车时的舒适感和列车运行速度也有影响。

　　　　车辆段是城市轨道交通隧道车辆停放和进行日常检修的场所,又是技术培训的基地,由各种生产、生活、辅助建筑及各专业设备和设施组成。

一、车站

(一)车站的组成与分类

1.车站的组成

车站是地铁隧道系统中一个很重要的组成部分,是供乘客乘降、换乘和候车的场所,是隧道工程中对外开放的重要窗口,与乘客的关系极为密切;同时它又集中设置了隧道运营中很大一部分技术设备和运营管理系统,对保证隧道安全运行起着很关键的作用。

一般情况下,车站由站厅层、站台层、设备及管理用房、人行通道、地面出入口、通风道、通风亭等组成。图 1-5-2 所示为某城市轨道交通隧道标准车站的组合形式,车站直线段矩形隧道限界如图 1-5-3 所示。

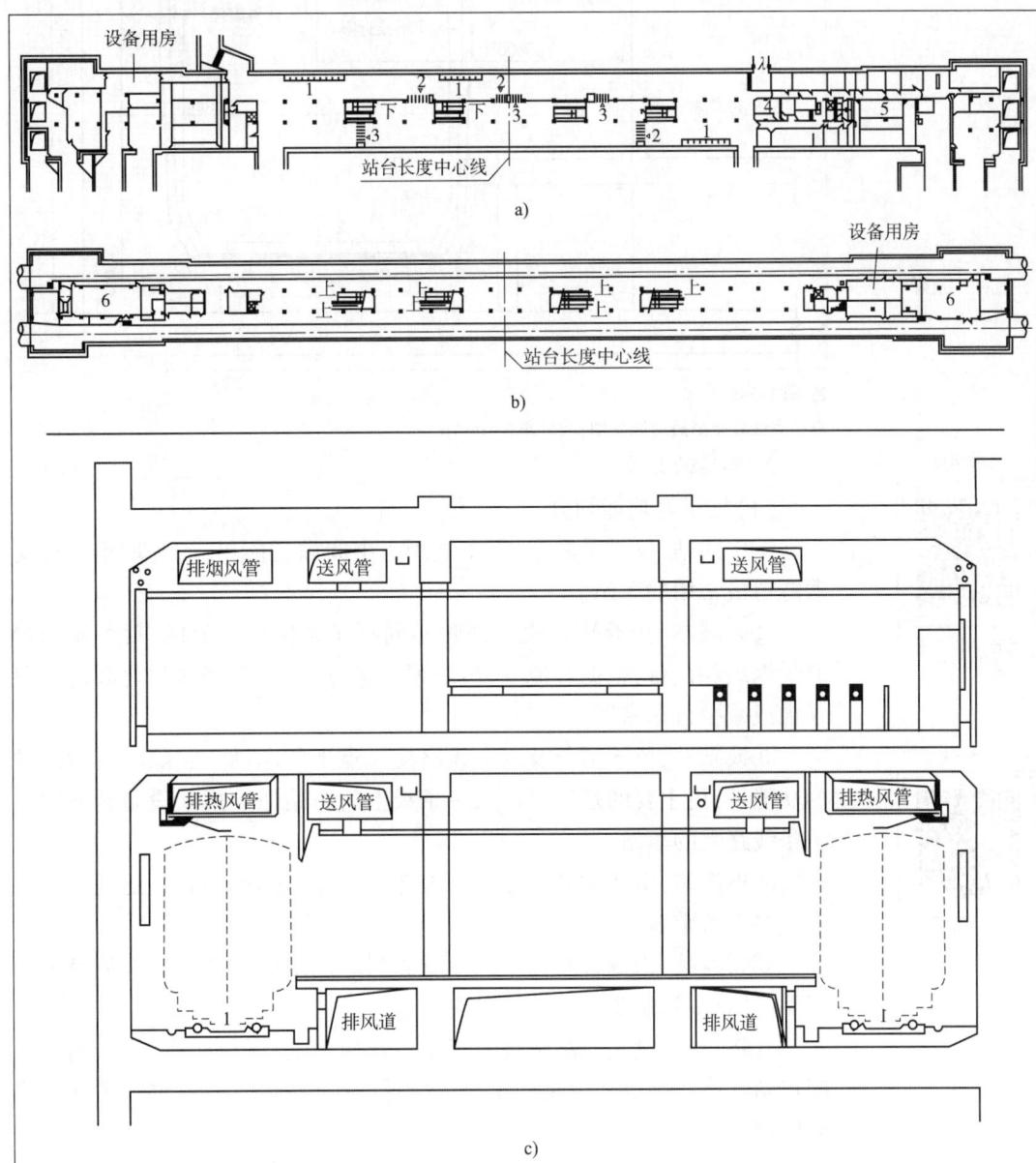

■ 图 1-5-2

车站标准剖面示意

a) 站厅层平面图;b) 站台层平面图;c) 车站总体剖面图

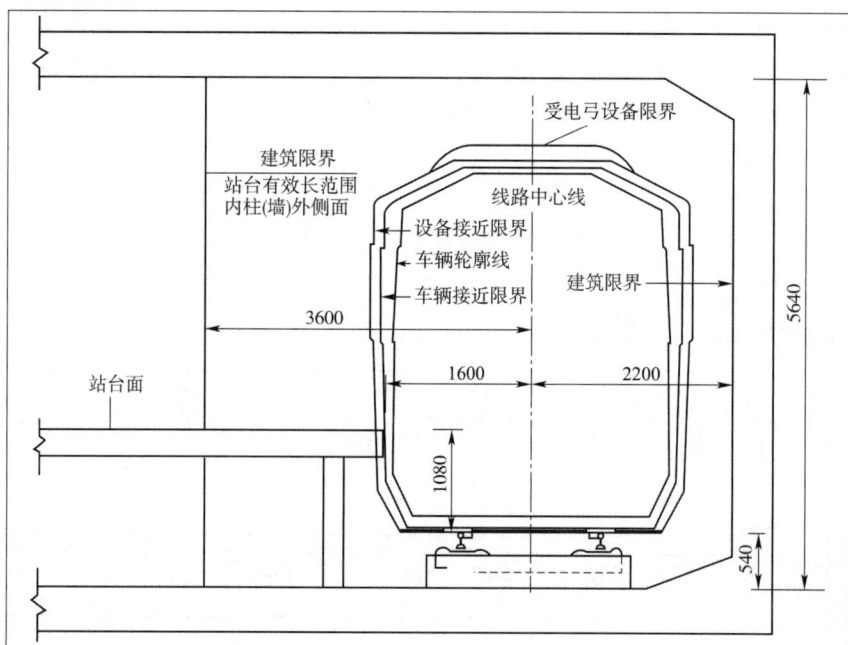

■ 图 1-5-3

车站直线段矩形隧道限界图(尺寸单位:mm)

2. 车站的分类

(1)按车站功能划分。

①中间站,仅供乘客上、下车之用。中间站功能单一,是城市轨道交通隧道最常用的车站。

②区域站(折返站),设在两种不同行车密度交界处的车站,站内设有折返线和设备,根据客流量,组织列车运行,在两个区域站之间的区段增加或减少行车密度。

③换乘站,位于两条及以上线路交叉点上的车站。它除具有中间站的功能外,更主要的是还可以从一条线上的车站通过换乘设施转换到另一条线路上的车站。

④枢纽站,由此站分出另一条线路的车站。枢纽站可接、送两条及以上线路上的乘客。

⑤联运站,指设有两种不同性质的列车线路进行联运及客流换乘的车站,具有中间站及换乘站的双重功能。

⑥终点站,设在线路两端的车站。就列车上、下行而言,终点站也是起点站。终点站设有可供列车全部折返的折返线和设备,也可供列车临时停留检修。

(2)按线路走向划分:侧式站台车站、岛式站台车站。

(3)按结构类型划分:矩形箱式车站、圆形或椭圆形隧道式车站。

(4)按建筑的形式划分:浅埋式车站和深埋式车站。

拓展链接

城市轨道交通
车站文化

任务剖析

城市轨道交通
车站分类

(二)典型城市轨道交通隧道车站构造

1.岛式站台车站

如图1-5-4a)所示,岛式站台车站最大的优越性在于便于乘客换乘其他车次,其两条单线单隧道在城市地下工况复杂情况下穿行时具有较大的灵活性。

2.侧式站台车站

如图1-5-4b)所示,侧式站台车站的缺点是不利于乘客换乘其他车次,大隧道双线穿行反而又缺乏灵活性,但其轨道布置集中,有利于区间采用大的隧道或双圆隧道双线穿行。

■ 图1-5-4

岛式站台和侧式站台

a) 岛式站台;b) 侧式站台

3.矩形箱式车站

矩形箱式车站大多采用地下连续墙后大开挖的现浇钢筋混凝土结构,施工对周边环境影响大,土方量大,影响地面交通。

4.椭圆形隧道式车站

椭圆形隧道式车站可采用盾构法施工,土方量小,对周边环境影响小,但技术要求较高。椭圆形隧道式车站构造如图1-5-5所示。

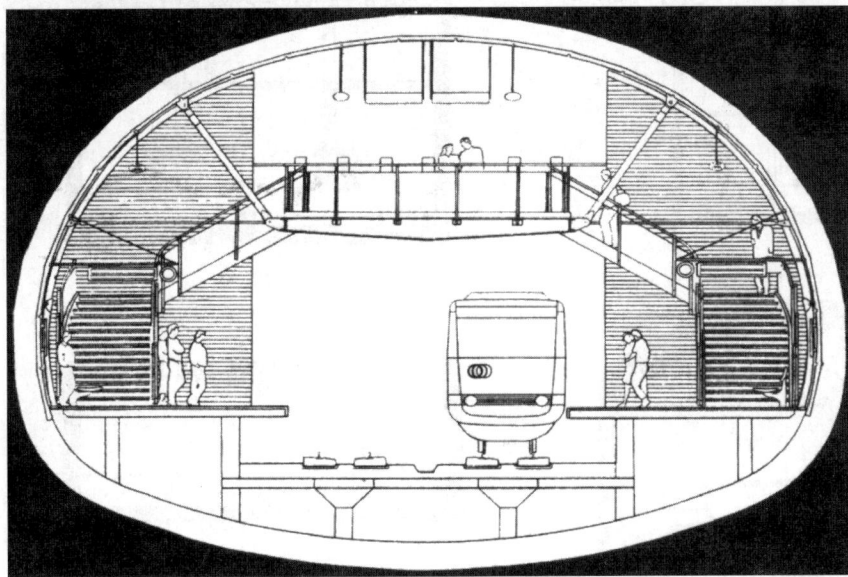

■ 图1-5-5

椭圆形隧道式车站构造

5.浅埋式车站

浅埋式车站修筑时土方量小、技术难度小、客流上下高度小、投资小。

6.深埋式车站

深埋式车站修筑时深基坑技术难度大、土方量大、投资大、客流上下高度大。

各种典型车站构造如图1-5-6所示。

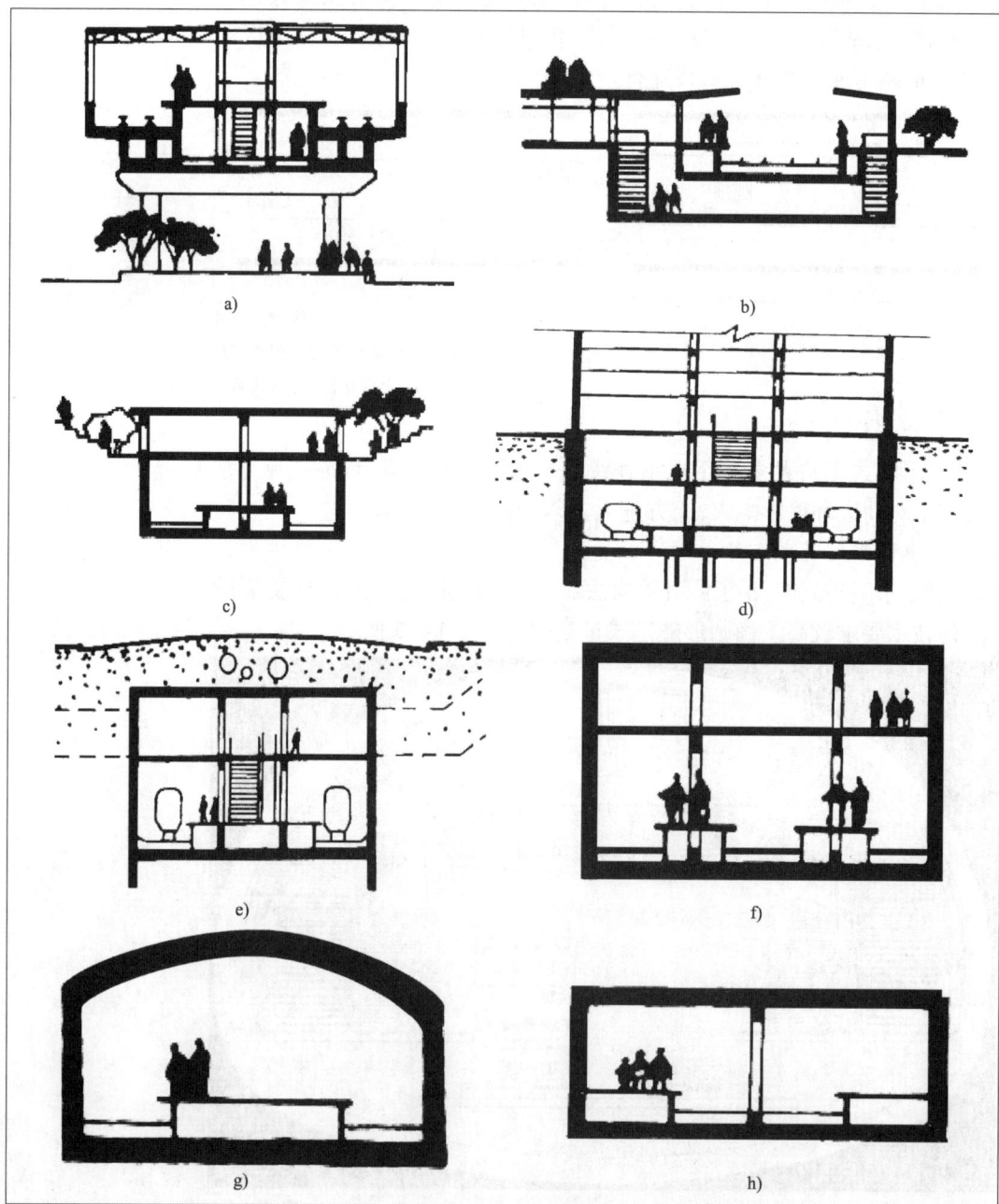

■ 图1-5-6

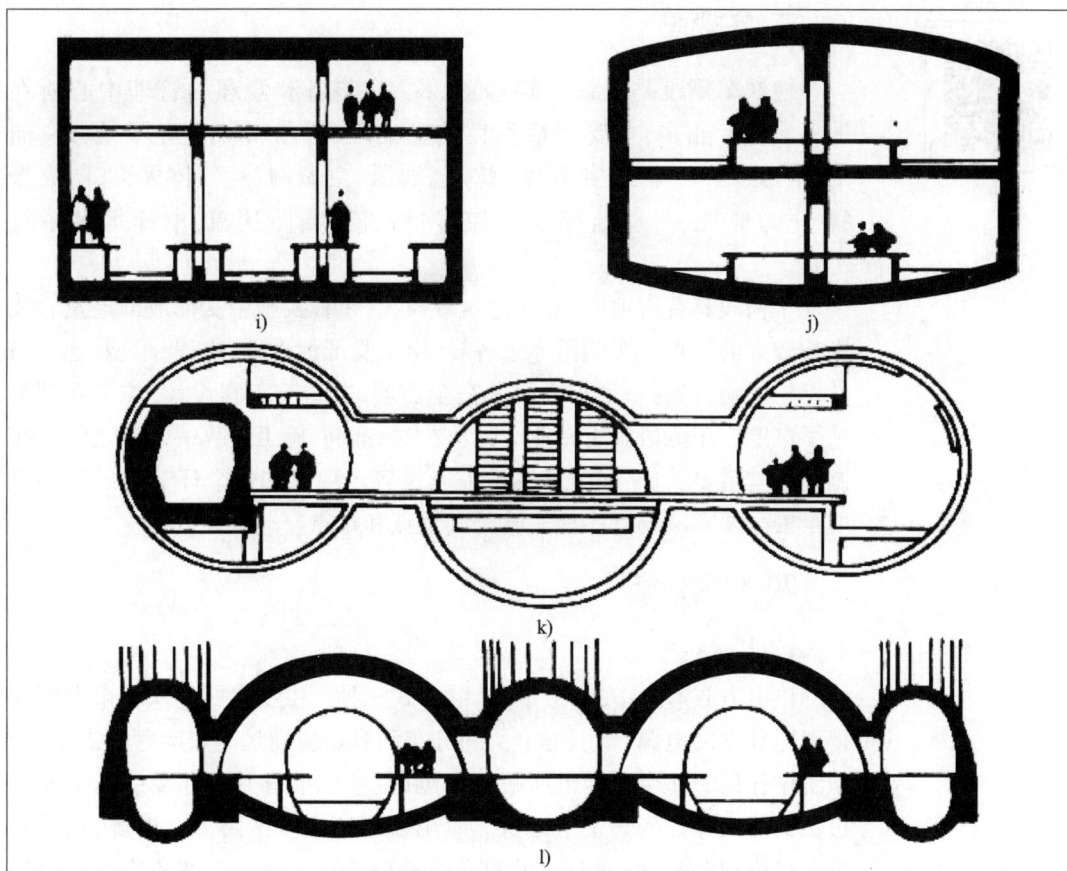

■ 图 1-5-6

各种典型车站构造

a) 高架式; b) 地面式; c) 半地下单柱双跨式; d) 浅埋式; e) 深埋双柱三跨岛式; f) 双柱三跨双岛式; g) 单拱岛式;
h) 单层单柱双跨侧式; i) 双柱三跨岛侧混合式; j) 双层单柱双跨岛式; k)、l) 塔柱式

二、区间隧道

区间隧道即两个车站之间的隧道。区间隧道的走向和埋深、工程地质和水文地质条件、地面和地下环境、施工方法等直接关系工程造价和施工难易。

区间隧道结构包括行车隧道、渡线、折返线、地下存车线、联络线以及其他附属建筑物。

区间隧道衬砌结构与构造主要取决于隧道的用途、沿线地形、地物、水文地质、工程地质、施工方法、环境要求、维修管理要求、工期要求以及投资等因素。

区间隧道施工常用的方法可以归纳为明挖法、矿山法、盾构法等，采用不同的施工方法，隧道结构的形式也不同。

任务拓展

车辆段

三、车辆段

地铁车辆段是地铁车辆停放、检查、整备和修理的管理中心所在地。涵盖专业多,主要包括不良地基处理、道路、排水、房屋、轨道、通信、信号、电气、牵引、给排水、煤气、通风、空调制冷、气体灭火、防灾报警、电力监控、自动监控及主控、网络、门禁、防迷流、电梯等多系统工程。

车辆段具有占地面积广,建筑规模大,工程实施中受征地拆迁及管线影响较大的特点。车辆段形态各异,由于受征地拆迁、修程、车型、地质条件等的影响,没有一个车辆段是完全雷同的,这给工程设计、施工管理带来了难度。车辆段施工专业性强,技术标准高,施工过程中专业之间互相制约是其重要特征,在项目实施前确保各个项目和各个环节按照工期和质量安全要求顺畅有序地实施是其重点和难点。

四、附属设施

1. 供电系统

供电方式有集中式、分散式、混合式三种。主变电所应从城市电网取得两路独立的电源;牵引变电所的分布和容量应满足高峰运营的需要,当系统中任何一座牵引变电所故障解列时,应仍能靠其相邻牵引变电所的过负荷能力保证列车正常运行。牵引变电所应有两路独立电源,设两套整流机组,其容量按远期运量的牵引负荷计算。地下车站还应设应急照明,其可持续时间应不少于 1h。

2. 通信系统

为保证隧道安全、高效运营,必须建立安全可靠、有效的通信网,以传输和处理隧道运营所需的信息,以及对其进行监控,并在隧道出现异常情况时能迅速转为供防灾救援和事故处理的指挥通信使用。通信系统应选用技术先进、可靠性高、价格合理、组网灵活的设备,并能适应一天 24h 不间断地运行。

3. 信号系统

信号系统由正线区段的列车自动控制系统(ATC)和车辆段信号设备组成。信号系统的设备配置,应有利于行车组织和运营管理,应尽量采用计算机技术、网络技术、数据传输技术、设备结构模块化技术,便于功能扩展和控制范围的延伸。采用的信号系统必须满足安全、可靠、技术先进实用和经济合理的要求,操作员必须有成熟的使用经验。

4. 火灾自动报警系统

火灾自动报警系统(FAS)应有防尘、防腐蚀、防潮、防霉、防震、防电磁干扰和静电干扰的能力。设备选用应考虑设备技术先进、传输可靠、智能化程度高、保证不漏报和误报并便于今后维修与管理。火灾自动报警系统实行两级管理机制,由设置在控制中心的中央级防灾指挥中心和设置在各车站(段、点)的车站火灾自动报警系统,以及连接控制中心和车站的通信通道构成。

5. 自动售检票系统

自动售检票系统(AFC)由中央计算机系统、中央编码系统、车站计算机系统、车站售检票设备和网络设备构成,实行中央计算机系统和车站计算机系统两级监控。AFC 系统应能自动控制进出站客流并实行封闭式票务管理。

6. 通风空调系统

通风空调系统应能满足隧道车站内各种设备用房和管理用房不同温度、湿度及换气次数要求,保证隧道内的工作人员和运行设备有一个良好的工作环境,确保设备正常运行。列车发生阻塞事故时,通风空调系统应能向阻塞区间隧道内提供一定通风风速,并使列车周围环境温度满足要求,确保列车通风空调系统正常运行。

7. 给排水及消防系统

隧道给水系统包括生产、生活及消防给水系统;排水系统包括污水、废水及雨水系统,排水系统应能及时排出各站、点、段及区间产生的污水、废水、雨水,渗漏水排水应通畅,并便于清通。

隧道消防系统包括水消防系统、气体灭火系统及建筑灭火器,应做到安全有效、经济合理、技术先进。

8. 车站其他机电设备

车站其他机电设备包括电梯、自动扶梯、站台门系统、防淹门等。

任务实施与评价 ▷►►

任务实施与评价如表 1-5-1 所示。

任务要点	参观所在城市轨道交通隧道,介绍所参观线路某一个车站和区间的结构组成			
班级		姓名		评价时间	
任务实施	考核标准		分值(分)	得分(分)
	能说清车站的组成		10	
	能说清区间的组成		10	
	能说清附属设施的作用		10	
	将收集的照片、图片等佐证材料汇报给小组		10	
	组员分工合理,职责明晰,团结合作,表现出一定的职业素养		10	
	调研材料丰富、翔实		10	
	PPT 清晰、图文并茂		10	
	富有创新精神		10	
	表达流畅,分析合理		20	
	总计		100	

互评意见:

学习心得:

指导教师意见:

说明:小组互评要实事求是,公平公正

过关练习

班级：_____ 姓名：_____ 学号：_____ 成绩：_____

一、填空题(51 分)

1. 隧道依据埋置深度可分为_____、_____。

2. 超前地质预报的方法有_____、_____、_____等。

3. 典型的岩体全应力-应变曲线可分为_____、_____、_____、_____四个阶段。

4. 围岩的基本分级由_____、_____两个基本因素确定。

5. 隧道的限界包括_____、_____、_____。

6. 区间隧道施工常用的方法有_____、_____、_____。

二、选择题(6 分)

1. 根据岩石坚硬程度和岩体完整程度,围岩分为( )级。

　A. Ⅲ　　　　　B. Ⅳ　　　　　C. Ⅴ　　　　　D. Ⅵ

2. 按照长度分类,3000m 长的地铁隧道为( )。

　A. 短隧道　　B. 中隧道　　C. 长隧道　　D. 特长隧道

三、名词解释(25 分)

隧道：

地下工程：

车站：

区间：

车辆段：

四、简答题(18 分)

1. 常见的交通隧道有哪些?

2. 隧道围岩是如何分级的? 影响围岩分级的因素有哪些?

3. 简述典型城市轨道交通车站构造。

工程案例分析 ▷▶▶

某地铁地质勘查

近年来,地铁建设步伐加快,据某年某市轨道交通线网规划,全市规划轨道交通线路 16 条,全长 780km。

该地区地质以花岗岩为主,花岗岩分布范围占地铁已开工线路比例达 90% 以上,由于线路埋深小、基岩面起伏大,风化岩石的工程性状差异大,隧道穿越地层条件十分复杂。目前,围岩级别划分是人为分段的,具有阶梯状的特点。对于连续变化的围岩,在同一级别下,往往级差较大,此时,同样级别的围岩,处于最好和最差围岩的隧道稳定性差异很大。如果在施工方法、超前支护、支护结构形式和参数等方面按最差的围岩进行隧道设计和施工,往往会造成很大浪费。为此,在现有围岩分级基础上,对围岩级别所占比例较高的 Ⅱ、Ⅳ 级围岩增加了亚级划分。

目前,该市地铁地质勘查阶段主要采用钻探、声波测试、抽水试验等方法,能够获得岩芯状态、围岩弹性纵波速度、岩石单轴饱和抗压强度、岩体完整性指数、地下水状态等参数,根据这些参数可以对围岩进行分级。施工阶段通过掌子面素描、超前地质预报等方法,能够较全面地获得岩石坚硬程度、岩体完整程度、主要软弱结构面产状、地下水状态等,根据这些参数可以对地质勘查阶段的围岩级别进行确认或修正。地质勘查阶段由于受地质条件、勘探工艺和勘查手段的限制,所获取的地质信息一般是有限的、不完整的,因此,围岩亚级划分不宜太细,本案例对 Ⅱ、Ⅳ 级围岩分别划分了两个亚级。

地质勘查获取的关于围岩的这些参数,为地铁隧道的设计提供了必要的依据。

> 请根据该工程案例,结合本项目学习内容,分析:该工程为什么要对围岩增加亚级划分? 围岩的级别划分依据哪些指标? 试简述围岩分级的基本步骤。

项目二

地下车站施工

岗位实境

　　某市地铁1号线地下车站主体长240m，为地下三层双柱三跨式车站，主体采用了明挖法与局部盖挖法、暗挖法相结合的施工方法。

　　地下车站常见的施工方法有盖挖法、明挖法、浅埋暗挖法等。城市轨道交通工程技术专业岗位实习生以车站施工员助理的身份进行岗位实习时，不仅要能依据工程概况合理选择盖挖法、明挖法、浅埋暗挖法等施工方法，正确阐述其施工工艺，还要能对施工中易出现的问题提出相应的对策。

项目任务书 ▷▶▶

名称		地下车站施工
学习目标	知识目标	(1)知道盖挖法、明挖法、地下车站浅埋暗挖法的基本概念、分类及特点; (2)熟悉各个施工方法的施工工艺
	技能目标	(1)能依据工程实际情况选择合理的地下车站施工方法; (2)能准确说出各施工方法的施工工艺
	素质目标	(1)具备强烈的施工安全与自我保护意识; (2)具备强烈的施工安全及环保意识; (3)提高施工员、资料员、检测员的职业素养
学习重点		(1)结合工程实际情况,探讨盖挖半逆作法的施工工序及施工过程中的主要控制措施; (2)简述基坑开挖时工程重、难点及注意事项; (3)地下车站采用浅埋暗挖法施工的过程中,当出现开挖面顶部掉块增大及挂网喷混凝土封闭时,部分喷混凝土层有脱离甚至塌落现象。试结合工程实际,针对此现象提出相应的处理措施
任务实施要求		(1)学习小组进行项目任务分析、任务分配、团队工作任务分配表制订; (2)小组分工合理,任务分配明确,做到全员参与; (3)团队按任务分配表按时完成任务; (4)依据评价表,公平、公正评价任务实施情况
任务实施要点		(1)完全掌握知识准备内容,收集网络资源,团队深入探究; (2)注意安全与环保意识的培养; (3)做到理论联系实际
任务拓展		(1)结合本市情况,组织团队成员去现场参观学习; (2)学习盖挖法、明挖法、地下车站浅埋暗挖法相关文献

城市轨道交通工程技术专业相关职业技能要求:
(1)能依据工程实际情况合理选择地下车站施工方法;
(2)能准确阐述盖挖法、明挖法及地下车站浅埋暗挖法施工工序、重点、难点及施工注意事项;
(3)能对施工中出现的异常情况提出相应的改进措施

任务一 盖挖法施工

任务描述：某市地铁车站位于现状路北一段与现状路交叉路口处,大体呈东—西走向,地面交通人车混杂;交通现状为现状路 3 机动车道 + 1 专用公交车道 + 2 非机动车道,现状路双向 6 机动车道,现状路至现状路 1 机动车道 + 2 非机动车道;车站周边建筑物较为密集,北侧有办公楼,南侧有与车站施工同期进行改造的立交桥。结合周边建筑物、构筑物、交通状况等,主体结构施工采用盖挖半逆作法。

车站施工期间确保邻近建筑物及立交桥安全,是工程施工的控制重点。车站北侧紧邻三栋办公楼,南侧围护桩紧临既有立交桥桩基,施工过程中深基坑开挖引起的卸载对建筑物基础有影响。

请结合工程实际情况,探讨盖挖半逆作法的施工工序及施工过程中的主要控制措施。

任务分解：根据任务描述,结合工程实际,探讨盖挖半逆作法的施工步骤,完成以下任务。

(1)小组合作讨论所学内容,厘清盖挖半逆作法的施工步骤;

(2)小组讨论盖挖半逆作法施工中的控制措施;

(3)小组代表讲解盖挖半逆作法;

(4)依据任务描述情况,完成本任务,感悟严谨、认真的职业素养。

当车站位于现状路或跨越路口,且处于比较繁华而狭窄的街道,无明挖条件,但允许短时间中断交通或局部交通改移时,可采用盖挖法施工。盖挖法是当地下工程明作时需要穿越公路、建筑等障碍物而采取的新型工程施工方法。

盖挖法是由地面向下开挖至一定深度后,将顶部封闭,其余的下部工程在封闭的顶盖下进行施工。盖挖法根据施作顺序可分为盖挖顺作法、盖挖逆作法和盖挖半逆作法,根据铺盖范围又可分为全盖挖法、半盖挖法、局部盖挖法。盖挖法的特点是:封闭道路时间较短,允许分段实施,一旦路面先期恢复,后续施工对地面交通不再产生影响。

一、盖挖法分类

(一)盖挖顺作法

1.盖挖顺作法的施工步骤

盖挖顺作法是在地表完成挡土结构作业后,以定型的预制标准覆盖

结构置于挡土结构上维持交通,往下反复进行开挖和加设横撑直至设计
高程,由下而上施工主体结构和防水,回填土并恢复管线路或埋设新管线
路,最后视需要拆除挡土结构外露部分并恢复道路。

盖挖顺作法的施工步骤如图 2-1-1 所示。

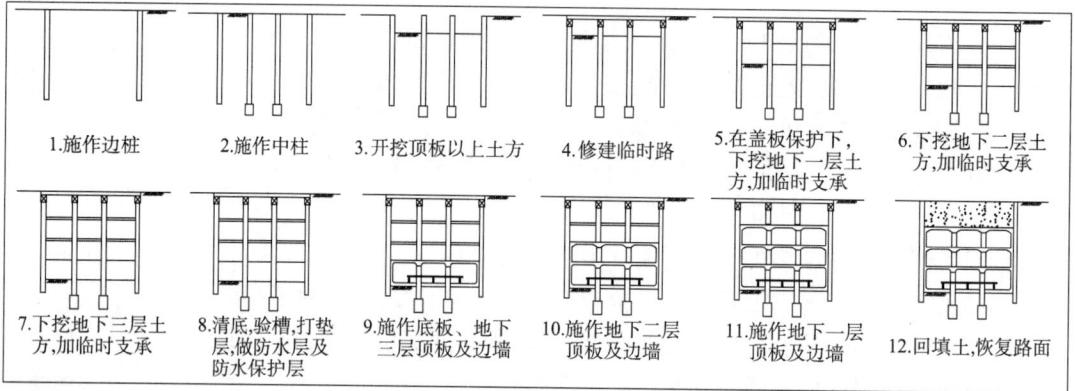

1.施作边桩　　2.施作中柱　　3.开挖顶板以上土方　　4.修建临时路　　5.在盖板保护下,下挖地下一层土方,加临时支承　　6.下挖地下二层土方,加临时支承

7.下挖地下三层土方,加临时支承　　8.清底,验槽,打垫层,做防水层及防水保护层　　9.施作底板、地下三层顶板及边墙　　10.施作地下二层顶板及边墙　　11.施作地下一层顶板及边墙　　12.回填土,恢复路面

■ 图 2-1-1
盖挖顺作法施工步骤示意

2.盖挖顺作法的特点

(1)采用盖挖顺作法时,通过合理组织行车路线,可以保证施工期间
路面的交通,车站防水质量也较好。

(2)对周围环境的干扰时间较短,可防止地面沉降且对周围建筑物
和地下管线具有良好的保护效果。

(3)挖土是在顶部封闭状态下进行,大型机械应用受到限制,施工工
期较长。

(4)结构的主要受力构件常兼有临时结构和永久结构的双重功能;
需设置中间竖向临时支承系统,与侧墙共同承受结构封底前的竖向
荷载。

(5)对地下连续墙、中间支承柱与底板、楼盖的连接节点需进行
处理。

(6)施工难度、施工工期及土建造价均属中等水平。

(二)盖挖逆作法

1.盖挖逆作法的施工步骤

盖挖逆作法是先由地面向下做基坑的围护结构和中间桩柱,基坑围
护结构多采用地下连续墙或帷幕桩,中间支承多利用主体结构本身的中
间立柱;随后即可开挖表层土体至主体结构顶板地面高程,利用未开挖的
土体作为土模浇筑顶板。顶板可以作为一道强有力的横撑,防止围护结
构向基坑内变形,待回填土后将道路复原,恢复交通。之后的工作在顶板
覆盖下进行,即自上而下逐层建造主体结构直至底板。

盖挖逆作法的施工步骤如图 2-1-2 所示。

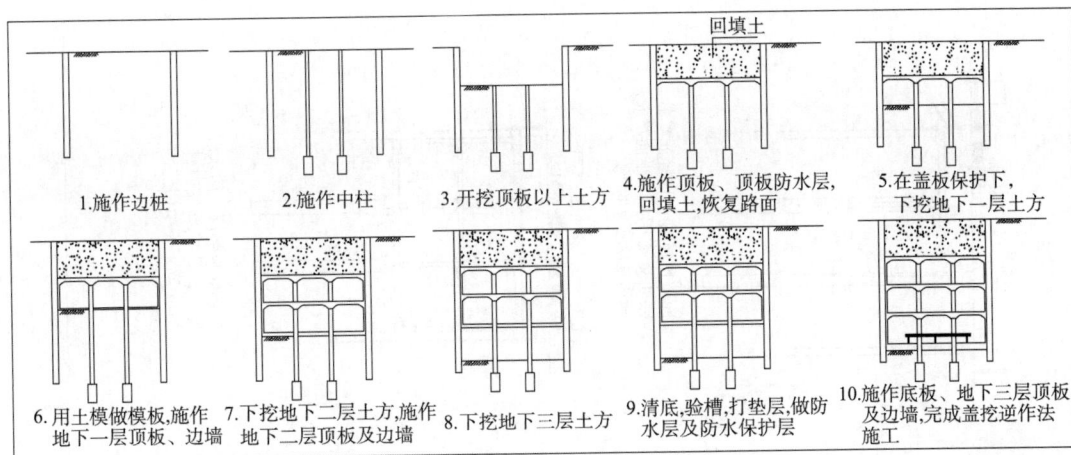

■ 图 2-1-2

盖挖逆作法施工步骤示意

2.盖挖逆作法的典型案例

在地铁车站施工中,如果开挖面积较大、覆土较浅、周围沿线建筑物过于靠近,为尽量防止因开挖基坑而引起邻近建筑物沉陷,或须及早恢复路面交通,但又缺乏定型覆盖结构时,常采用盖挖逆作法施工。如某市地铁南北线一期工程的区间隧道在地质条件和周围环境允许的情况下,以造价低、工期短、安全为目标,经过分析、比较,选择了全线区间施工方法。其中,某站位于某河古河道部位,为粉土、粉细砂、淤泥质黏土土层,因为是该线路第一个车站,又位于十字路口,所以采用地下连续墙作围护结构。除入口结构采用盖挖顺作法外,其余均采用盖挖逆作法。整个施工过程中应采用可靠的通风、防潮和去湿措施;考虑地下工程的采光效果及出入口部位的灯光过渡段;处理好噪声的隔离和控制,进行必要的声学处理。

(三)盖挖半逆作法

1.盖挖半逆作法的施工步骤

与盖挖逆作法不同,盖挖半逆作法顶板完成及路面恢复后,向下挖土至设计高程后先浇筑底板,再依次向上逐层浇筑侧墙、楼板。在盖挖半逆作法施工中,一般都必须设置横撑并施加预应力。

盖挖半逆作法的施工步骤如图 2-1-3 所示。

2.盖挖半逆作法与盖挖逆作法的区别

盖挖半逆作法与盖挖逆作法区别在于:其一,盖挖半逆作法有横撑、有水平施工缝,盖挖逆作法无横撑、有水平施工缝。盖挖半逆作法施工中,一般都必须设置横撑并施加预应力,盖挖逆作法恢复路面后,向下挖土至设计高程后先浇筑底板,再依次向上逐层浇筑侧墙、楼板。其二,施工顺序不同。盖挖半逆作法施工顺序为施作围护结构→分段施作顶板及支承桩→开挖与设置横撑交替进行→由下往上施作车站结构;盖挖逆作法施工顺序为施作围护结构→施作车站上部土方及结构→施作车站下部土方及结构。

1.施作基坑围护结构、中间立柱下桩基及中间立柱

2.占用半轴路面开挖基坑,施作浅基坑保护墙,开挖至顶板底面高程处

3.施作结构顶板、顶梁,支设顶板防水层

4.回填顶板覆土,恢复此半截路面交通,围挡另半面路面,施作另半面围护结构

5.开挖另一半基坑至顶板底面高程处

6.施作顶板,敷顶梁,敷设顶板防水层,回填顶板覆土,恢复地面交通,开挖基坑至中楼板底面高程处

7.施作中楼板、纵梁及内衬墙,继续开挖及至基坑底设计底面高程处

8.施作底板垫层、防水层,底板及纵梁,施作内衬墙,完成主体结构

钻孔

中间立柱

柱下桩基

■图2-1-3

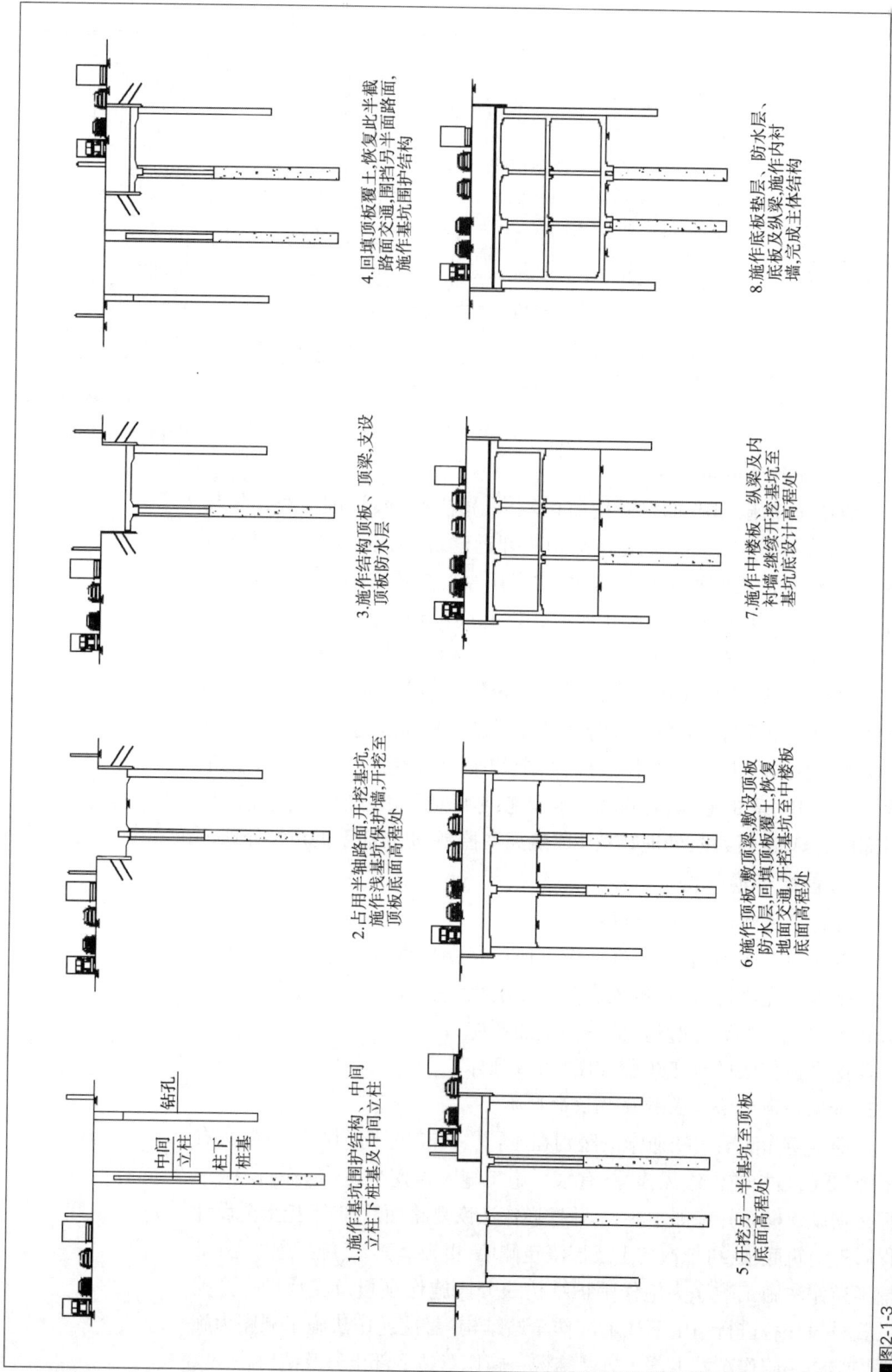

■ 盖挖半逆作法施工步骤示意

二、结构施工及防水

(一)施工准备

(1)完成地质补勘专项工作。

(2)基坑范围内地表建筑物已被清除,对地下管线已进行迁改或采取了保护措施,作业面已具备施工条件。

(3)相应方案已编制并审批完毕,手续齐全。

(4)已按照施工方案,合理安排了施工人员、材料、机械设备等。

(二)施工放样

依据甲方提供的平面、高程控制点进行本工程的平面及高程控制网的布设,布设完毕后即开始进行施工放样,放样结果须经监理工程师及第三方测量单位复核。

(1)施工放样前将施工测量方案报告监理工程师审批,建立专业测量组及测量复核制度。

(2)施工所用的导线点、水准点等要设置在工程施工影响范围之外、坚固稳定、不易被破坏且通视良好的地方。

(3)对于用于测量的图纸资料,测量技术人员必须认真核对。

(4)原始观测值和记事项目,应在现场用钢笔或铅笔记录在规定的外业手簿中。

(5)在测量中要积极和测量监理工程师联系、沟通和配合。

测量放样时,要做到满足监理工程师提出的测量技术要求及意见,并把测量结果和资料及时上报测量监理工程师及第三方测量单位,测量监理工程师经过内业资料复核和外业实测确定无误后,方可进行下步工序的施工。

(三)围护结构施工

在做好各种准备工作后,将施工基坑围护结构。对于刚度大的支护结构,具体施工作业根据施工图的围护结构类型进行调整,见相应的作业指导书。

(四)基坑降水

根据基坑围护结构的不同,选择进行坑内降水或坑外降水。

开挖基底低于地下水位的基坑,如果环境条件允许,应根据基坑地质条件及工程特点,采取措施降低地下水位,然后才能开挖。基坑降水的主要方法有电渗井点降水、喷射井点降水、轻型井点降水、管井降水。电渗井点降水一般用于淤泥或淤泥质黏土等渗透系数非常小的地层;喷射井点降水深度大,但需要双层井点管,安装工艺复杂,造价高;轻型井点降水设备简单,安装快捷,是常用方法,但降水速度慢,影响半径小;管井降水深度大,降水速度快。

管井一般布置在基坑开挖范围外或基坑内部边坡平台上,分为疏干井和降压井。疏干井用于降低潜水水位,降压井用于降低承压水位。基坑开挖中一般采用疏干井降水,并可以先开挖地下水位以上的土方,形成边坡平台,然后在基坑内部边坡平台上进行井点降水,降低造价。

(五)中间桩柱施工

中间桩柱是采用盖挖逆作法施工的地下车站重要的工程构件,由中柱及基础中桩两部分组成,一般为永久立柱,为主体结构的承载结构。

为了减小围护结构及中间桩柱的入土深度,可以在做围护结构和中间桩柱之前,用暗挖法预先做好它们下面的底纵梁,以扩大承载面积。当然,这必须在工程地质条件允许暗挖施工时才可能实现,而且在开挖最下一层土和浇筑底板前,由于围护结构和中间桩柱都无入土深度,故必须采取措施,如设置横撑,以增加它们的稳定性。

(六)施工顶板及顶板回填恢复路面

顶板回填碾压密实度应满足地面工程设计要求,设计无要求时,按表2-1-1要求。

顶板回填碾压密实度 表2-1-1

基础底以下高程	最低压实度(%)	
(cm)	快速和主干道路	地下管线
0~60	96/98	96/98
60~150	95/96	95/96
>150	90/93	90/93

每层回填做成不小于2%的横坡和向未填方向形成纵下坡,以利雨期排水。回填时集中力量,取、运、填、平、压各环节紧跟作业,抓紧晴天突击作业。

(七)基坑开挖

在降水施工完毕并降水20d后,进行基坑开挖。

(1)基坑顶有动载时,坑顶缘与动载间应留有1m的护道。如地质、水文条件不良或动载过大,应进行基坑开挖边坡检算,根据检算结果确定采用增宽护道或其他加固措施。

(2)基坑开挖过程中注意保护坑内降水井,确保降水、排水系统正常运转。

(3)基坑开挖过程中须遵循"在完成上步支护前不得继续开挖"的原则,开挖一段后及时网喷支护,然后进行下一段的开挖,直至支护完毕。

(4)基坑开挖过程中严禁超挖,基坑纵向放坡不得大于安全坡度,严防纵向滑坡。

(5)加强对基坑稳定的观察和监控量测工作。

（6）为防止超欠挖，基坑内设计坡面0.2m范围内的土方采用人工开挖。

（八）出土口布置

出土口的主要作用是出土、下料和调运设备，应根据地质情况、基坑大小、施工工期等布置出土口。为了便于安装提升设备和堆土等，出土口靠近地面运输道路布置，布置在基坑端头或侧边。出土口结构施工应预留钢筋，出土完成后进行封闭。

（九）上下入口设置

在施工初期，由于各个工作面还没有连通，一般出土口兼作上下入口，当各个工作面扩大连通之后，应设置专门的上下入口，深基坑的上下入口应安装步梯。一般情况下，根据上下人的数量，确定步梯的宽度，步梯宽度一般不宜小于3m。对于深度超过20m的基坑，除安装步梯外，还应安装电梯。一般情况下，一个出土口宜对应一个上下入口，上下入口可同时兼作消防口、通风口、排水口等。

（十）基坑施工

基坑开挖后，采用人工清除坑底松土，铲平凸起部分，修正边坡。超挖部分须报告监理、设计单位等共同研究处理。基坑在施工过程中要做好检查、监测等。基底以下地质不符合地基承载力要求时，应通过变更设计采取一定的处理措施。

三、施工易出现的问题及对策

盖挖法施工浅埋地铁车站时，在实施过程中需要解决的关键问题有施工期间地面交通的处置，侧壁支护、中间竖向临时支承系统的处置。

（一）施工期间地面交通的处置

采用盖挖法施工时，施工期间地面交通的处置，可有以下基本选择：

（1）临时断道或封闭部分宽度的路面。

（2）分条施工临时路面或结构顶板。

（3）夜间施工、白天恢复交通。

（4）地面交通照常。

以上选择的工程难度随对地面交通干扰的减少而增大，并对结构形式、工期、造价等产生重要影响，必须经过慎重比较后确定。实际工程中大多采用前两种方式。当需要限制施工占用道路宽度时，可分条施工顶板；若不允许白天占用道路，则可将地面作业安排在夜间。

为了充分发挥盖挖法的优势，必须把尽可能减少施工对地面交通的干扰作为盖挖法施工地铁车站总体设计的重要内容，减少破路，改移地下管线，减少施作侧壁支护、中间桩柱及顶板，回填及恢复路面等作业占用道路的时间和空间。

(二)侧壁支护的处置

盖挖法车站侧壁支护基本可分为两大类:一类是由灌注桩与内衬墙组成的桩墙结构,另一类是地下连续墙或地下连续墙与内衬墙组成的结构。在无水地层中,可选用分离式灌注桩,在保证桩间土稳定的前提下,选择较大的桩径以及采用较大的桩距总是经济的。

人工挖孔桩可实现多工作面平行作业,有利于减少施工占路时间,尤其适用于基坑深度范围内为半岩半土地层或卵石含量高的地层的情况。当有地下水时,可结合注浆形成止水帷幕或改用相互搭接的灌注桩,但在饱和软土或流砂地层中,从提高支护的强度、刚度、止水性和保护环境等方面考虑,尤其当挖深超过 10m 时,多采用地下连续墙。侧壁支护与内衬墙之间的构造视传力方式的不同,分为以下两种基本形式。

1. 分离式结构

当侧壁支护与内衬墙之间需敷设防水夹层时,为了保证防水效果,在支护与内衬墙之间、支护与楼板之间一般不用钢筋拉结。例如,某地铁采用灌注桩护壁的车站及某地铁用连续墙支护的大多数车站均采用这一形式,但当水压大时,内衬墙很厚,显得不够经济。若采用盖挖逆作法施工,为保证中楼板在施工过程中的强度和稳定性,需在顶板和楼板间设置拉杆,中楼板的支承方案如图 2-1-4 所示。

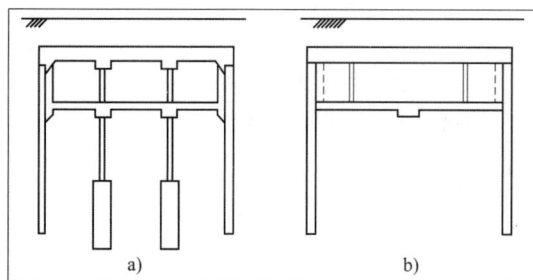

■ 图 2-1-4

中楼板的支承方案

a)以内衬墙作拉杆;b)设临时钢拉杆

2. 复合式结构

需要通过对连续墙进行凿毛、清洗,必要时在连续墙和内衬墙之间设置拉结钢筋以保证两者之间的剪力传递。但从××地铁明挖车站的实践来看,内衬墙裂缝较多,可能与其收缩变形受到连续墙的约束及连续墙槽段之间的不均匀沉降等因素有关。

从控制施工引起的墙体水平位移来看,盖挖逆作法比盖挖顺作法有利。但当车站置于极其软弱的土层且邻近地面建筑时,除以顶、楼板作为墙体的支承外,还需设置一定数量的横撑,并对墙体施加不小于支承设计轴力 70% ~80% 的预应力。××站与××大楼邻近的区段,同时还在坑底采用了地层加固措施。

(三)中间竖向临时支承系统的处置

中间临时立柱是结构封底前承受竖向荷载的主要受力构件。在盖挖顺作法施工的车站中,至今仍多采用在永久柱两侧单独设置临时柱支承路面的做法,而盖挖逆作法施工的地铁车站则多使临时柱和永久柱合一,以简化施工并降低造价。

　　当采用临时柱与永久柱合一的方案时,首先需在永久柱的位置施工临时柱及其基础,这时,车站立柱的纵向间距是一个重要的设计参数,除考虑建筑效果外,还要结合地层条件通过技术经济及工期方面的比较后确定。施工阶段的临时柱通常采用钢管柱或 H 型钢柱,后者还作为永久柱的劲性钢筋,钢管柱则直接作为永久柱或外包钢筋混凝土后成为永久柱。柱下基础采用最多的是灌注桩,其中扩底桩具有承载能力高、可提高施工效率、节约混凝土用量等优点,在国外已被广泛用于地铁工程。

任务实施与评价 ▷▶▶

任务实施与评价如表 2-1-2 所示。

任务实施与评价表   表 2-1-2

任务要点	结合工程实际情况,探讨盖挖半逆作法的施工工序及施工过程中的主要控制措施				
班级		姓名		评价时间	
任务实施	考核标准			分值(分)	得分(分)
	小组成员积极参与,讨论任务描述中的工程案例,明确某市地铁车站的实际交通状况及周围环境			10	
	明确盖挖逆作法的施工工序			10	
	探讨盖挖法、盖挖逆作法的特点			10	
	探讨盖挖半逆作法的特点			10	
	采取的施工控制措施合理(考虑施工安全)			10	
	组员分工合理,职责明晰,团结合作,表现出一定的职业素养			10	
	调研材料丰富、翔实			10	
	PPT 清晰、图文并茂			10	
	富有创新精神			10	
	表达流畅,分析合理			10	
	总计			100	

互评意见:

学习心得:

指导教师意见:

说明:小组互评要实事求是,公平公正

任务二 明挖法施工

◀◀ **任务描述与分解** ✎

任务描述:某城市地铁车站位于该市经济开发区,车站主体结构基坑总长355.5m,标准段宽度23m,其中一侧明挖段深15~18m,覆土深约3m。该地铁车站主体为地下三层双跨结构,主体及附属结构采用明挖法施工。由于该站交通繁忙,车流和人流量大,预留导行道与基坑距离较近,来往车辆易对基坑产生一定动荷载而影响基坑开挖时的稳定性。因此,在基坑开挖施工期间,须严格落实安全防护,及时跟进施作钢支承,并设置动态监测点,进而有效保证基坑开挖的安全性与稳定性。

结合工程实际情况,试简述基坑开挖时工程重点、难点及注意事项。

任务分解:根据任务描述,结合工程实际,完成以下任务。

(1)小组合作讨论所学内容,厘清明挖法的施工步骤;

(2)小组讨论基坑开挖时的工程重、难点及注意事项,感悟施工安全及环保的重要性;

(3)小组代表讲解基坑开挖重、难点及注意事项。

◀◀ **知识准备** 🔗

明挖法是从地表面向下开挖,在预定位置修筑结构物,再进行回填,把结构掩埋起来的施工方法。在城市交通、市容和居民生活环境允许,且埋深小于30m的情况下,都可采用明挖法施工。

一、围护结构施工

基坑开挖时,对不能放坡或由于场地限制不能采用搅拌桩支护的情况,可采取排桩支护。排桩支护可采用钻孔灌注桩、挖孔桩、板桩(钢筋混凝土板桩、钢板桩)、工字形钢桩等。排桩支护结构可分为柱列式排桩支护、连续排桩支护和组合式排桩支护三种。当边坡土质较好、地下水位较低时,可利用土拱作用,以稀疏的钻孔灌注桩或挖孔桩支挡土坡,如图2-2-1a)所示;连续排桩支护如图2-2-1b)所示。在软土中一般不能形成土拱,支护桩应该连续密排。密排的支护桩可以互相搭接,或在桩身混凝土强度尚未形成时,在相邻桩之间做一根素混凝土树根桩把支护桩排连起来,如图2-2-1c)所示;也可以采用钢板桩、钢筋混凝土板桩,如图2-2-1d)和图2-2-1e)所示。在地下水位较高的软土地区,可采用钻孔灌注桩排桩与水泥土桩防渗墙组合的形式,如图2-2-1f)所示。

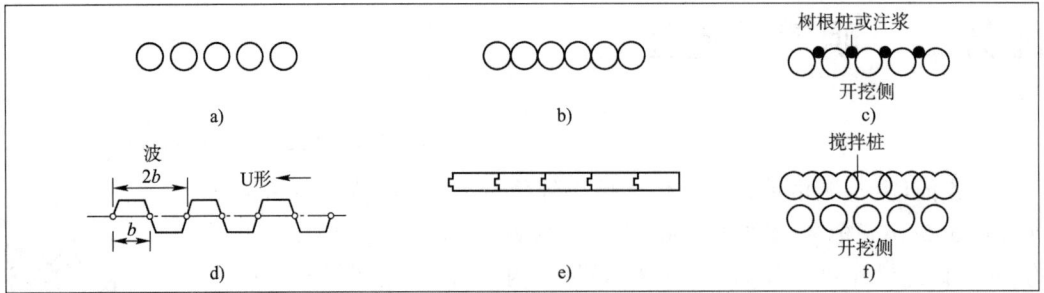

■ 图 2-2-1

排桩支护的类型

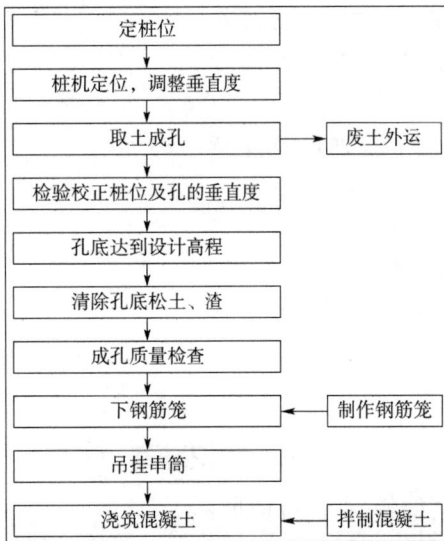

■ 图 2-2-2

干作业成孔施工工艺流程图

(一)钻孔灌注桩

1.钻孔灌注桩干作业成孔施工

对于地下水位以上的一般黏性土、砂土及人工填土地基的钻孔灌注桩,可采用干作业成孔施工,即非泥浆无循环钻进法。一般采用螺旋钻孔机进行成孔。螺旋钻孔机由主机、滑轮、螺旋钻杆、钻头、出土装置等部分组成。干作业成孔中,螺旋式成孔应用最多,其施工工艺流程如图 2-2-2 所示。

为了保证最终成桩后的质量,在施工中应注意以下问题:

(1)钻机就位检查无误后,使钻杆慢慢向下移动,当钻头接触土面时,开动电动机 。

(2)如发现钻杆不正常摆动或难以钻进,应立即提钻检查。

(3)遇硬土层时,应慢速钻进,以保证孔形及垂直度。

(4)钻到设计高程时,应在原深度处空转清土,停钻后,提出钻杆弃土;空转清土时,不可钻进,提钻弃土时,不可回转钻杆。

(5)钻取出的土不可堆放在孔口边,应及时清运。

(6)吊放钢筋笼时,应防止变形和碰撞孔壁。

(7)经检查合格的孔,应及时浇筑混凝土。

(8)桩顶高程低于地面时,孔口应有盖板,以防人、物坠落等。

2.钻孔灌注桩湿作业成孔施工

钻孔灌注桩湿作业成孔施工适用于一般黏性土、淤泥和淤泥质土、砂性土和碎石类土。钻孔灌注桩湿作业成孔施工工艺流程及钻孔灌注桩成桩施工工艺如图 2-2-3 和图 2-2-4 所示。

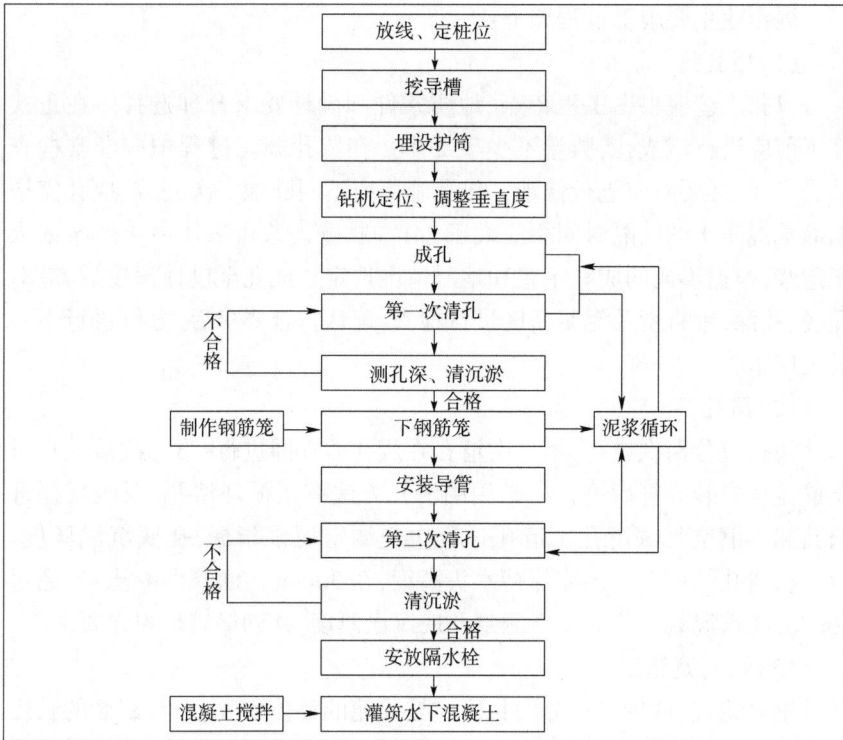

■ 图 2-2-3

钻孔灌注桩湿作业成孔施工工艺流程图

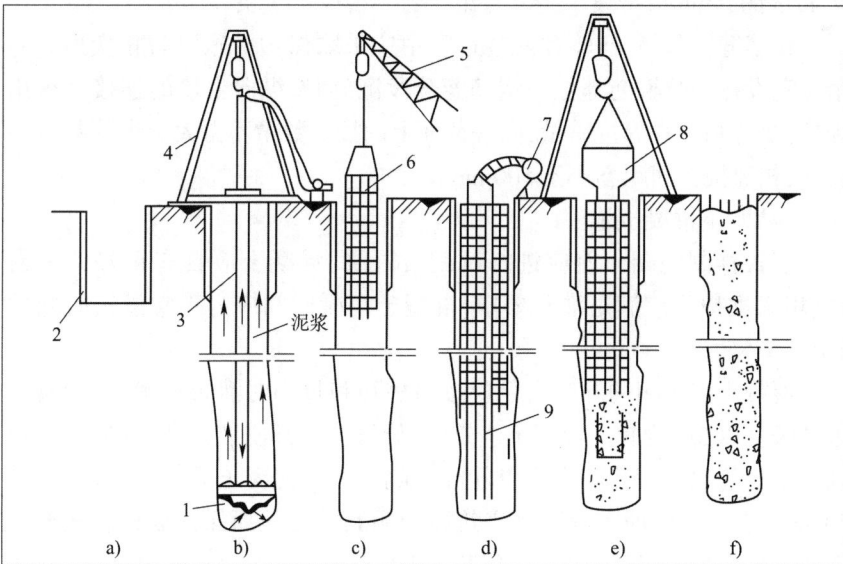

■ 图 2-2-4

钻孔灌注桩成桩施工工艺图

a) 埋设护口管; b) 回转成孔; c) 下钢筋笼; d) 第二次清孔; e) 灌筑水下混凝土; f) 拔出护口管,
灌筑混凝土结束

1-钻头; 2-护口管; 3-钻杆; 4-钻机; 5-起重机; 6-钢筋笼; 7-高压泵; 8-漏斗; 9-导管

湿作业主要施工过程如下:

(1)成孔施工。

成孔工艺应根据工程特点、地质条件和设计要求合理选择。在正式施工前应进行试成孔,数量不少于 2 个。在成孔施工过程中应经常检查钻头尺寸,必要时应进行修理。成孔施工应不间断地一次完成,成孔完毕至灌筑混凝土的间隔时间不应大于 24h。护壁泥浆可采用原土造浆或人工造浆,根据不同的成孔工艺和地质情况选定。成孔至设计深度后,应对孔径、孔深、垂直度及泥浆密度进行检查,确认符合要求后,方可进行下一道工序施工。

(2)清孔。

清孔应分两次进行,第一次清孔在成孔后立即进行,第二次清孔在下钢筋笼和安装导管后进行。常用的清孔方法有正循环清孔、泵吸反循环清孔和压缩空气法清孔。清孔过程中应测定泥浆指标、孔底沉淤厚度。第二次清孔结束后孔内应保持水头高度,在 30min 内灌筑混凝土;若超过 30min,灌筑混凝土前应重新测定孔底沉淤厚度,并确保满足规定要求。

(3)钢筋笼施工。

钢筋笼宜分段制作,分段长度应按成笼的整体刚度、来料钢筋的长度及起重设备的有效高度等因素确定。为了保证保护层厚度,钢筋笼上应设保护层垫块,设置数量需满足每节钢筋笼不应少于 2 组的要求,长度大于 12m 的,中间应增设 1 组。每组块数不得少于 3 块。

钢筋笼在起吊、运输和安装过程中应采取保护措施以防止变形。起吊点宜设在加强箍筋部位。钢筋笼分段沉放时,纵向主筋的连接必须用焊接,要特别注意焊接质量,同一截面上的接头数量不得大于纵筋数量的 50%,相邻接头间距不小于 500mm。

(4)水下混凝土施工。

正式拌制混凝土前应进行试配,试配的混凝土应具有良好的和易性,坍落度损失应满足灌筑要求,混凝土初凝时间应为正常灌筑时间的 2 倍。

混凝土浇筑用的导管内径应按照桩径和每小时灌筑量确定,导管标准节长度以 3m 为宜。混凝土浇筑时,导管应全部安装入孔,安装位置应居中。导管底口距孔底高度以能放出隔水塞和混凝土为宜,一般控制在 50cm 左右。导管埋入深浅对浇筑能否顺利进行从而保证成桩质量至关重要。导管埋入过浅或过深,会发生质量问题。因此,混凝土浇筑过程中导管应始终埋在混凝土中,导管不能露出混凝土面。

单桩混凝土浇筑时间不宜超过 8h。混凝土实际浇筑高度应比设计桩顶高程高出一定高度。高出的高度应根据桩长、地质条件和成孔工艺确定,最小高度不宜小于桩长的 5%。

(二)挖孔桩

作为基坑支护结构,挖孔桩与钻孔浇筑桩相似,由多个桩组成桩墙而起到挡土作用,适用于无水或少水的较密实的土质,可使用简单的机具进行开挖,不受设备和工作面限制,可若干孔同时开挖。施工时无振动、无噪声、无泥浆,对周围环境不会产生污染;适用于建筑物、构筑物拥挤的地区,对邻近结构和地下设施的影响小,场地干净,造价较低。

挖孔桩施工,必须在保证安全的基础上不间断地快速进行。每一桩孔开挖、提升出土、排水、支承、立模板、吊装钢筋骨架、浇筑混凝土等作业都应事先准备好,紧密配合,及时完成。挖孔桩是采用人工挖掘桩孔土方,随着桩孔的下挖,逐段浇捣钢筋混凝土护壁,直到所需深度,如图 2-2-5 所示。

土层好时,也可不用护壁,一次挖至设计高程,最后在护壁内一次浇筑混凝土,主要施工程序如下。

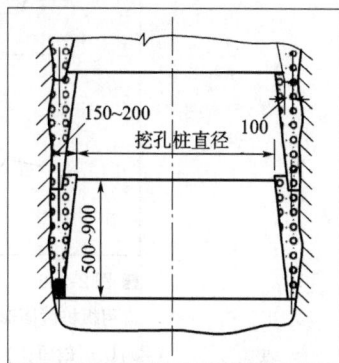

■ 图 2-2-5
挖孔桩(尺寸单位:mm)

1. 开挖桩孔

一般采用人工开挖,开挖之前应清理、整平场地,做好孔口四周临时围护和排水措施。应对孔口采取措施防止土石掉入孔内,并安排好排土提升设备,布置好运土通道及弃土地点,必要时孔口应搭雨棚,挖空过程中要随时检查桩孔尺寸和平面位置,防止出现误差。下孔人员必须佩戴安全帽和安全绳,提取土渣的机具必须经常检查。孔深超过 10m 时,应经常检查孔内二氧化碳浓度,如超过 0.3% 应采取通风措施。

挖孔桩开挖过程中,开挖和护壁两个工序必须连续进行,以确保孔壁不塌。当遇孔桩较深、地质较差、出水量较大或流砂等情况时,宜就地浇筑混凝土护壁,每下挖 1~2m 浇筑一次,随挖随支。

2. 排水

孔内渗水量不大,可采用人工排水;渗水量较大,可用高扬程抽水机或抽水机吊入孔内抽水。遇到混凝土护壁坍塌或漏水时,用水泥干拌堵塞,效果较好。

3. 浇筑桩身混凝土

挖孔达到设计深度后,应检查和处理孔底护壁,清除孔壁及孔底浮土,孔底必须平整,符合设计条件及尺寸,以保证桩身混凝土与孔壁及孔底密贴,受力均匀。遇到地下水难抽干,但可将孔底清理干净时,可先铺砌条石,再采用砌石封底或采用水下混凝土封底。浇筑桩身混凝土时应一次浇筑完毕,不留施工缝。

(三)板桩

常用的板桩类型有钢板桩、钢筋混凝土板桩等,其截面形式有 U 形、

Z 形和直腹板式,如图 2-2-6 所示。

■ 图 2-2-6

常用板桩截面形式(尺寸单位:mm)

a)U 形截面;b)、d)Z 形截面;c)直腹板式截面

钢筋混凝土板桩如图 2-2-7 所示。

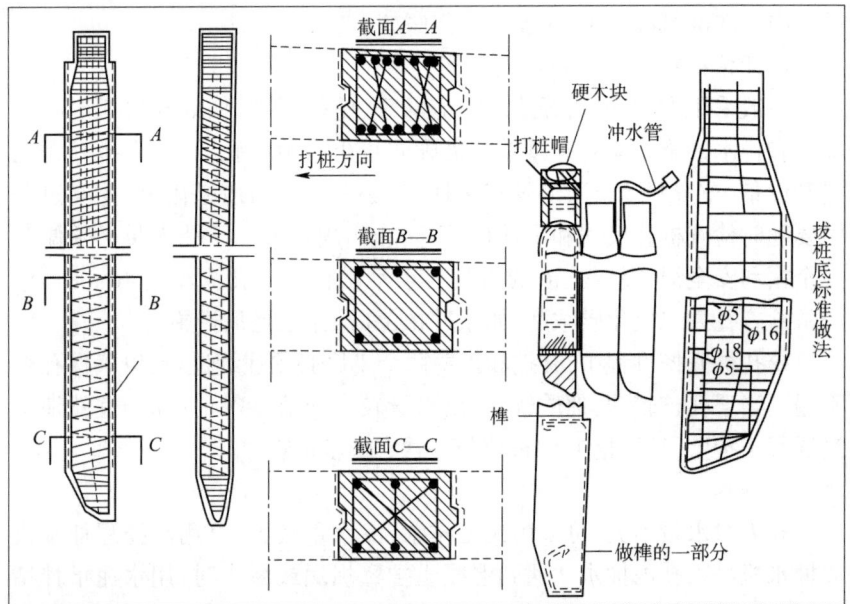

■ 图 2-2-7

钢筋混凝土板桩图(尺寸单位:mm)

钢板桩支护结构是将钢板打入土层,设置必要的支承或拉锚,抵抗土压力和水压力并保持周围地层稳定。钢板桩支护优点是板桩材料质量可靠,在软弱土层中施工速度快,施工也较简单,并且有较好的挡水性,临时性结构的钢板桩可拔出多次重复使用,降低成本。目前基坑支护中,多采用钢板桩,下面以钢板桩为例介绍板桩施工的主要工序。

1.钢板桩的施工机具

钢板桩施工机具有冲击打桩机(包括自由落锤、柴油锤、蒸汽锤等)、

振动打桩机(可用于打桩及拔桩)、静力压桩机等。

2. 钢板桩的打入

钢板桩在使用前应进行检查整理,尤其是多次利用的板桩,在打拔、运输、堆放过程中,容易受外界因素影响而变形,在使用前均应进行检查,对表面缺陷和挠曲进行矫正。钢板桩的打入方法主要有以下几种。

(1)单根桩打入法。

单根桩打入法是将钢板桩一根根地打入至设计高程。此法施工速度快,但容易倾斜,当打设要求精确度较高、长度较大(大于10m)时,不宜采用。

(2)屏风式打入法。

屏风式打入法是将10~20根钢板桩成排插入导架内,使之呈屏风状,然后桩机来回施打,并使两端先打到要求深度,再将中间部分的板桩顺次打入。

3. 钢板桩的拔出

钢板桩拔出时的拔桩阻力由土对桩的吸附力与桩表面的摩擦阻力组成。拔桩方法有静力拔桩、振动拔桩和冲击拔桩三种,不论采取何种方法都是从克服拔桩阻力的角度考虑。钢板桩的拔出注意事项如下。

(1)拔桩起点和顺序:可根据沉桩时的情况确定拔桩起点,必要时也可以用间隔拔桩的方法。拔桩的顺序最好与打桩时相反。

(2)拔桩中必须保持机械设备处于良好工作状态,加强受力钢索检查,避免突然断裂。

(3)当钢板桩拔不出时,可用振动锤或柴油锤再打一次,来克服土的吸附力或将板桩上的铁锈等清除,以便顺利拔出。

(4)拔桩会带出土粒形成空隙,并使土层受到扰动,特别在软土地层中,会使基坑内已施工的结构和管道发生沉降,并引起地面沉降而严重影响附近建筑和设施的安全。对此必须采取有效措施,对拔桩造成的土的空隙要及时用中粗砂填实,或用膨润土浆液填充,当控制土层位移有较高要求时必须采取在拔桩时跟踪注浆等填充法。

(四)工字形钢桩

作为基坑围护结构的工字形钢桩,一般采用50号、55号和60号的大型工字形钢,基坑开挖前,在地面用冲击打桩机沿基坑设计边线逐根打入地下,桩间距一般为1.0~1.2m。基坑开挖时,随挖土方在桩间插入5cm厚的水平木背板,以挡住桩间土体。基坑开挖至一定深度后,若悬臂工字形钢的强度和刚度不够则需要加设腰梁、横撑或锚杆(索),腰梁多采用大型槽钢、工字形钢制成,横撑则可采用钢管或组合钢梁制成。其支承截面形式如图2-2-8所示。

工字形钢桩围护结构适用于黏性土、砂性土和粒径不大于10cm的砂卵石地层,当地下水位较高时,必须采取人工降水措施,而且打桩时,施工噪声一般较大,大大超过了《中华人民共和国环境保护法》规定的限值,因此这种围护结构只宜用于郊区距居民点较远的基坑施工。

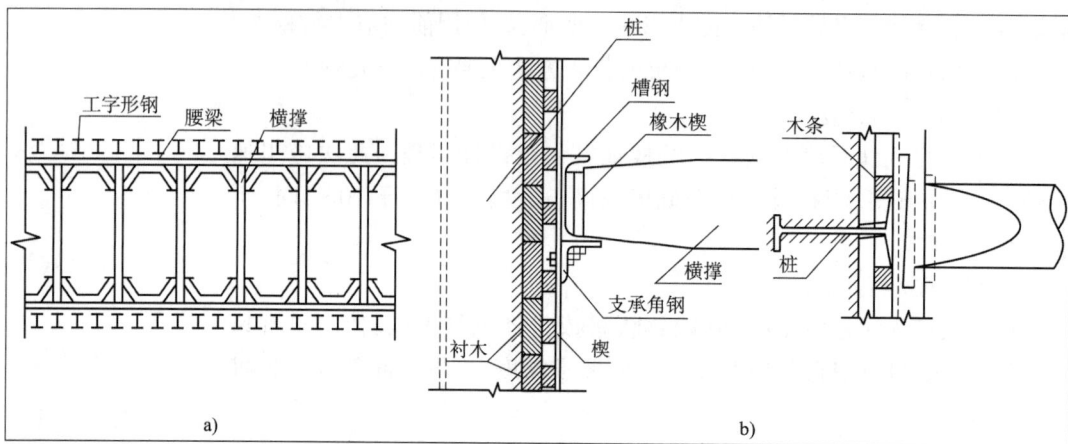

■ 图 2-2-8

支承截面形式

a)工字形钢桩围护结构俯视图;b)工字形钢桩围护结构细部构造

二、基坑开挖

(一)基坑土方开挖

1. 基坑土方开挖应具备的条件

(1)已有按要求经过审查的开挖施工方案。

(2)基坑内地下水水位已降至开挖面以下 0.5m 以上。

(3)弃(存)土地点已经落实。

(4)地下管线已经改移或做好加固处理。

(5)运输道路及行走路线已经确定并且取得了有关管理部门的同意和认可。

(6)现场拆迁工作已经完成,场地清洁干净,并已做好量测工作。

(7)施工机械、车辆已经维修和维护好。

(8)相关准备工作已经完成。

2. 基坑土方开挖常用的机械设备

基坑土方开挖常用的机械设备有推土机、挖掘机、铲运机、大型翻斗运输车等。

3. 基坑土方开挖基本原则及注意事项

基坑土方开挖应分层开挖,每层开挖深度一般不超过 3m,如果采用有围护结构的基坑,土方开挖尚需与支承、铺顶杆的施工相配合。为防止基底扰动和超挖,当机械挖至设计高程以上 10 ~ 20cm 时,应采取人工清底。

（1）基坑土方开挖的基本原则如下：

①采用分段、分块、分层、对称开挖，均匀开挖且不得超挖。

②尽量缩短基坑开挖卸荷后无支承暴露时间。

③每步开挖所暴露的部分地下墙体宽度宜控制在 3 ~ 6m，每层开挖深度不大于 3m。

（2）基坑土方开挖应注意以下几点：

①纵向放坡开挖时，在坡顶外设置截水沟，防止地表水冲刷坡面和基坑外排水再回流渗入坑内。

②基坑开挖至导坑底高程后，总体基坑纵向坡度控制为 1∶3，并在坡底设置 300mm × 300mm 的排水沟，防止坑底积水。

③机械挖土至基坑垫层 300mm 时，进行基坑验收，并采用人工挖除剩余土方，挖至设计高程后应及时平整基坑，疏干坑内积水，防止坑底土扰动，及时施作垫层。

④采用人工开挖时，两人操作间距应大于 3.0m，不得对头挖土。

⑤每开挖至支承位置时，先按要求设置支承，待支承全部加固完毕后，再向下开挖。

⑥经常对平面控制桩、水准点、高程、基坑平面尺寸等进行复测，及时安装基坑支护结构的横撑，防止基坑变形。基坑两侧 20m 范围内不得存土。

⑦冬季施工时应及时用保温材料覆盖，基底不得受冻；基底超挖、扰动、受冻、水浸或发现异物、杂土、淤泥、土质松软及软硬不均等现象时，应做好记录，并会同有关单位研究处理。

4. 基坑验收允许偏差与检验方法

基坑验收允许偏差与检验方法见表 2-2-1。

基坑验收允许偏差与检验方法   表 2-2-1

序号	项目	允许偏差（mm）	检验频率		检查方法
			范围	点数	
1	中线偏位	30	10m	1	用经纬仪检测
2	基底高程	0，－20	10m 一个断面	3	用水准仪检测
3	宽度	不小于设计规定			钢尺检查
4	基底平整度	20			2m 靠尺检查

（二）基坑开挖安全防护措施

开挖基坑时，如对邻近（构）建筑物或临时设施有影响，要采取安全防护措施，并按照有关机械操作规定和特定信号，由专人指挥。

常见的安全防护措施有机械挖土应分层进行，合理放坡，防止塌方、溜坡造成机械倾翻、掩埋机械等事故，陡坡地段应设专人指挥，严禁在陡坡转弯;挖掘机操作和汽车装土行驶要听从现场指挥,全部的车辆必须严格按规定的开行路线行驶,防止撞车;在有支承的基坑中挖土时,必须防止破坏支承;夜间作业时,机上及工作地点必须有充分的照明设施,在危急地段应设置明显的警示标志和护栏等。

(三)基坑回填

基坑回填前,应选好土料、清理基底,做好质量控制等准备工作。

基坑回填应分层,并从低处开始逐层回填,地下管线处应从两侧用细土均匀回填,特殊部位处理好之后,再采用机械进行大面积回填。

三、内支承系统施工

目前内支承系统主要包括围檩(亦称腰梁)、支承、立柱及其他附属构件,支承可以分为钢管支承、型钢支承(合称钢支承)和钢筋混凝土支承。

钢支承具有自重小、安装和拆除方便,而且可以重复使用的优点,可以做到随挖随撑,并可以施加预应力,因此,在一般情况下应该优先考虑使用钢支承。

钢筋混凝土支承具有较大的刚度,适用于各种复杂平面形状的基坑,现浇节点不会产生松动而增加墙体位移。工程实践表明,在钢支承施工技术水平不高的情况下,钢筋混凝土支承具有更高的可靠性,但是钢筋混凝土支承有自重大、材料不能重复使用、安装和拆除需要较长工期的缺点。

(一)内支承系统的结构形式

1.单跨压杆式支承

当基坑平面形状为窄长条式,短边的长度不是很大时,采用单跨压杆式支承(图2-2-9)具有受力明确、安装方便等优点。

2.多跨压杆式支承

当基坑宽度较大时,就需要在支承杆件中部设置中间立柱,从而组成多跨压杆式支承系统,如图2-2-10所示。

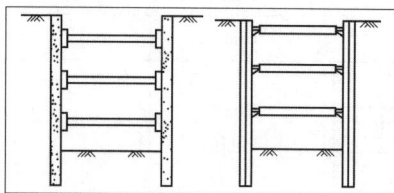

■ 图2-2-9
单跨压杆式支承

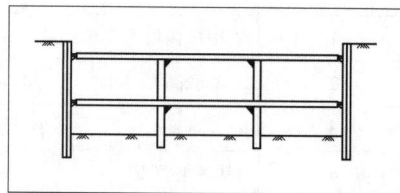

■ 图2-2-10
多跨压杆式支承

(二)支承布置的基本形式

一般情况下,支承布置的基本形式有水平支承、水平斜支承和竖向斜支承。

1. 水平支承

水平体系由围檩和立柱组成,水平支承整体性好,水平力传递可靠,平面刚度大,适用于大小、深浅不同的各种基坑,适用范围广。

2. 水平斜支承

在基坑转角处不宜设置水平支承时,可沿基坑转角设置水平斜(对角)支承。

3. 竖向斜支承

竖向斜支承体系由围檩、竖向支承、水平连系杆、立柱等组成,竖向斜支承体系要求土方采取"盆形"开挖,即先开挖中部土方,沿四周围护边预留土坡,待斜支承安装好之后,再挖除四周土坡。

(三)支承结构的构造

1. 钢支承的构造

钢支承常用截面形式有 H 型钢、工字形钢和槽钢及其组合,如图 2-2-11 所示。

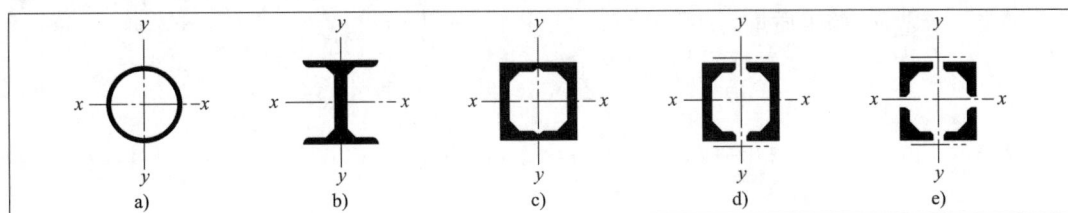

■ 图 2-2-11
钢支承常用截面形式
a)钢管;b)工字形钢;c)、d)槽钢;e)角钢

节点构造是钢支承设计中需要特别注意的一个重要内容,不合适的节点构造容易使基坑产生过大变形。H 型钢和钢管的拼接方法有螺栓连接和焊接。焊接一般可以达到截面等强度的要求,传力性能好,但现场工作量大。螺栓连接可靠性不如焊接,但是现场拼接方便。

用 H 型钢作支承时,虽然在其主平面内抗弯性能很好,但是它的抗剪和抗扭性能较差,需要采用合适的构造措施加以弥补。在钢支承和围护墙之间填充细石混凝土可以使支承受力均匀,避免受偏心力作用和产生扭转;在支承和支承的腹板上焊接加劲板可以增强腹板的稳定性和提高截面的抗扭刚度,防止局部压屈破坏。

2. 现浇钢筋混凝土支承的构造

钢筋混凝土支承体系应在同一平面内整浇,支承及围檩一般采用矩形截面。支承截面高度应满足受构件的长细比限制,且不应小于其竖向平面内计算跨度的 1/20。围檩的截面高度不应小于其水平方向计算跨度的 1/8,截面宽度不应小于支承截面高度。

混凝土围檩与围护墙之间不应留水平间隙,当混凝土围檩与地下连续墙之间需要传递水平剪力时,应在墙体沿围檩长度方向预留剪力筋或剪力槽。

3. 立柱构造

一般情况下,在基坑开挖面以上采用格构式钢柱,以方便主体工程基础底板钢筋施工,同时也便于和支承构件连接。为防止立柱沉降或坑底土回弹对支承结构产生不利影响,立柱的下端应支承在基础较好的土层中。

(四)支承结构施工要点

支承结构合理设置后,支承的安装和拆除顺序必须与支护结构的工况相符合,并与土方开挖和主体结构的施工顺序密切配合。所有支承应在地基上开槽安装,在分层开挖原则下做到先安装支承,后开挖下部土方。对于采用混凝土支承的基坑,一般应在混凝土强度达到设计强度的80%以上后,才能开挖支承以下的土方。

支承的施工,必须制订严格的质量检查措施,保证构件和连接节点的施工质量。

◀◀ **任务实施与评价** 🗒 ——

任务实施与评价如表2-2-2所示。

任务实施与评价表 表2-2-2

任务要点	简述基坑开挖时工程重点、难点及注意事项				
班级		姓名		评价时间	
任务 实施	考核标准			分值(分)	得分(分)
	小组成员积极参与,讨论任务描述中的工程案例,明确明挖法的施工工艺			10	
	探讨明挖法的特点,感悟施工安全及环保的重要性			10	
	依据工程实际情况,探讨基坑开挖时工程重、难点			10	
	依据工程实际情况,探讨基坑开挖时工程注意事项			10	
	结合车站实际情况,小组代表讲解基坑开挖的重、难点及注意事项			10	
	组员分工合理,职责明晰,团结合作,表现出一定的职业素养			10	
	调研材料丰富、翔实			10	
	PPT清晰、图文并茂			10	
	富有创新精神			10	
	表达流畅,分析合理			10	
	总计			100	

互评意见:

学习心得:

指导教师意见:

说明:小组互评要实事求是,公平公正

任务三　地下车站浅埋暗挖法施工

任务描述与分解 ▷▶▶

任务描述:某地铁车站地处市区主干道,道路车流量大且暗挖段靠明挖出口侧有一条待迁改的 3m×2.5m 雨污合流箱涵,环境保护要求高;出入口暗挖拱顶部分均为两层素填土,密度低,土体开挖暴露后自稳能力差。出入口暗挖施工步骤为:施工准备→大管棚施工→深孔注浆→超前小导管施工→土方开挖→钢筋格栅施工→挂网喷混凝土封闭→防水结构施工→二次衬砌结构施工。

地下车站采用浅埋暗挖法施工的过程中,当出现开挖面顶部掉块增大现象及挂网喷混凝土封闭时,部分喷混凝土层有脱离甚至塌落现象。试结合工程实际,针对此现象提出相应的处理措施。

任务分解:根据任务描述,结合工程实际,完成以下任务。

(1)分组讨论该车站出入口暗挖法的施工步骤;

(2)小组讨论所学知识,厘清地下车站浅埋暗挖法的施工原则及注意事项;

(3)依据工程实际,讨论施工中出现的异常现象的处理措施,感悟施工安全的重要性。

知识准备 ▷▶▶

浅埋暗挖法沿用新奥法(New Austrian Tunneling Method)基本原理,初期支护按承担全部基本荷载设计,二次衬砌作为安全储备,初期支护和二次衬砌共同承担特殊荷载。浅埋暗挖法施工的地下洞室具有埋深小、地层岩性差、存在地下水、周围环境复杂等特点。

浅埋暗挖法由于具有造价低、拆迁少、灵活多变、无须太多专用设备及不干扰地面交通和周围环境等特点,在全国类似地层和各种地下工程中得到广泛应用。

一、地下车站浅埋暗挖法概述

近年来,采用浅埋暗挖法施工的地铁工程越来越多,浅埋暗挖法的优越性也越来越明显,且已经成为城市地铁施工采用的主要方法之一。

浅埋地下工程的特点主要是覆地浅、地质条件差、自稳能力差、承载力小、变形快,特别是初期增长快,稍有不慎极易产生坍塌或过大的下沉,而且在地下工程附近往往有重要的地面建筑物或地下管线,给施工带来较大的困难等。

浅埋暗挖法是以超前加固、处理软弱地层为前提,以初期支护和二次衬砌为基本支护结构,用于软土地层近地表地下工程的暗挖施工方法。它以施工监测为手段,指导设计与施工,保证施工安全,控制地表沉降。在应用范围上,浅埋暗挖法不仅可用于区间、大跨度线段、通风道、出入口和竖井的修建,还可用于多跨、多层大型车站的修建;在结构形式上,浅埋暗挖法施工的隧道断面不仅有圆拱曲墙、大跨度平拱直墙,还有平顶直墙等形式;在与其他施工方法的结合上,有浅埋暗挖法与盖挖法的结合,还有浅埋暗挖法与半断面插刀盾构的结合。

二、地下车站浅埋暗挖法的施工原则

1. 管超前

管超前是指采用超前管棚或小导管注浆保护,实际上就是采用超前支护的各种手段,提高掌子面的稳定性,防止围岩松弛和坍塌。

2. 严注浆

在超前预支护后,通过超前小导管注浆或直接注浆等方式对前方土体进行加固改良,可压注水泥砂浆或化学浆液,以增大围岩稳定性和自承力。

3. 短进尺

限制一次进尺的长度,减少对围岩的扰动。

4. 强支护

强支护是指在浅埋的松软地层中施工,初期支护必须十分牢固,具有较大的刚度,以控制开挖初期的变形。

5. 快封闭

快封闭是指在台阶法施工中,当台阶过长时,变形增加较快,为及时控制围岩松弛,开挖后,必须及时封闭,以提高初期支护的承载能力。

6. 勤量测

勤量测是指在隧道施工过程中按要求进行监控量测,掌握施工动态并及时反馈。

三、地下车站浅埋暗挖法的类型

地铁车站施工中,常见的浅埋暗挖法有中洞法施工、侧洞法施工及洞桩暗挖法施工。中洞法施工就是先开挖中间部分,在中洞内施作梁、柱结构,然后开挖两侧部分,并逐渐将侧洞顶部荷载通过中洞初期支护转移到梁、柱结构上。由于中洞的跨度较大,一般采用 CD 法(中隔墙法)、CRD 法(交叉中隔墙法)或双侧壁导坑法进行施工。中洞法施工工序复杂,但两侧洞对称施工,比较容易解决侧压力从中洞初期支护转移到梁柱上时的不平衡侧压力问题,施工引起的地面沉降较易控制。其特点是初期支护自上而下,每一步封闭成环,环环相扣,二次衬砌自下而上施工,施工质量容易得到保证。

侧洞法施工就是先开挖两侧部分,在侧洞内施作梁、柱结构,然后开挖中间部分,并逐渐将中洞顶部荷载通过初期支护转移到梁、柱上,这种施工方法在处理中洞顶部荷载转移时,相对于中洞法要困难一些。两侧洞施工时,中洞上方土体经受多次扰动,形成危及中洞的上小下大的梯形、三角形或楔形土体,该土体直接压在中洞上,中洞施工若不够谨慎就可能发生坍塌。

洞桩暗挖法是将盖挖法及分步暗挖法有机结合起来,发挥各自的优势,在顶盖的保护下可以逐层向下开挖土体,施作二次衬砌,可采用顺作和逆作两种方法施工,最终形成由初期支护和二次衬砌组合而成的永久承载体系。

地下车站浅埋暗挖法常用的三种施工方法重要指标见表 2-3-1。

地下车站浅埋暗挖法常用的三种施工方法重要指标 　　　　　表 2-3-1

施工方法	示意图	重要指标比较					
		适用条件	沉降	工期	防水	一次支护拆除量	造价
中洞法		小跨度,连续使用可扩成大跨度	小	长	效果差	拆除多	较高
侧洞法		小跨度,连续使用可扩成大跨度	大	长	效果差	拆除多	高
洞桩暗挖法		多层多跨	大	长	效果差	拆除多	高

四、地下车站浅埋暗挖法的施工程序及工艺

地下车站浅埋暗挖法的施工程序如图 2-3-1 所示。

(一)地层预支护和预加固施工

在城市地铁浅埋暗挖法施工中,经常遇到不稳定地层。这类地层在隧道开挖过程中自稳时间短。隧道开挖过程中往往引起较大的地面沉降,在初期支护未来得及施作,或喷射混凝土还未获得足够强度时,拱墙的局部地层已经开始坍塌,为此需要采用地层预支护和预加固方法,来提高地层自稳能力,减少地表沉降。在工程中,常用的预支护和预加固方法主要有小导管超前注浆、开挖面深孔注浆和管棚超前支护。

(二)施工开挖作业

地铁车站施工中,开挖方法是影响围岩稳定的重要因素之一,因此,

在选择开挖方法时,应对车站断面大小及形状、围岩的工程地质条件、支护条件、工期要求、工区长度、机械配备能力、经济性等相关因素进行综合分析,采用恰当的开挖方法,尤其是应与支护条件相适应。

按开挖地铁车站的横断面分布情形,开挖方法可分为全断面开挖法、台阶法、分部开挖法、单侧壁导坑法、双侧壁导坑法、洞桩暗挖法、侧洞法、中洞法等。

1. 开挖

在松散不稳定地层中采用浅埋暗挖法开挖时,所选用的施工方法及工艺流程,应保证最大限度地减少对地层的扰动,提高周围地层自承能力和减少地表的沉降。根据不同的地质及隧道断面,选用不同的开挖方法,但其总原则是预支护、预加固一段,开挖一段,支护一段,封闭成环一段。初期支护封闭成环后,隧道处于暂时稳定状态;通过监控测量,确认达到基本稳定状态时,可以进行二次衬砌的混凝土灌筑工作。如果监测结果显示隧道尚未稳定,则需继续监测;如监测结果表明支护有失稳的趋势,则需及时对支护进行补强或提前施作二次衬砌。

2. 装砟、运输

把开挖下来的石砟装入运输车辆,采用有轨运输和无轨运输的方式进行运输。有轨运输铺设轻轨线路,用轨道式运输车出砟。小型机车牵引,适用于各种地铁车站开挖方法,尤其适用于较长的地铁车站运输,是一种适应性较强和较为经济的运输方式。无轨运输是采用各种无轨运输车出砟,其优点是机动灵活,不需要铺设轨道,适用于弃砟场远离洞口和道路坡度较大的场合;缺点是由于无轨运输车多采用内燃机驱动,废气排放量大,污染洞内空气,故一般适用于大断面开挖和短中等长度的地铁车站,并应注意加强通风。

(三)初期支护施工

开挖破坏了地层的初始应力平衡,产生围岩应力释放和洞室变形,过量变形将导致围岩变形甚至倒塌。在开挖后的洞室周边,施作钢、混凝土等支承物,向洞室周边提供抗力、控制围岩变形,这种开挖后设在地铁车站内的支承体系,称为地铁车站支护。为控制围岩应力适量释放和变形,增加安全度且方便施工,地铁车站开挖后立即施作刚度较小并作为永久承载结构一部分的结构层,称为初期支护。

初期支护是现在地铁车站工程中最常用的支护形式和方法。初期支护施作后即成为永久承载结构的一部分,它与围岩共同构成了永久的地

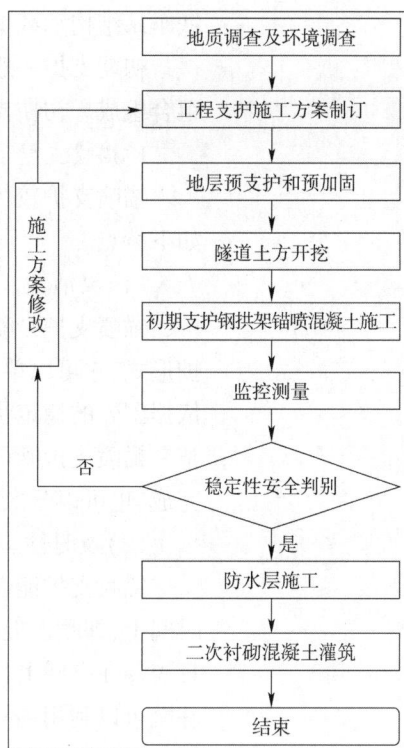

■ 图2-3-1
地下车站浅埋暗挖法的施工程序框图

铁车站结构承载体系。

初期支护一般由锚杆、喷射混凝土、钢架、钢筋网等中的一项或多项组合组成。初期支护常见的形式有锚喷支护和联合支护。

1. 锚喷支护

锚喷支护较传统的构件支承,无论在施工工艺还是作用机理上都有如下特点。

(1)灵活性。

锚喷支护是喷射混凝土、锚杆、钢筋网等支护部件进行适当组合的支护形式,它可以单独使用,也可以组合使用,其组合形式和支护参数可以依据围岩的稳定状态、施工方法和进度、隧道形状和尺寸等加以选择和调整。锚喷支护既可以用于局部的加固,也易于实施整体加固,既可以一次完成,也可以分次完成,充分体现了先柔后刚、按需提供的原则。

(2)及时性。

锚喷支护能在施作后迅速发挥其对围岩的支护作用,这不仅表现在时间上,即喷射混凝土和锚杆都具有早强性,需要它时它就能起作用,而且表现在空间上,即喷射混凝土和锚杆可以最大限度地跟紧开挖而施工,甚至可以利用锚杆进行超前支护。

(3)密贴性。

从整体结构看,喷射混凝土填补了洞壁凹穴,使洞壁变得圆顺,从而减少了应力集中,也能使锚杆和钢筋网协同发挥约束作用,从而增强了支护围岩的有效约束。

(4)稳定性。

系统锚杆在围岩中形成具有一定厚度的锚固区,锚固区内的岩体强度和整体性得以加强,应力分布状态得以改善,其承载能力和稳定能力显著增强。此时地铁车站的稳定性实际上就是指锚固区的承载能力和稳定能力。

另外,沿地铁车站轴线方向有一定外插角的超前锚杆或钢管,同样能深入岩层内部对围岩起预支护作用。它们也经常与系统锚杆、喷射混凝土一起发挥协同作用,这对处理一般的工作面不稳定的问题颇有效果。

(5)柔性和延性。

大量工程实践和理论分析表明,对绝大多数的一般松散岩体,在地铁车站开挖后,适度的变形有利于发挥围岩的自承受能力,而过度的变形会导致围岩坍塌。因此就要求支护既能允许有限变形又能限制过度变形且自身不被破坏。锚喷支护就很好地满足了这一要求,一方面,喷射混凝土工艺上的特点使其能与岩体紧密粘贴,且喷得很薄,故呈现柔性,而且这种柔性还可以通过分层分次喷射和加钢纤维或钢筋网来进一步发挥;另一方面,锚杆也有一定的延性,可以允许岩体有较大的变形,能同被加固岩体一起整体移位而继续工作不失效。

（6）封闭性。

喷射混凝土能全面、及时地封闭围岩，这样不仅阻止了洞内潮气和水对围岩的侵蚀作用，减少了膨胀性岩体的潮解软化和膨胀，还能够及时、有效地阻止围岩变形，使围岩较早地进入变形收敛状态。

2. 联合支护

工程中常用锚杆（系统锚杆或局部锚杆）、喷射混凝土、钢筋网喷射混凝土或纤维喷射混凝土、钢拱架（型钢拱架或格栅钢架）等支护方法。在地铁车站工程中，为适应地质条件和结构条件的变化，常将各种单一支护方法进行恰当组合，共同构成较为合理的、有效的和经济的支护结构体系。但不论何种组合形式，都可称其为联合支护。

目前在地铁车站工程中，作为初期支护，使用最多的组合形式是锚杆（主要指系统锚杆）加喷射混凝土（素喷或网喷），因此，可以称初期支护为锚喷支护，它是一种最基本的组合形式。

联合支护的施工不仅要满足各部件安设施工的技术要求，还应注意以下事项：

（1）联合支护宜连不宜散，彼此要牢固相连，以充分发挥联合支护效应。

（2）钢筋网及钢拱架要尽可能多地与锚杆头焊连，锚杆要有适量的露头。

（3）钢筋网及钢拱架要被喷射混凝土包裹、覆盖，即喷射混凝土要将钢筋网和钢拱架包裹密实。

（4）分次施作的联合支护，要尽快将其相连，如超前锚杆与系统锚杆及钢拱架的连接。

五、施工易出现的问题及对策

前面介绍了地铁车站开挖方式、方法和初期支护的多种类型，应该说这些方式、方法、类型及其组合是能够适应绝大多数的围岩地质条件和工程结构条件的，但这种适应在实际工程中并非绝对，之所以这样说，是基于下面几个方面的原因：

（1）在施工、设计过程中，对围岩性质判断不准或情况不明。

（2）支护类型与实际要求不适应。

（3）支护的时机和方法不恰当。

（4）其他的不明原因。

以上原因的存在，使得在实际施工过程中，经常出现不良变形甚至松弛和坍塌等异常现象。对此，一方面，应进行地铁车站动态信息的反馈分析，对施工方法、支护时机、各支护参数等加以调整；另一方面，只能针对一些不能明确原因的现象采取及时、有效的处理措施,并加以总结和防范,以利于施工安全、顺利进行。现将这些问题及其处理措施进行总结归纳,见表2-3-2,A、B为两种不同措施。

施工中的问题及其处理措施　　　　　　　　　　　　表2-3-2

部位	施工中的问题	措施A	措施B
开挖面及其附近	正面变得不稳定	(1)缩短一次掘进长度; (2)开挖时保留核心土; (3)向正面喷射混凝土; (4)用插板或并排钢管打入地层进行预支护	(1)缩小开挖断面; (2)在正面打锚杆; (3)采取辅助施工措施对地层进行预加固
	开挖面顶部掉块增大	(1)缩短开挖时间并提前喷射混凝土; (2)采用插板或并排钢管; (3)缩短一次开挖长度; (4)开挖面暂时分部施工	(1)加钢支承; (2)预加固地层
	开挖面出现涌水或涌水量增加	(1)加速混凝土硬化(增加速凝剂等); (2)喷射混凝土前做好排水; (3)加挂网格密的钢筋网; (4)设排水片	(1)采取排水措施(如排水钻孔、井点降水等); (2)预加固围岩
	地基承载力不足,下沉增大	(1)注意开挖,不要损害地基围岩; (2)加厚地脚处喷射混凝土,增加支承面积	(1)增加锚杆; (2)缩短台阶长度,及早闭合支护环; (3)用喷射混凝土作临时底拱; (4)预加固地层
	产生底鼓	及早喷射底拱混凝土	(1)在底拱处打锚杆; (2)缩短台阶长度,及早闭合支护环
喷射混凝土	喷射混凝土层脱离甚至塌落	(1)开挖后尽快喷射混凝土; (2)加钢筋网; (3)解除涌水压力; (4)加厚喷层	打锚杆或增加锚杆(居中)
	喷射混凝土层中应力增大,产生裂缝和剪切破坏	(1)加钢筋网; (2)在喷射混凝土层中增设纵向伸缩缝	(1)增加锚杆(用比原来长的锚杆); (2)加入钢支承
锚杆	锚杆轴力增大,垫板松弛或锚杆断裂	—	(1)增强锚杆(加长); (2)采用承载力大的锚杆; (3)为增强锚杆的变形能力,在锚杆垫板间夹入弹簧垫圈等

续上表

部位	施工中的问题	措施 A	措施 B
钢支承	钢支承中应力增大,产生屈服	松开接头处螺栓,凿开喷混凝土层,使之可自由伸缩	(1)增强锚杆; (2)采用可伸缩的钢支承,在喷混凝土层中设纵向伸缩缝
	净空位移量增大,位移速度变快	(1)缩短从开挖到支护的时间; (2)提前打锚杆; (3)缩短台阶、底拱一次开挖的长度; (4)当喷混凝土层开裂时,设纵向伸缩缝	(1)增强锚杆; (2)缩短台阶长度,提前闭合支护环; (3)在锚杆垫板间夹入弹簧垫圈等; (4)采用超短台阶法或在上半断面建造临时底拱

任务实施与评价 ▷▶▶

任务实施与评价如表 2-3-3 所示。

任务实施与评价表   表 2-3-3

任务要点	地下车站采用浅埋暗挖法施工的过程中，当出现开挖面顶部掉块增大现象及挂网喷混凝土封闭时，部分喷混凝土层有脱离甚至塌落现象。试结合工程实际，针对此现象提出相应的处理措施				
班级		姓名		评价时间	
任务实施	考核标准			分值(分)	得分(分)
	小组成员积极参与，讨论任务描述中的工程案例，明确该车站出入口浅埋暗挖法的施工步骤			10	
	讨论所学知识，厘清地下车站浅埋暗挖法的施工原则及注意事项			10	
	依据工程实际情况，讨论施工中出现的异常现象的处理措施			10	
	结合车站实际情况，小组代表讲解针对异常现象采取的处理措施			10	
	小组代表分享关于施工安全的感悟			10	
	组员分工合理，职责明晰，团结合作，表现出一定的职业素养			10	
	调研材料丰富、翔实			10	
	PPT 清晰、图文并茂			10	
	富有创新精神			10	
	表达流畅，分析合理			10	
	总计			100	

互评意见：

学习心得：

指导教师意见：

说明：小组互评要实事求是，公平公正

班级：_____ 姓名：_____ 学号：_____ 成绩：_____

一、填空题(51 分)

1. 盖挖法可分为_____、_____、_____。

2. 盖挖法在实施过程中需要解决的关键问题有_____、_____、_____。

3. 常用的板桩类型有_____、_____。

4. 钻孔灌注桩成孔方法有_____、_____两种。

5. 目前基坑内支承系统主要包括_____、_____、_____、_____。

6. 地下车站浅埋暗挖法的类型有_____、_____、_____。

二、选择题(6 分)

1. 钢板桩的打入方法有(   )种。

    A. 1   B. 2   C. 3   D. 4

2. 在盖挖法施工中,对入口深度超过(   )m 的基坑应安装电梯。

    A. 15   B. 20   C. 25   D. 30

三、名词解释(15 分)

盖挖逆作法：

明挖法：

浅埋暗挖法：

四、简答题(20 分)

1. 简述钻孔灌注桩的施工流程。

2. 简述明挖法施工流程。

3. 简述地下车站浅埋暗挖法施工流程及注意事项。

4. 简述基坑支护体系的组成。

5. 钻孔灌注桩干作业成孔和湿作业成孔有何异同?

五、论述题(8 分)

试论述盖挖顺作法、盖挖逆作法及盖挖半逆作法的施工特点及适用情况。

工程案例分析 ▷▶▶

车站盖挖法施工

1. 工程概况

A 站是某市地铁 4 号线和规划 7 号线的换乘站,位于 B 街、C 街和 D 街的交叉路口,呈南北走向,线路中心与道路中心基本一致。车站全长 173.2m,宽 57.4m,其中北端和南端为三层箱形框架结构,三层结构总高 19.55m,顶板最小覆土 3.5m。车站主体部分采用 $\phi800$mm 围护桩,中间立柱为 $\phi800$mm 钢管混凝土柱,其基础为深 25m、$\phi800$mm 的钻孔灌注桩。车站施工区域地面环境十分复杂,道路车流量大、交通繁忙,有三条有线公交电车通过,路口及附近有多种交通、广告和信号设施,车站周边建筑物多为低矮、密集的危旧民房,对施工振动极为敏感。

车站主体结构南、北两端三层采用盖挖逆作法施工,车站中间与地铁 7 号线节点处采用明挖法施工,其余部分采用浅埋暗挖法施工。

2. 主要施工技术

(1) 中间桩柱施工工艺流程。

车站中间桩柱及钢管柱的施工是盖挖逆作法的核心技术。钢管柱在施工阶段是盖板的临时支柱,在使用阶段是永久性竖向承载与传力结构。中间桩柱由钢管柱和柱下桩基础两部分组成,为保证施工精度和进度,桩基础以上部分采用人工挖孔,桩基础部分采用泥浆护壁、旋挖钻机械成孔。钢管柱安装采用人工安装法,其施工工艺流程为:人工挖孔桩→水下混凝土灌注桩→抽浆钻芯→凿杯口混凝土→荷载试验→安装定位锥垫板→安装定位器→杯口混凝土浇筑→钢管柱吊装→钢管柱上口固定→柱内混凝土灌筑→钢管柱外回填砂。

(2) 中间钢管柱定位技术。

中间钢管柱的施工质量至关重要,其直接影响车站工程的整体施工质量。钢管柱的安装定位精度要求高、控制难度大,应对钢管柱的安装进行科学、系统的工艺设计,使施工简便,精度能够得到保证。

(3) 钢管柱混凝土的灌筑。

钢管柱内混凝土采用 C50 微膨胀混凝土,比较常规的灌筑方法有泵送顶升浇灌法、立式手工浇捣法、高位抛落无振捣法等,结合本工程的特点选择高位抛落无振捣法灌筑钢管柱混凝土,以充分利用混凝土自身下落时产生的动能冲击使混凝土密实。为克服该法实施过程中的混凝土压覆气泡而形成核心混凝土不密实的缺点,每次抛落量控制在 $0.7m^3$ 左右,料斗下口尺寸比钢管内径小 $100\sim200$mm,以保证混凝土抛落过程中管内空气能够顺利排出抛落高度不足 4m 的区段。实践证明,抛落过程中产生的动能太小,不足以使混凝土密实,而利用其接近地面、作业空间比较宽敞、具备振捣施工条件的优点,采用内部振捣器振捣效果更佳。

(4)土模隔离层施工技术。

A站顶板厚度为0.85m,楼层板厚度为0.4m,混凝土强度等级为C30、抗渗等级为S10。在楼层板和顶板施工中,主要使用了土模基底素土夯实,8cm厚C10混凝土、2cm砂浆抹面。这种土模材料与楼层板和顶板属于同一种材料,要求隔离层对土模有很强的附着力,且与现浇混凝土易于脱离。工程设计人员通过反复试验设计了一种土模隔离层,用一种脱模剂经过柴油稀释后分两次连续涂刷于土模上,不需养护,可直接在其上进行下一步施工。实践证明,在开挖板下土方的同时,用钢钎等辅助工具撬动土模,土模很容易从混凝土板上剥离,且板面具有光亮的外观。

(5)侧墙混凝土逆向连接技术。

与盖挖逆作法施工伴生的是侧墙后期混凝土与前期混凝土逆向浇筑连接不密实问题。为了防止连接面产生干缩裂缝、气泡、空洞等不密实现象,防止渗漏水,施工中采取了以下措施:

①前期混凝土底部浇筑成30°斜面,将斜面清理干净并凿到新鲜混凝土,以便灌筑后期混凝土时能将空气排除干净,保证新旧混凝土严密结合。

②模板上缘高度要比前期混凝土底面高15mm,且每隔2m设一个簸箕状下灰口,以便后期混凝土能依靠高差产生的压力更加密实连接。

③侧墙采用微膨胀混凝土,利用混凝土的微膨胀,补偿后期混凝土在硬化过程中的干缩量。

④除常规振捣外,在新旧混凝土连接面和两个下灰口之间采用二次振捣。

以上措施成功实施后,经钻芯检测,侧墙混凝土逆向连接面混凝土的密实性达到了设计要求。

> 请根据工程概况,结合本项目学习内容,分析:车站主体结构南、北两端为什么采用盖挖逆作法施工? 车站中间与地铁7号线节点处为什么采用明挖法施工? 盖挖逆作法施工伴生的侧墙后期混凝土与前期混凝土逆向浇筑连接不密实问题如何处理?

项目三

区间隧道施工

岗位实境

    某市地铁1号线区间隧道修筑采用了盾构法和浅埋暗挖法施工，而城市轨道区间隧道常见的施工方法还有掘进机(Tunnel Boring Machine,TBM)法、沉埋(管)法等。

    城市轨道交通工程技术专业岗位实习生以车站施工员助理的身份进行岗位实习时，不仅要能依据工程概况合理选择区间隧道浅埋暗挖法、盾构法、掘进机法、沉埋(管)法等施工方法，正确阐述其施工工序，还要能对施工中易出现的问题提出相应的对策。

项目任务书 ▷▶▶

名称		区间隧道施工
学习目标	知识目标	(1)知道区间隧道浅埋暗挖法、盾构法、掘进机法、沉埋(管)法的基本概念、分类及特点; (2)熟悉各个施工方法的施工工艺
	技能目标	(1)能依据工程实际情况合理选择区间隧道的施工方法; (2)能准确说出各施工方法的施工工艺
	素质目标	(1)培养精益求精的工匠精神; (2)培养刻苦钻研的学习精神; (3)激发爱国热情,开阔眼界,学以致用
学习重点		(1)结合工程案例,简述 CD 法(中隔墙法)施工工艺,CD 法与 CRD 法(交叉中隔墙法)的异同; (2)介绍我国自主研发的盾构机的组成、功能及"中国造"盾构机是如何走向世界的; (3)简述掘进机法的施工原理及施工工艺; (4)观看纪录片《海底之吻》,介绍港珠澳大桥沉管隧道的施工工艺及施工中重难技术的突破措施
任务 实施要求		(1)学习小组进行项目任务分析、任务分配、团队工作任务分配表制订; (2)收集相关资料; (3)掌握区间隧道浅埋暗挖法、盾构法、掘进机及沉埋(管)法的施工工序及注意事项; (4)借助网络资源开阔职业视野; (5)制订该项目任务的评价表,确定考核要素,进行小组互评
任务 实施要点		(1)依据评价表,公平公正评价任务实施情况; (2)在学习项目相关知识的基础上,收集网络资源,团队深入探究; (3)注意安全与环保意识的培养; (4)掌握本项目各施工方法的施工工序; (5)善于利用网络资源开阔职业视野
任务拓展		(1)结合本市情况,组织团队成员去现场参观学习; (2)学习区间隧道浅埋暗挖法、盾构法、掘进机法、沉埋(管)法等相关文献

本项目与"1 + X"全断面隧道掘进机操作职业技能等级证书(中级)对应的职业技能要求:

(1)能从事施工企业全断面隧道掘进机独立操作岗位工作;

(2)能从事盾构制造企业及维修保养、再制造企业设备调试岗位工作,主要完成空载及负载调试、参数设置、姿态控制、材料消耗分析、故障判断、维修保养、应急处理等;

(3)能从事复合地层掘进作业。

城市轨道交通工程技术专业相关职业技能要求:

(1)能排除常用振捣器的故障;

(2)能操作喷射混凝土机械;

(3)能现场取样混凝土试块

任务一 区间隧道浅埋暗挖法施工

◀◀ **任务描述与分解** ✎ ——

任务描述:某地铁区间全长 1025.829 双延米,折返线施工采用 CD 法。其开挖顺序:从 1 号导洞开始开挖,逐步向后续推进,直至 6 号导洞开挖完成为止。

请结合工程案例简述 CD 法施工工艺,CD 法与 CRD 法的异同。

任务分解:根据任务描述,完成以下任务。

(1)分组讨论 CD 法的施工步骤;

(2)小组讨论所学知识,厘清 CD 法与 CRD 法的异同,培养严谨的职业素养;

(3)依据任务描述情况,完成本任务。

◀◀ **知识准备** 🔗 ——

一、区间隧道浅埋暗挖法概述

(一)施工原则

新奥法是施工过程中充分发挥围岩本身具有的自承能力的方法,以喷射混凝土、锚杆为主的初期支护,使支护与围岩联合受力共同作用,围岩是支护结构的组成部分。

区间隧道浅埋暗挖法理论源于新奥法,如以锚喷作为初期支护手段,尽量减少对围岩的扰动,初期支护与围岩密贴,以量测信息指导施工等。但区间隧道浅埋暗挖法基本不考虑利用围岩的自承能力,而是采用复合衬砌,由初期支护承受全部基本荷载,以二次衬砌作为安全储备,共同承担特殊荷载。

新奥法施工的基本原则可以归纳为"少扰动、早支护、勤量测、紧封闭"。在新奥法的基础上,区间隧道浅埋暗挖法又总结提出 18 字方针"管超前、严注浆、短开挖、强支护、快封闭、勤量测","18 字方针"现场施工图如图 3-1-1 所示。

管超前:开挖拱部土体自稳能力差,自立时间短,土体凌空后极易坍塌,采用超前支护的各种手段提高土体的稳定性,控制下沉,防止围岩松弛和坍塌。

严注浆:导管超前支护后,立即压注水泥浆或其他化学浆液,填充围岩空隙,使隧道周围形成一个具有一定强度的壳体,以增强围岩的自稳能力,确保开挖过程中的安全。

短开挖:一次注浆、一次开挖或多次开挖,土体暴露时间越长,进尺越大,土体坍塌的危险就越大,所以一定要严格限制进尺的长度。在施工中可采取预留核心土,除了可减少开挖时间外,预留的土体还可以平衡掌子面的土体,防止滑塌。

强支护:在松散地层中施工,大量土体的重力会直接作用于初期支护结构上,初期支护必须十分牢固,且具有较大刚度,以控制初期结构的变形,保证结构的稳定。

快封闭:在台阶法施工中,如上台阶未封闭成环,变形速度较快,为有效控制围岩松弛,必须及时采用临时仰拱或使支护体系成环。

勤量测:结构的受力最终都表现为变形,可以说,没有出现变形,就代表结构没有受力。能否按照规定频率对规定部位进行监测,掌握施工动态,调整施工参数并设置各部位的变形警戒值,是区间隧道浅埋暗挖法施工成败的关键。

■ 图 3-1-1
"18 字方针"现场施工图
a)管超前;b)严注浆;c)短开挖;d)强支护;e)快封闭;f)勤量测

(二)常用施工方法

在区间隧道浅埋暗挖法施工过程中,隧道埋深小,势必影响地表交通正常运行和既有建筑物的正常使用。因此,在区间隧道开挖过程中,虽然围岩稳定性主要取决于围岩本身的工程地质条件,但不同的开挖工法无疑对围岩稳定状态有直接而重要的影响。

区间隧道开挖的基本原则是在保证围岩稳定或减少对围岩的扰动的前提条件下,选择恰当的开挖方法和掘进方式,并应尽量提高掘进速度。即在选择开挖方法和掘进方式时,一方面应考虑隧道围岩地质条件及其变化情况,选择能很好地适应地质条件及其变化,并能保持围岩稳定的开挖方法和掘进方式;另一方面应考虑隧道影响范围内岩体的坚硬程度,选择能快速掘进,并能减少对围岩的扰动的开挖方法和掘进方式。

1. 台阶法

台阶法是区间隧道施工常用的方法,其因开挖步骤少、施工速度快而为工程技术人员所采用。根据台阶长度不同,台阶法可划分为长台阶法、短台阶法和微台阶法,如图 3-1-2 所示,图中 L 代表隧道设计宽度,数字代表隧道断面的开挖先后顺序。

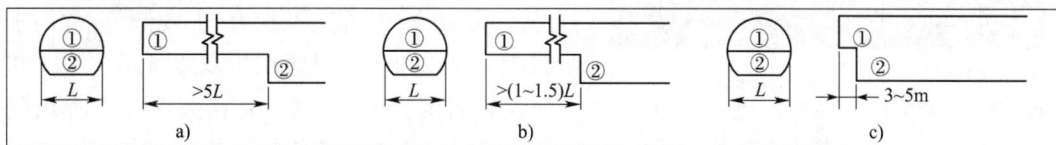

■ 图 3-1-2
台阶法类型
a) 长台阶法;b) 短台阶法;c) 微台阶法

施工中采用哪一种台阶法,要根据两个条件来决定:第一是对初期支护形成闭合断面的时间要求,围岩越差,要求闭合时间越短;第二是对上部断面施工所采用的开挖、支护、出渣等机械设备需要施工场地大小的要求。对软弱围岩,主要考虑前者,以确保施工安全;对较硬围岩,主要考虑如何更好地提高机械设备的效率,保证施工中的经济效益,因此只考虑后者。

(1)长台阶法。

长台阶法开挖断面小,有利于维持开挖面的稳定,适用范围较全断面法广,一般适用于地质条件较差的 Ⅲ、Ⅳ、Ⅴ 级围岩;在上、下两个台阶上,分别进行开挖、支护、运输、通风、排水等作业,因此台阶长度适当大一些,一般考虑至少为 50m。

(2)短台阶法。

短台阶法适用于地质条件差的 Ⅳ、Ⅴ 级围岩,台阶长度定为 10 ~ 15m,即 1 ~ 2 倍开挖宽度,主要是考虑拉开工作面,减少干扰,因此台阶长度不宜过小。上台阶一般采用少药量的松动爆破,出渣采用人工或小型机械转运至下台阶,一般不考虑有轨运输,因此台阶长度又不宜过大。

短台阶法优点是可缩短支护闭合时间,改善初期支护的受力条件,有利于控制围岩变形;缺点是上部出渣对下部断面施工干扰较大,不能全部平行作业。

(3)微台阶法。

微台阶法是全断面开挖的一种变异形式,适用于 Ⅰ、Ⅱ、Ⅲ 级围岩,台阶长度一般为 3 ~ 5m。台阶长度小于 3m 时,无法正常进行钻眼和拱部的锚喷支护作业;台阶长度大于 5m 时,利用爆破将石渣翻至下台阶有较大的难度,必须采用人工翻渣。微台阶法上下断面相距较近,机械设备集中,作业时相互干扰大,生产效率低,施工速度慢。

根据地层情况不同,采用不同的开挖长度。一般在地层不良地段,每次开挖进尺采用 0.5 ~ 0.8m,甚至更短,由于开挖距离短,可争取时间架立钢拱架,及时喷射混凝土,减少坍塌现象的发生。某隧道台阶法施工如图 3-1-3 所示。

■ 图 3-1-3
台阶法施工实例

2. 环形开挖留核心土法

环形开挖留核心土法施工开挖工作面稳定性好,施工较安全,但施工干扰大、工效低等,常用于Ⅵ级围岩单线和Ⅴ~Ⅵ级围岩双线隧道掘进。在土质及软弱围岩中使用较多,在大秦线军都山隧道黄土段等隧道施工中均有应用。环形开挖留核心土法如图 3-1-4 所示,图中数字代表隧道断面的开挖先后顺序。

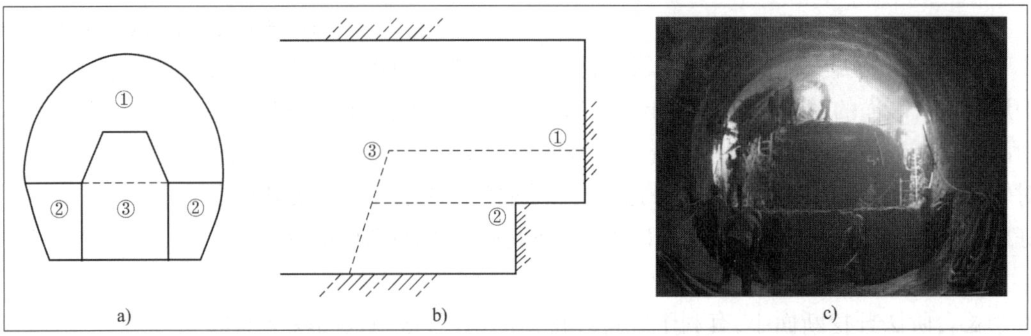

■ 图 3-1-4
环形开挖留核心土法
a)横断面示意图;b)纵断面示意图;c)施工现场图

(1)施工顺序。

人工或单臂掘进机开挖环形拱部,架立钢支承,挂钢丝网,喷射混凝土。在拱部初期支护保护下,开挖核心土和下半部,随即接长边墙钢支承,挂网喷射混凝土并进行封底,根据围岩变形,适时施作二次衬砌。

(2)施工时要求。

环形开挖进尺一般为 0.5 ~ 2.0m。开挖后应及时施作锚喷支护、安设钢架支承,每两榀钢架之间采用连续钢筋连接,并加锁脚锚杆。当围岩地质条件差、自稳时间较短时,开挖前在拱部设计开挖轮廓线以外进行超前支护。

3. CD 法和 CRD 法

CD 法也称中隔墙法,主要适用于地质条件较差和不稳定的 Ⅴ ~ Ⅵ 级岩体,且地面沉降要求严格的地下工程施工。当 CD 法仍不能满足要求时,可在 CD 法的基础上加设临时仰拱,即 CRD 法,也称交叉中隔墙法。

CRD 法的最大特点是将大断面施工分解成小断面施工,各个局部封闭成环的时间短,控制早期沉降好,每个步骤受力体系完整。因此,结构受力均匀,变形小。另外,由于支护刚度大,施工时隧道整体下沉微弱,地层沉降量不大,而且容易控制。CD 法如图 3-1-5 所示,图中数字代表隧道断面的开挖顺序。

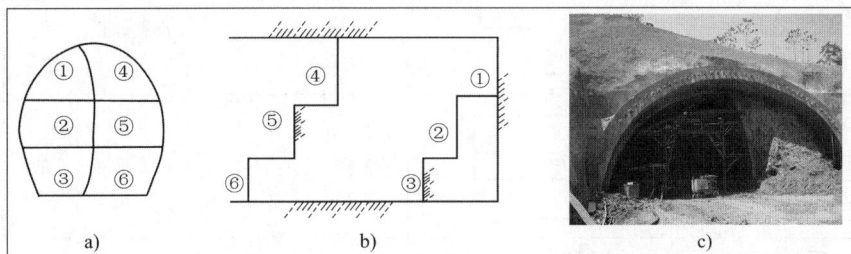

■ 图 3-1-5
CD 法
a) 横断面示意图;b) 纵断面示意图;c) 施工现场图

4. 眼镜工法

眼镜工法也称双侧壁导坑法,是变大跨度为小跨度的施工方法,其实质是将大跨度分成三个小跨度进行作业,主要适用于地质条件较差、断面很大、三线或多线铁路隧道及地下工程。该法工序较复杂,导坑的支护拆除困难,可能因测量误差而导致钢架连接困难,从而加大了下沉值,而且成本较高,进度较慢,一般采用人工和机械混合开挖,人工和机械混合出渣。眼镜工法如图 3-1-6 所示,图中数字代表隧道断面的开挖顺序。

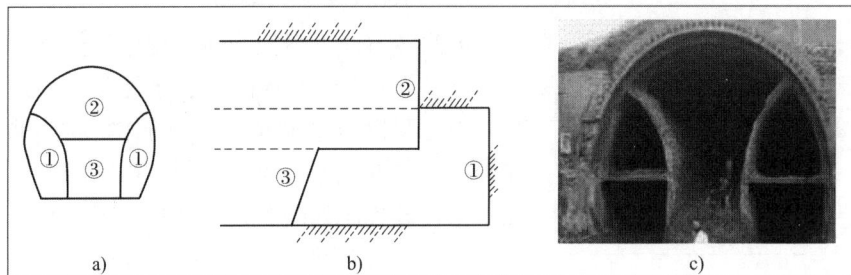

■ 图 3-1-6
眼镜工法
a) 横断面示意图;b) 纵断面示意图;c) 施工现场图

能否选择一种合理的施工方法是工程成败的关键,综合国内外施工经验,基于经济性及工期考虑,其工法选择的顺序为台阶法→环形开挖留核心土法→CD 法→CRD 法→眼镜工法;从安全性角度考虑,顺序正好相反。在工程实践中,应根据地质条件、断面大小、地面环境等因素并从工法的可实现性、安全性、工期、适应性、技术性和经济性六个方面综合考虑,选择施工方法。将区间隧道常用的 5 种工法的优缺点汇总于表 3-1-1 中。

区间隧道不同施工工法对比表　　　　　　　　　　　　　　　表 3-1-1

施工方法	横断面示意图	纵断面示意图	指标			
			沉降	工期	支护拆除量	造价
台阶法			一般	短	没有拆除	低
环形开挖留核心土法			一般	短	没有拆除	低
CD 法			较大	短	拆除少	偏高
CRD 法			较小	长	拆除多	高
眼镜工法			大	长	拆除多	高

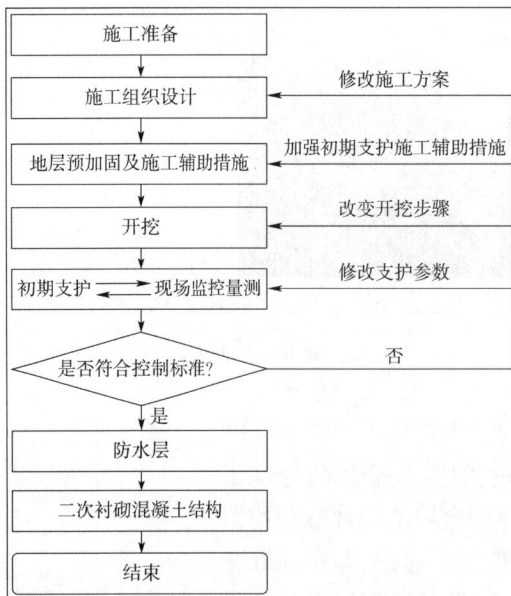

■ 图 3-1-7

区间隧道浅埋暗挖法施工工艺

(三)施工程序及工艺

区间隧道浅埋暗挖法施工程序可简化为以下步骤:施工准备→超前小导管布设→注浆→土方开挖→格栅架立→钢筋网、连接筋安装→喷射混凝土→防水施工→二次衬砌。施工工艺及程序如图 3-1-7、图 3-1-8 所示。

区间隧道浅埋暗挖法支护主要采用复合式衬砌,外层为初期支护,内层为二次衬砌,初期支护主要为锚喷支护,二次衬砌主要为模筑混凝土衬砌。

二、锚喷支护

(一)概念、作用原理

1. 概念

锚喷支护是借高压喷射水泥混凝土和打

入岩层中的金属锚杆的联合作用加固岩层,分为临时性支护结构和永久性支护结构。喷射混凝土可以作为洞室围岩的初期支护,也可以作为永久性支护。现场锚喷作业如图 3-1-9 所示。

施工准备

超前小导管布设

注浆

进补口　进风管　出浆管　容器　支架

钢筋网、连接筋安装

格栅架立

土方开挖

喷射混凝土

防水施工

二次衬砌

■ 图 3-1-8
区间隧道浅埋暗挖法施工程序

a)

b)

■ 图 3-1-9
锚喷作业
a) 打锚杆;b) 喷射混凝土

2. 作用原理

锚喷支护在洞室开挖后,支护及时,与围岩密贴,柔性好,有良好的物理力学性能。它能侵入围岩裂隙,封闭节理,加固结构面和层面,提高围岩的整体性和自承能力,抑制变形的发展。在支护与围岩的共同作用下,能有效控制和调整围岩应力的重分布,避免围岩松动和坍塌,加强围岩的稳定性,它不像传统的模筑混凝土衬砌那样只在洞室开挖后被动地承受围岩压力,而是主动地加固围岩。

(二)喷射混凝土

喷射混凝土既是一种新型的支护结构,又是一种新的施工工艺。它是使用混凝土喷射机,按一定的混合程序,将掺有速凝剂的细石混凝土喷射到岩壁表面上,并迅速固结成一层支护结构,从而对围岩起到支护作用。喷射混凝土可以作为隧道工程的永久性和临时性支护,也可以与各种形式的锚杆、钢纤维、钢拱架、钢筋网等构成组合式支护结构,其灵活性也很大,可根据需要分次追加厚度。

1.喷射混凝土的作用

(1)支承围岩。

喷层能与围岩密贴,并能给围岩表面施加抗力和剪力,从而使围岩处于三向受力的有力状态,防止围岩强度降低。此外,喷层本身抗冲切能力可阻止不稳定块体的滑塌,支承围岩示意如图3-1-10所示。

(2)卸载作用。

喷层属柔性,能控制围岩在不出现有害变形的前提下,发生一定程度的变形,从而使围岩"卸载"。同时喷层中的弯曲应力减小,有利于混凝土承载力的发挥。卸载作用示意如图3-1-11所示。

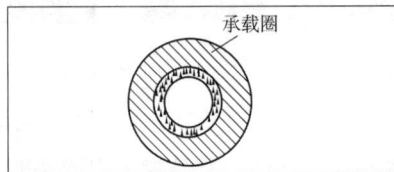

■ 图3-1-10
支承围岩示意

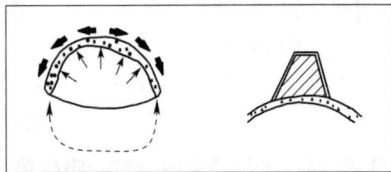

■ 图3-1-11
卸载作用示意

(3)镶嵌作用。

喷射混凝土可射入围岩张开的裂隙,填充表面凹穴,使裂隙分割的岩层面粘在一起,维持岩块间的咬合、镶嵌作用,提高其间的黏结力、摩阻力,有利于防止围岩松动,并缓和或避免围岩应力集中。镶嵌作用示意如图3-1-12所示。

(4)封闭作用。

喷层直接粘贴在围岩表面,形成风化和止水的保护层,并阻止裂隙中充填物流失。封闭作用示意如图3-1-13所示。

(5)加固作用。

喷层能紧跟掘进进程并及时进行支护,早期强度较高,因而能及时向围岩提供抗力,阻止围岩松动,起到加固作用。加固作用示意如图3-1-14所示。

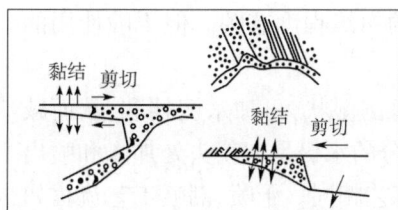

■ 图 3-1-12
镶嵌作用示意

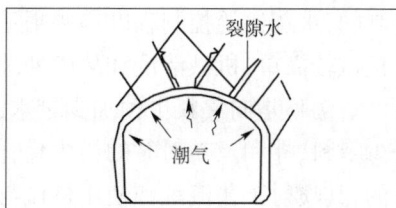

■ 图 3-1-13
封闭作用示意

（6）分载传递作用。

通过喷层把外力传给锚杆、钢拱架等，使支护结构受力被均匀分担。分载传递作用示意如图 3-1-15 所示。

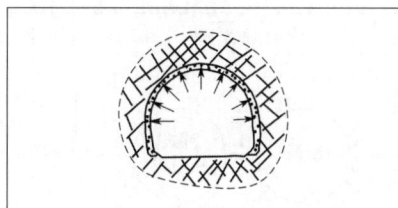

■ 图 3-1-14
加固作用示意

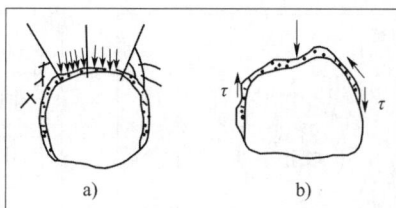

■ 图 3-1-15
分载传递作用示意
a）锚杆受力；b）钢拱架受力

2. 喷射混凝土的特点

（1）喷射混凝土具有强度增长快、黏结力强、密度大、抗渗性好的特点，它能较好地填充岩块间裂隙的凹穴，增加围岩的整体性，防止自由面的风化和松动。

（2）与普通模筑混凝土相比，喷射混凝土施工将输送、浇筑、捣固几道工序合而为一，更不需模板，因而施工快速、简捷。

（3）喷射混凝土能及早发挥承载作用。它能在 10min 左右终凝，一般 2h 后即具有强度，8h 后强度可达 2MPa，16h 后强度可达 5MPa，1d 后强度可达 7～8MPa，4d 后强度达到 28d 的 70% 左右。

（4）试验表明，喷射混凝土与模筑混凝土相比，密实性和稳定性要差，而性能较干式喷射混凝土有显著改善。

3. 喷射混凝土的方法

喷射混凝土的方法有干喷、潮喷、湿喷和混合喷射四种，主要区别是各方法的投料程序不同，尤其是加水和速凝剂的时机不同。

（1）干喷和潮喷。

干喷是将集料、水泥和速凝剂按比例干拌均匀，然后装入干式喷射机，用压缩空气使干集料在软管内呈悬浮状态送到喷枪，再在喷嘴处与高压水混合，以较高速度喷射到岩面上。

干喷的缺点是产生的粉尘量大，回弹量大；加水是由喷嘴处的阀门控制的,水灰比的控制程度与喷射手操作的熟练程度有关。但干喷使用的机械较简单,机械清洗和故障处理容易。

潮喷是向集料中预加少量水,使之呈潮湿状,再加水泥拌和,从而减少上料、拌和及喷射时的粉尘量,但大部分的水仍是在喷头处加入和喷出的,其喷射工艺流程和使用机械与干喷工艺相同。干喷、潮喷工艺流程如图3-1-16所示。

(2)湿喷。

湿喷是将集料、水泥、水和速凝剂按设计比例拌和均匀,用湿式喷射机压送到喷头处,再在喷头上添加速凝剂后喷出。湿喷工艺流程如图3-1-17所示。

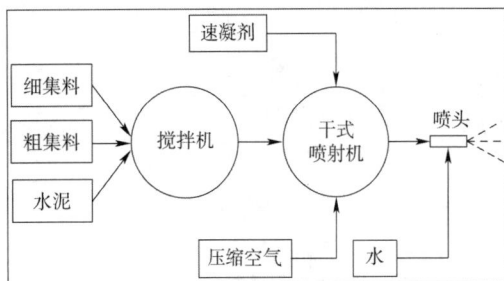

■ 图 3-1-16
干喷、潮喷工艺流程

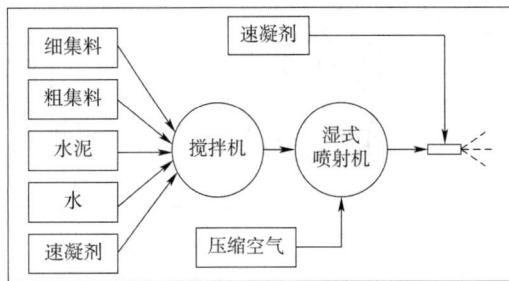

■ 图 3-1-17
湿喷工艺流程

湿喷混凝土质量容易控制,喷射过程中的粉尘和回弹量很少,是应当发展应用的喷射工艺,但其对喷射机械要求较高,机械清洗和故障处理较麻烦。对于喷层较厚的软岩和渗水隧道,则不宜使用湿喷。

(3)混合喷射。

混合喷射又称水泥裹砂造壳喷射法,是将一部分砂加第一次水拌湿,再投入全部水泥强制搅拌造壳;然后加第二次水和减水剂拌和成水泥裹砂造壳砂浆;将另一部分砂和石、速凝剂强制搅拌均匀,然后用砂浆泵和干式喷射机压送到混合管混合后喷出。混合喷射工艺流程如图3-1-18所示。

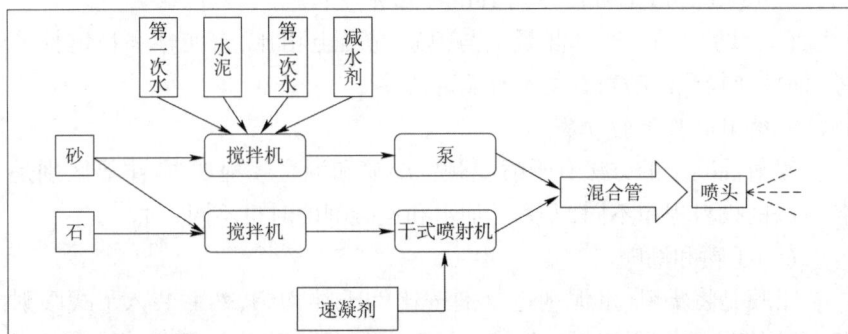

■ 图 3-1-18
混合喷射工艺流程

混合喷射是分次投料搅拌工艺与喷射工艺的结合,关键是水泥裹砂造壳技术。

混合喷射工艺使用的主要机械设备与干喷工艺基本相同,但混凝土的质量较干喷混凝土质量好,且粉尘和回弹量有大幅度减少,但其使用机械数量较多,工艺较复杂,机械清洗和故障处理很麻烦,因此混合喷射工艺一般只用在喷射混凝土量大时和大断面隧道工程中。

4. 喷射混凝土施工

(1)原料。

①水泥。为保证喷射混凝土的凝结时间与速凝剂有较好的相容性,应优先采用 425 号(抗压强度 42.5MPa)以上的普通硅酸盐水泥,其次选用矿渣硅酸盐水泥和火山灰质硅酸盐水泥。

②砂。为保证喷射混凝土的强度和减少施工操作时的粉尘,以及减少硬化时的收缩裂纹,应采用坚硬而耐久的中砂或粗砂,细度模数一般宜大于 2.5。

③碎石或卵石。为防止喷射混凝土过程中的堵管并减少回弹量,应采用坚硬耐久的细石,粒径不宜大于 15mm,以细卵石较好。

④集料成分和级配。若使用碱性速凝剂,砂、石集料均不得含有活性二氧化硅,以免产生碱-集料反应,引起混凝土开裂。为使喷射混凝土密实且在输送管道中顺畅,砂、石集料级配应按国家标准控制。

⑤水。为保证喷射混凝土正常凝结、硬化,保证强度和稳定性,饮用水均可用于喷射混凝土;若采用其他水,则不应含有影响水泥正常凝结与硬化的有害物质;不能使用污水以及 pH 值小于 4 的酸性水,也不能使用硫酸盐含量超过水质量 1‰的水。

⑥外加剂。主要是速凝剂。在喷射混凝土中添加速凝剂的目的是使喷射混凝土速凝,以减少回弹和早强,选用时应做速凝剂与水泥的相容性试验。

(2)配合比。

①干集料中水泥与砂石质量比,一般为 1:4 ~ 1:4.5,每立方米干集料中,水泥用量约为 400kg,这种配合比能满足喷射混凝土强度要求,回弹也较少。

②砂率一般为 45% ~ 55%。实践证明,低于 45% 或高于 55% 时,均易造成堵管,且回弹大,强度降低,收缩加大。

③水灰比一般为 0.4 ~ 0.45,否则强度降低,回弹增大。

④速凝剂和其他外加剂,一定要通过试验来确定其最佳掺量,并达到各龄期的设计强度要求。

⑤喷射混凝土搅拌时间及搅拌后临时存放时间均应按工艺要求及相关规定进行。

（3）机械设备。

①喷射机。喷射机是喷射混凝土的主要设备,国内已有多种型号的喷射机设备,各有特点,可以根据施工的具体情况选用,但要以保证喷射混凝土的质量,减少回弹和粉尘,控制施工成本,提高工作效率为前提。常用的干式喷射机有双罐式喷射机、转体式喷射机、转盘式喷射机。新研制的湿式喷射机有挤压泵式喷射机、转体活塞泵式喷射机、螺杆泵式喷射机。干式喷射机如图 3-1-19 所示。

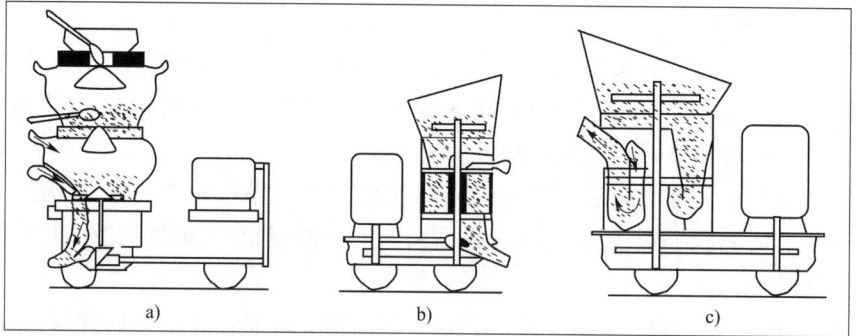

■ 图 3-1-19

干式喷射机

a)双罐式喷射机;b)转体式喷射机;c)转盘式喷射机

②机械手。喷头的移动和喷射方向、距离,可采用人力直接控制或机械手控制。人力直接控制一般只用于少量和局部喷敷,机械手控制方便灵活,工作范围大。喷射机械手如图 3-1-20 所示。

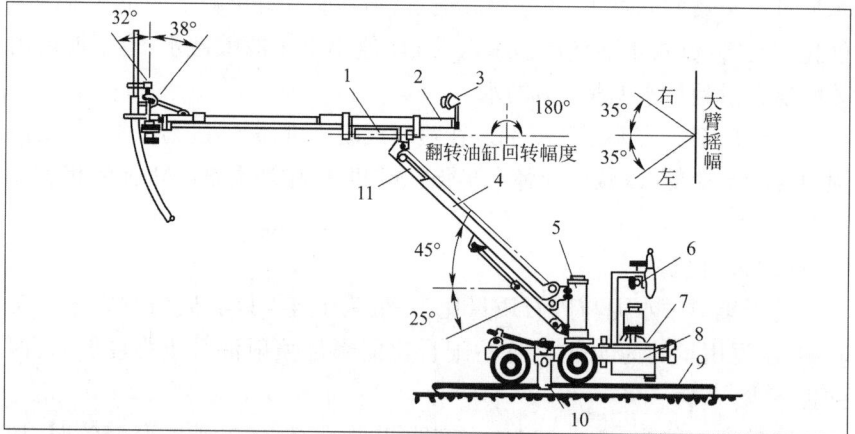

■ 图 3-1-20

喷射机械手

1-翻转油缸;2-伸缩油缸;3-探照灯;4-大臂;5-转筒;6-风水系统;7-液压系统;8-车架;9-钢轨;10-卡轨器;11-拉杆

③强制式搅拌机。喷射混凝土的拌制宜用强制式搅拌机,干式喷射时风压为 $0.1 \sim 0.15$MPa,且水压应稍高于风压;湿式喷射时,风压及水压均较干式喷射高。

（4）喷前检查及准备。

①喷前对开挖断面尺寸进行检查,清除松动危面,对欠挖超标严重的应予以处理。

②根据石质情况,用高压风或水清洗受喷岩面。

③受喷岩面有集中渗水时,应做好排水引流处理;无集中渗水时,应根据岩面潮湿程度,适当调整水灰比。

④埋设喷层厚度检查标志,一般是在石缝处钉铁钉,或用快硬水泥安设钢筋头,并记录其外露长度。

⑤检查调试好各机械设备的工作状态。

（5）注意事项。

①喷射时应分段、分部、分块严格按先墙后拱、先下后上顺序进行。

②喷射时可以采用S形往返移动前进,也可以采用螺旋形移动前进。喷射分区及喷射顺序如图3-1-21所示。

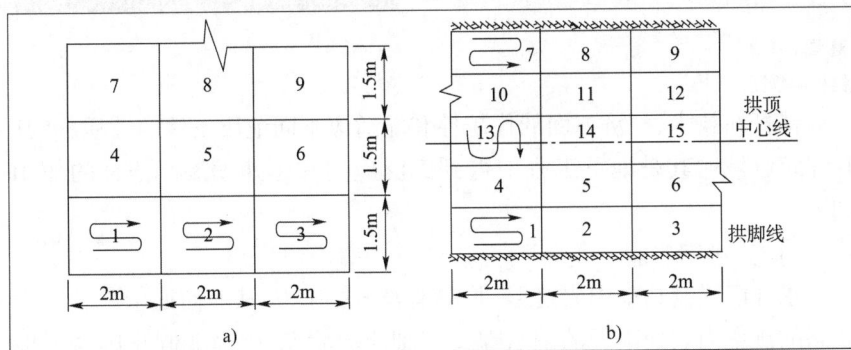

■ 图3-1-21
喷射分区及喷射顺序
a)边墙喷射分区及喷射顺序;b)拱圈喷射分区及喷射顺序

③喷射时喷嘴要垂直于受喷面,倾斜角不大于10°,距离0.8~1.2m。

④对于岩面凹陷处应先喷多喷,凸出处应后喷少喷。

⑤喷射时一次喷射厚度不得太薄或太厚,主要与混凝土的黏结力和受喷部位及回弹情况等有关,一般规定按表3-1-2执行。

一次喷射厚度(单位:cm)　　　　　　表3-1-2

部位	掺速凝剂	不掺速凝剂
边墙	7~10	5~7
拱圈	5~7	3~5

⑥若设计喷射混凝土较厚,应分层喷射,一般分2~3层喷射;分层喷射的间隔时间不得太短,一般在初喷混凝土终凝以后再复喷。

⑦喷射混凝土的养护应在其终凝1~2h后进行水养护,养护时间一般不少于7d。

⑧冬季施工时,喷射混凝土作业区的气温不得低于5℃。

(三)锚杆

1.锚杆作用

锚杆是用金属或其他高抗拉性能的材料制成的一种杆状构件。施工中使用某些机械装置和黏结介质,通过一定的施工操作,将锚杆安设在地下工程的围岩或其他工程结构体中,锚杆实物如图3-1-22所示。

■ 图3-1-22
锚杆实物图

锚杆在技术、经济方面的优越性和能适应不同地质条件的性质,使其在建筑领域尤其是地下工程中得到广泛应用和迅速发展。锚杆的作用如下。

(1)支承围岩。

锚杆能限制约束围岩变形,并向围岩施加压力,从而使处于二轴应力状态的洞室内表面附近的围岩保持三轴应力状态,因而能制止围岩强度的降低。锚杆支承作用示意如图3-1-23所示。

(2)加固围岩。

系统锚杆的加固作用,使围岩中,尤其是松动区中的节理裂隙、破裂面得以连接,因而增大了锚固区围岩的强度;锚杆对加固节理发育的岩体和围岩松动区是十分有效的,有助于裂隙岩体和松动区形成整体,成为"加固带"。锚杆加固作用示意如图3-1-24所示。

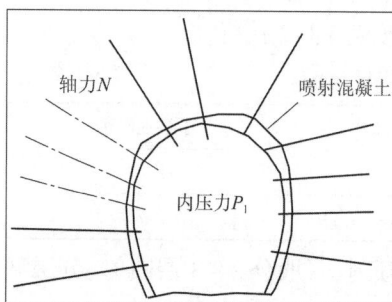

■ 图3-1-23
锚杆支承作用示意

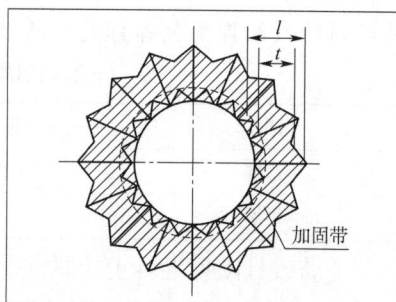

■ 图3-1-24
锚杆加固作用示意

（3）提高层间摩阻力，形成"组合梁"。

对于水平或缓倾斜的层状围岩，用锚杆群能把数层岩层连在一起，提高层间摩阻力，从结构力学观点来看就是形成"组合梁"。锚杆组合梁作用示意如图 3-1-25 所示。

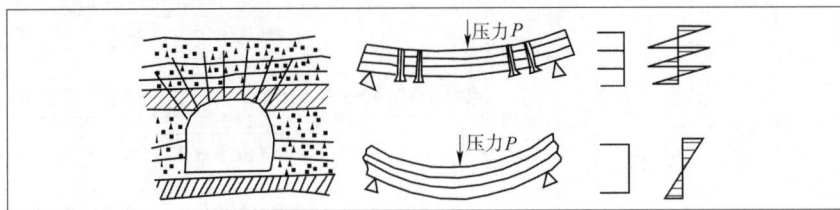

■ 图 3-1-25
锚杆组合梁作用示意

（4）悬吊作用。

悬吊作用是指为防止个别危岩的掉落或滑落，用锚杆将其稳定围岩连接起来，这种作用主要表现在加固局部失稳的岩体。锚杆悬吊作用示意如图 3-1-26 所示。

2. 锚杆分类和比较

锚杆的种类很多，按其与被支护体的锚固形式，大致可分为以下几种。

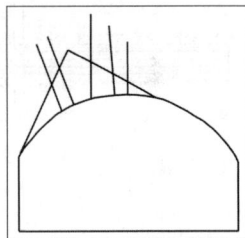

■ 图 3-1-26
锚杆悬吊作用示意

（1）端头锚固式：机械内锚头锚杆和黏结式内锚头锚杆。

端头锚固式锚杆，利用内、外锚头的锚固来限制围岩变形松动，安装容易，工艺简单，对围岩起到支护作用，但杆体易腐蚀，锚头易松动，影响长期锚固力，一般用于硬岩地下工程中的临时加固。

（2）全长黏结式：水泥浆全黏结式锚杆、水泥砂浆全黏结式锚杆、树脂全黏结式锚杆。

全长黏结式锚杆，采用水泥砂浆作为填充黏结料，有助于提升锚杆的抗剪和抗拉性能并起到防腐蚀作用，有较强的长期锚固能力，有利于约束围岩位移。其安装简便，在无特殊要求的各类地下工程中，可大量用于初期支护和永久支护。

（3）摩擦式：楔管式锚杆、缝管式锚杆。

摩擦式锚杆，把一种沿纵向开缝的钢管装入比钢管直径小的钻孔，对孔壁施加摩擦力，从而约束孔周岩体变形。其安装容易，安装后立即起作用，能及时控制围岩变形，又能与孔周变形相协调，但其管壁易锈蚀，故一般不适于作永久支护。

（4）混合式：先张拉后灌浆预应力锚杆、先灌浆后张拉预应力锚杆。

混合式锚杆是端头锚固式锚杆与全长黏结式锚杆的结合，可施加预应力，有全长黏结式锚杆的优点，但锚杆施工较复杂，一般用于大体积、大范围工程结构的加固。

3. 常见锚杆介绍

(1)砂浆锚杆。

该类锚杆是以普通水泥砂浆作为黏结剂的全长黏结式锚杆,其构造如图 3-1-27 所示,施工工艺流程如图 3-1-28 所示。

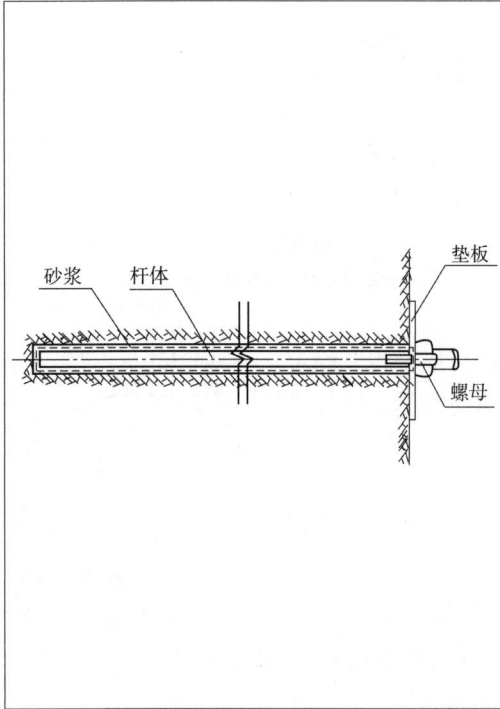

■ 图 3-1-27
砂浆锚杆构造

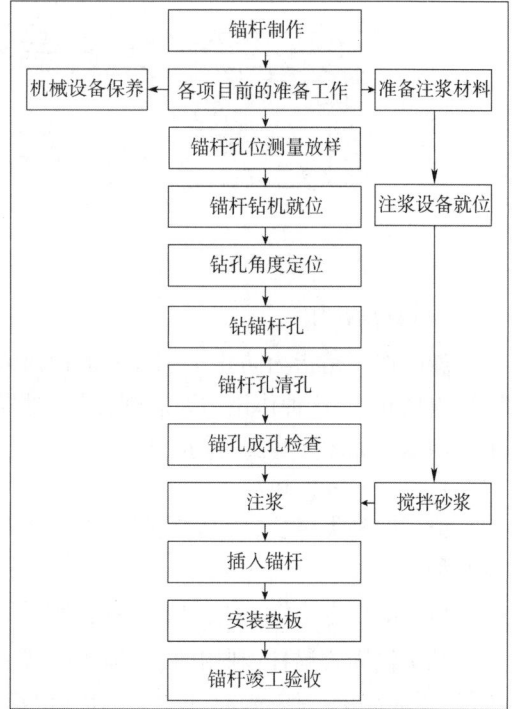

■ 图 3-1-28
砂浆锚杆施工工艺流程

(2)早强药包内锚头锚杆。

早强药包内锚头锚杆,是以快硬水泥卷或早强砂浆卷或树脂作为内锚固剂的内锚头锚杆,其构造如图 3-1-29 所示,施工工艺流程如图 3-1-30 所示。

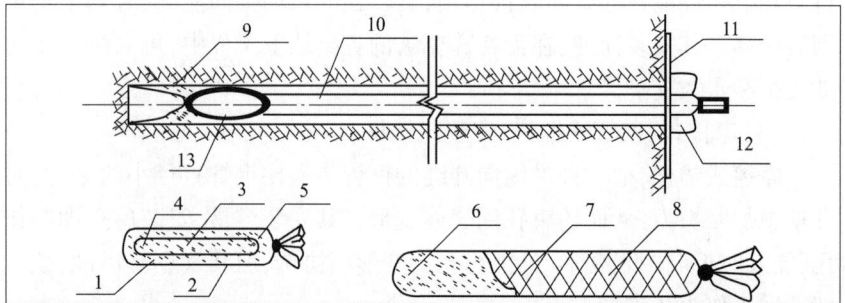

■ 图 3-1-29
早强药包内锚头锚杆构造
1-不饱和聚酯树脂＋加速剂＋填充剂;2-纤维纸和塑料袋;3-固化剂＋填充剂;4-玻璃管;5-堵头(树脂胶泥封口);6-快硬水泥;7-湿强度较大的滤纸筒;8-玻璃纤维纱网;9-树脂锚固剂;10-带麻花头杆体;11-垫板;12-螺母;13-挡圈

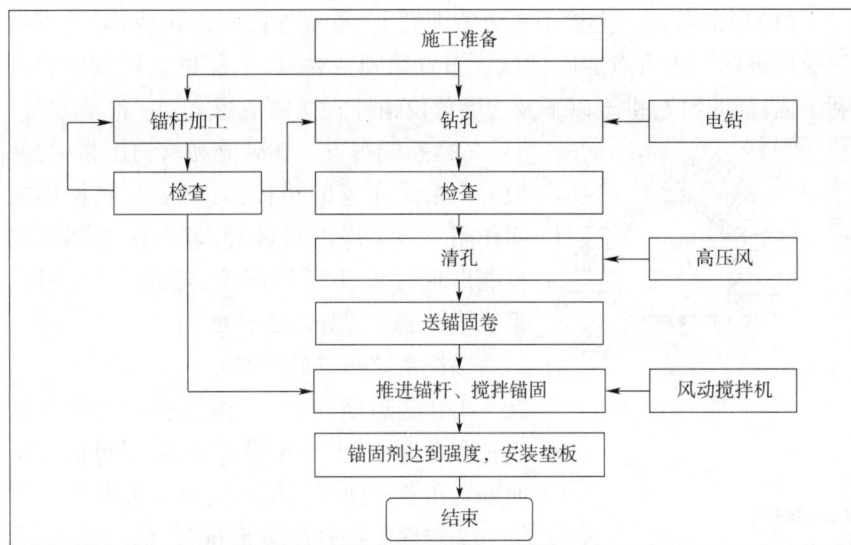

■ 图 3-1-30
早强药包内锚头锚杆施工工艺流程

（3）中空注浆锚杆。

中空注浆锚杆是一种新型锚杆，常见的有先锚后灌筑中空注浆锚杆、自进式中空注浆锚杆、钢制预应力涨壳中空注浆锚杆。中空注浆锚杆构造如图 3-1-31 所示，施工工艺流程如图 3-1-32 所示。

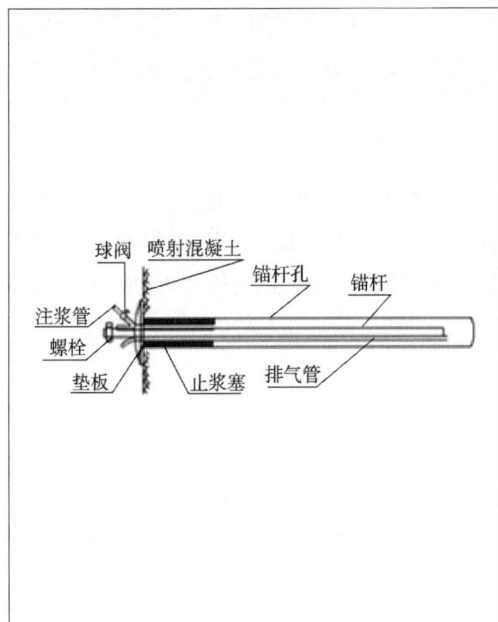

■ 图 3-1-31
中空注浆锚杆构造

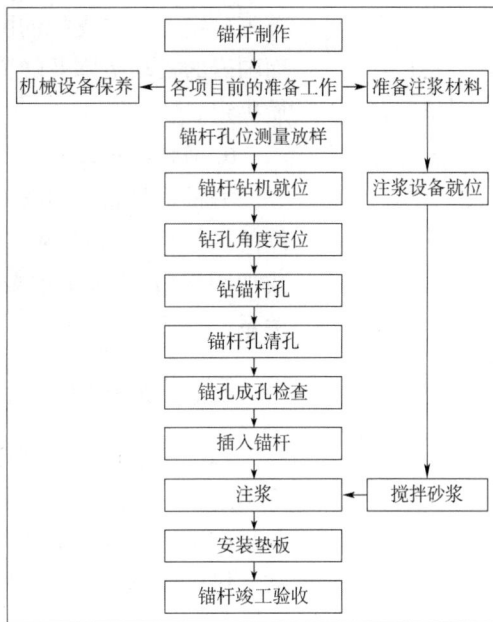

■ 图 3-1-32
中空注浆锚杆施工工艺流程

4. 锚杆布置

锚杆的布置分为局部布置和系统布置。

（1）局部布置。主要用在裂隙围岩上,重点加固不稳定块体,隧道拱顶受拉破坏区为重点加固区域。布置原则:拱腰以上部位锚杆方向应有利于锚杆的受拉;拱腰以下及边墙部位锚杆宜逆向不稳定岩块滑动方向。

（2）系统布置。在破碎和软弱围岩中,一般采用系统布置的锚杆,对围岩起到整体加固作用。对于局部很破碎、软弱围岩部位或可能出现过大变形的部位,应加设长锚杆。系统锚杆的布置如图 3-1-33 所示。

锚杆系统布置的原则:

①在隧道横断面上,锚杆宜垂直隧道周边轮廓布置;对水平成层岩层,应尽可能与层面垂直布置或使其与层面呈斜交布置。

②岩面上锚杆呈菱形排列,纵、横间距为 $0.6 \sim 1.5m$,密度为 $0.6 \sim 3.6$ 根$/m^2$。

③为使系统布置的锚杆形成连续均匀的压缩带,其间距不宜大于锚杆长度的 $1/2$。

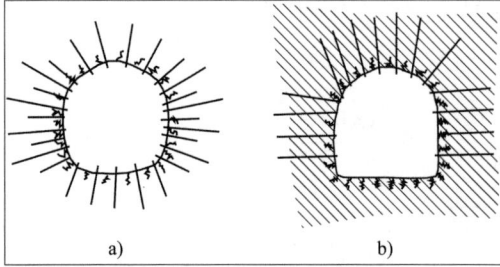

■ 图 3-1-33

系统锚杆的布置

注:布置锚杆后在侧壁增设长锚杆。

5. 锚杆长度

锚杆长度主要与隧道跨度和围岩性质有关,在不同的隧道断面形状和尺寸条件下,不管采用悬吊理论、组合梁理论还是组合拱理论,都需要首先确定锚杆要支护的围岩范围(特别是松动范围)及所需的支护强度,而围岩的松动范围及隧道支护所需的支护强度主要由隧道跨度和围岩性质决定。

6. 锚杆间排距

每根锚杆都有其影响范围,将各个锚杆相互连接起来才能形成连续的拱结构或梁结构。锚杆间排距对形成锚固围岩的梁效应、拱效应或加固层效应具有重要作用,锚杆间排距与锚杆长度应成一定比例关系。

三、二次衬砌

二次衬砌多采用顺作法,即按由下向上,先墙后拱顺序连续灌筑,在施工过程中通过监控量测掌握围岩与支护结构变化规律,及时调整支护与衬砌设计参数,并确定二次衬砌和仰拱的施作时间,使衬砌结构安全可靠。衬砌台车及衬砌如图 3-1-34 所示。

(一)模板类型

常用的模板有整体移动式模板台车、穿越式(分体移动)模板台车、拼装式拱架模板。

（1）整体移动式模板台车,主要由大曲块模板、机械或液压脱模、背附式振捣设备集装成整体,并在轨道上走行。有的还设有自行设备,从而缩短立模时间,墙、拱连续灌筑,加快衬砌施工速度。整体移动式模板台车如图 3-1-35 所示。

a)

b)

■ 图 3-1-34

初砌台车及衬砌

a) 衬砌台车;b) 衬砌

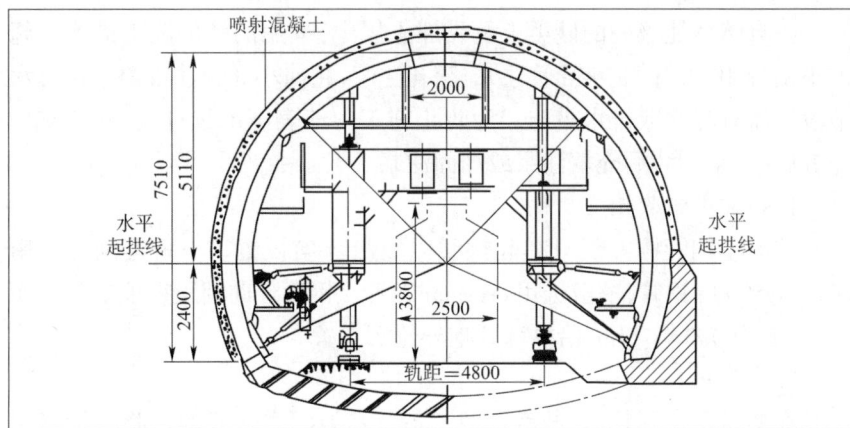

■ 图 3-1-35

整体移动式模板台车(尺寸单位:mm)

(2)穿越式(分体移动)模板台车。这种台车是将走行机构与整体模板分离,因此一套走行机构可以解决几套模板的移动问题,可以多段衬砌同时施作。

(3)拼装式拱架模板。拼装式拱架模板的拱架可采用型钢制作或现场用钢筋加工成桁架式拱架。为便于安装和运输,常将整榀拱架分解为 2 ~ 4 节,进行现场组装。

(二)二次衬砌施工要点

(1)衬砌施作前的准备。

在模筑衬砌施作开始前,应清理场地、进行中线和水平施工测量、检查开挖断面是否符合设计要求,对欠挖部分加以修凿,然后放线定位,架设衬砌模板支架或架立拱架等;同时,准备衬砌材料、机具、劳动力等。

（2）拱（墙）架与模板施工要求。

模筑衬砌的拱（墙）架的间距，应根据衬砌地段的围岩情况、隧道宽度、衬砌厚度及模板长度确定，一般可取 1m，最大不应超过 1.5m。

（3）混凝土制备要求。

隧道模筑混凝土的配合比应满足设计要求，现场多采用机械拌和混凝土。

（4）模筑衬砌混凝土的浇筑工艺要求。

隧道模筑衬砌混凝土的浇筑应分节段进行，节段长度应根据围岩状况、施工方法、机具设备能力等确定。

（5）衬砌混凝土养护。

衬砌混凝土灌筑后 10h 左右应开始洒水养护，以保持混凝土良好的硬化条件。

四、常用辅助工法

在自然性能极差的砂类土及黏性土层中，采用的辅助施工措施有超前小钢管棚、大管棚、小导管注浆、深孔注浆、超前小导管注浆等。在有水地段上需有降水或排水措施。为防止施工中地表下沉量过大，初期支护完成后，可采用背后充填注浆或加固注浆。

1. 超前小钢管棚

超前小钢管棚一般只在起拱线以上沿环向设置。小钢管棚可选用 $\phi38 \sim \phi50mm$ 钢管，一般选用 $\phi42mm$ 钢管。钢管环向间距视地质条件而定，一般为 $0.2 \sim 0.4m$，沿拱部开挖外轮廓布置。

2. 大管棚

在隧道覆盖层较薄、城市管网密集及其他因素造成的危险地段采用区间隧道浅埋深挖法施工大跨度地下工程，为了控制地面沉降并有效保证安全及地下管线的正常使用，宜采用大管棚进行超前支护。

3. 小导管注浆

注浆小导管一般选用 $\phi33 \sim \phi50mm$ 焊接钢管，长 $3 \sim 5m$。导管就位后，应用高压风将管内积砂吹出或用勺掏出。管口周围应进行有效封堵，并在工作面喷 50mm 厚的混凝土封闭以防漏浆。

4. 深孔注浆

深孔注浆适用于特别松散的砂砾石膏、孔隙率大的砂层或回填土层的开挖。注浆管一般采用 $\phi30 \sim \phi50mm$ 的刚接钢管。钢管长度 $5 \sim 20m$，在管壁的前端四周钻设 $8 \sim 12mm$ 的出浆孔。浆液多采用水泥浆、水泥硅酸钠浆。

5. 超前小导管单液水泥注浆

超前小导管采用风动注浆泵进行单液水泥注浆时，浆液均经反复多次加压灌筑直至注不进为止。

6.超前小导管改性硅酸钠注浆

超前小导管改性硅酸钠注浆注意事项如下:

(1)严格按配合比配制浆液。

(2)稀释或配制浆液时,应严格控制加料速度,并不停地搅拌,以防浆液结块。

(3)制浆过程中宜采用电动机械搅拌,确保搅拌均匀,搅拌时应严防浆液溅出伤人。

(4)浆液的 pH 值应根据现场地层情况经试验确定。

(5)浆液应用过滤网过滤,清除杂质。

(6)配制好的浆液应在规定的时间内用完,一般停放时间不得超过 30min。

(7)注浆孔最高压力应控制在 0.5MPa 以内,以防压裂工作面。

(8)进浆速度不宜过快,浆液扩散半径应不小于 0.3m。

(9)采用定量注浆法时,在压力逐渐上升,流量逐渐减少,每个孔的注浆量已达到预定的数值后,即可结束注浆。

五、施工易出现的问题及安全对策

(一)施工易出现的问题及其原因

采用区间隧道浅埋暗挖法修建隧道时,由于埋深小等原因,在一些工程实例中常出现诸如沉降过大、坍塌等安全事故,其原因主要为:

1.设计方面

设计方面原因包括没有全面掌握场地地质情况,对不良地质问题如易产生流砂地层、松软夹层、洞穴等缺乏了解,地层参数取值不当,设计方案不合理,设计计算特别是土压力计算不正确等。

2.施工方面

施工方面原因包括施工方法选择不当,地层预加固与预支护参数选取不当,防排水措施不得力,施工对地层扰动剧烈,严重降低了地层的强度。

3.监测方面

监测方面原因包括测点(线)布置不合理,监测参数设置或报警标准取值不当,监测数据不准确,报警不及时等。

(二)安全对策

地下工程安全性问题通常由工程病害产生。由于施工过程存在诸多不确定因素和难以预料的安全隐患、安全性病害问题,为防止病害发生,提高工程的安全可靠性,依据工程病害原因分析,应从设计、施工和监测三个方面进行病害防治。

1. 设计与监测的安全可靠性

采用新奥法理论修建隧道,须结合现场监测结果,及时更改设计,调整施工参数,控制结构和地层变位,防止病害发生,这些措施可有效提高施工系统和周围环境的安全可靠性。

2. 施工过程的安全性

施工过程是防治安全性病害的重要阶段,施工阶段采取的措施有优化施工方法、合理确定开挖面参数、采用可靠的地层预加固和预支护技术、合理确定防排水方案等。

(1)优化施工方法。施工方法的正确选择是采用区间隧道浅埋暗挖法安全修建城市地铁隧道的首要前提之一,现行区间隧道浅埋暗挖法常用工法基本可分为全断面法、台阶法和分部开挖法三大类及若干变化方案。

(2)合理确定开挖面参数。

(3)采用可靠的地层预加固和预支护技术。地层预加固和预支护是区间隧道浅埋暗挖法保证工作面稳定、控制地表沉降必不可少的技术手段。

(4)合理确定防排水方案。隧道结构防排水是关系隧道正常施工、安全运营的重要因素。通常区间隧道浅埋暗挖法采用复合式衬砌结构,在初期支护与二次衬砌之间铺设防水隔离层,辅之以二次衬砌防水混凝土组成两道防水线,采用以防为主的原则。

◀◀ **任务实施与评价**

任务实施与评价如表 3-1-3 所示。

任务实施与评价表

表 3-1-3

任务要点	简述 CD 法施工工艺,CD 法与 CRD 法的异同			
班级		姓名		评价时间	

	考核标准	分值(分)	得分(分)
任务 实施	小组成员积极参与,讨论 CD 法,明确 CD 法的施工步骤	10	
	厘清 CD 法与 CRD 法的异同	10	
	小组代表讲解 CD 法的施工步骤,CD 法与 CRD 法的异同	10	
	分享感悟以及自己对职业素养的体会	10	
	组员分工合理,职责明晰,团结合作,表现出一定的职业素养	10	
	调研材料丰富、翔实	10	
	PPT 清晰、图文并茂	10	
	富有创新精神	10	
	表达流畅,分析合理	20	
	总计	100	

互评意见:

学习心得:

指导教师意见:

说明:小组互评要实事求是,公平公正

任务二　盾构法施工

✏️ 任务描述与分解 ▷▶▶

　　任务描述:中国盾构机,从无到有、从有到优。请在学习的基础上介绍我国自主研发的盾构机的组成、功能及"中国造"盾构机是如何走向世界的。

　　任务分解:根据任务描述,完成以下任务。

　　(1)小组合作讨论所学内容,厘清盾构机的工作原理;

　　(2)分工收集我国自主研发盾构机的组成、功能及"中国造"盾构机如何走向世界的相关资料,感悟精益求精的工匠精神;

　　(3)小组代表讲解任务完成情况。

🔗 知识准备 ▷▶▶

　　盾构法始于1818年,是法国工程师布鲁诺尔(M. I. Brunel)受到蛀虫钻孔的启发后发明的隧道掘进的一种施工方法,是在一种钢制的活动防护装置的掩护下进行隧道开挖的方法,同时在盾构的尾部拼装预制的管片、砌块或者现浇混凝土以形成盾构法隧道的衬砌结构。盾构法对地面影响较小、不受地面建筑物和交通的限制、不需降水,并可以避免许多深基坑的开挖等,因此其在很大程度上克服了一系列的困难,从而成为城市地铁隧道快速、高质量施工的重要方法之一。盾构机借助后尾千斤顶的顶力实现掘进,同时在衬砌结构和土体之间注入浆液以防止地层产生过大变形,并在隧道开挖的同时保护线路周边的环境。

一、盾构类型与盾构法施工特点及适用条件

(一)盾构类型

　　盾构一共可以分成四类,包括敞开型、部分敞开型、封闭型和复合型,其中敞开型和部分敞开型称为旧式盾构,而封闭型和复合型称为现代盾构。本任务主要针对两种现代盾构进行叙述。

　　采用封闭型盾构时,施工人员不能直接观察开挖面土层工况,而是通过各种检测传感装置进行查看和自动控制。封闭型盾构主要有泥水加压式和土压平衡式两种类型。泥水加压式盾构适用于从软弱黏土、砂土到砂砾层等地层,但是它需要一套技术较复杂的泥水分离处理设备;土压平衡式盾构既具有泥水加压式盾构的优点,又省去了复杂的泥水分离处理设备,目前受到工程界的普遍重视。

　　复合型盾构,是在软土盾构的刀盘上安装切削岩层的各式刀具,有的还在盾构内安装碎石机,这种硬岩开挖工具与软土隧道盾构机械相结合,

能在硬岩和软土地层交替作业。由于城市地铁线路所处的地质条件有时很复杂,有较软的土层、砂层,也有较硬的岩层以及地下水等,所以,选择盾构类型时一般都选择复合型。

常见盾构类型如图 3-2-1 所示。

■ 图 3-2-1
常见盾构类型

a) 泥水加压式盾构;b) 土压平衡式盾构;c) 泥浆式盾构;d) 泥水式盾构;e) 矩形盾构;
f) 多圆式盾构

(二)盾构法施工的特点

盾构法施工具有以下特点:

(1)场地作业少,隐蔽性好,因噪声、振动引起的环境影响小。

(2)隧道施工费用和技术难度不受覆土深浅的影响,适宜于建造覆土深的隧道。

(3)穿越河底或海底时,隧道施工不影响航道,也完全不受气候的影响。

(4)穿越地面建筑群和地下管线密集区时,周围可不受施工影响。

(5)自动化程度高、劳动强度低、施工速度较快。

(6)施工设备费用较高。

(7)覆土较浅时,地表沉降较难控制。

(8)在小曲率半径隧道施工时,掘进较困难。

(三)盾构法施工适用条件

(1)松软含水地层,相对均质的地质条件。

(2)盾构法施工隧道应有足够的埋深,覆土深度不宜小于6m。隧道覆土太浅,盾构法施工难度较大;在水下修建隧道时,覆土太浅,盾构法施工安全风险较大。

(3)地面上必须修建用于盾构进出洞和出土进料的工作井。

(4)隧道之间或隧道与其他建(构)筑物之间所夹土(岩)体加固处理的最小厚度为水平方向1.0m,竖直方向1.5m。

(5)考虑到经济性,连续的盾构施工长度不宜小于300m。

── 请注意 ▶

这部分知识点是"1+X"全断面隧道掘进机操作职业技能等级证书(中级)考点。

二、盾构原理、构造及选型

(一)盾构机的工作原理

盾构机工作时,圆柱体钢组件沿隧洞轴线边向前推进边对土壤进行挖掘,该圆柱体钢组件的壳体即护盾,它对挖掘出的还未衬砌的隧洞段起着临时支承的作用,承受周围土层的压力,有时还承受地下水压并将地下水挡在外面。挖掘、排土、衬砌等作业在护盾的掩护下进行。

盾构机根据工作原理一般分为手掘式盾构机、挤压式盾构机、半机械式盾构机(局部气压盾构机、全局气压盾构机)、机械式盾构机(开胸式切削盾构机、气压式盾构机、泥水加压式盾构机、土压平衡式盾构机、混合型盾构机和异型盾构机)。

常用的土压平衡式盾构机是利用安装在盾构最前面的全断面切削刀盘,将正面土体切削下来进入刀盘后面的贮留密封舱内,使舱内具有适当压力以与开挖面水土压力平衡,从而减少盾构推进对土体的扰动,控制地表沉降,出土时由安装在密封舱下部的螺旋输送机向排土口连续地将土渣排出。土压平衡式盾构机构造如图3-2-2所示。

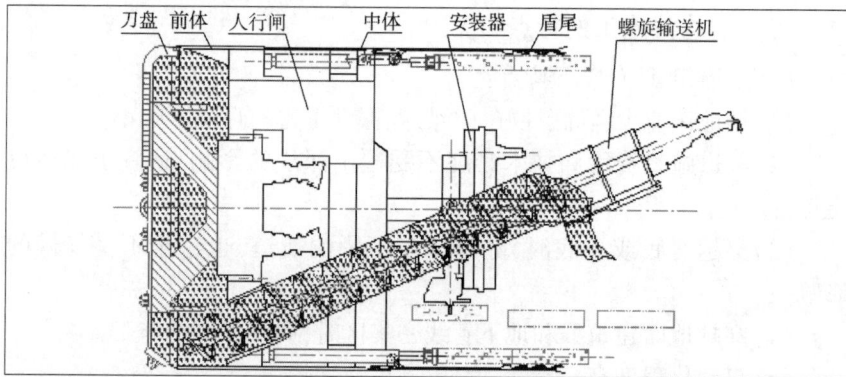

■ 图3-2-2
土压平衡式盾构机构造

（二）盾构构造

盾构的种类繁多,所有盾构的形式,从工作面开始均可分为切口环、支承环、盾尾三部分,借以外壳钢板连成整体,可充分承受土压、水压、盾构千斤顶推进反作用力、挖掘反作用力。支承前部收纳有刀盘装置的驱动部分,通过舱墙与切口环区分开来,舱墙下方设置有螺旋输送机,上方装有人行孔,中央装有人行闸、回转节。支承外周沿着圆周方向,均等配置有为推进盾构机运行的盾构千斤顶。盾构构造示意如图 3-2-3 所示。

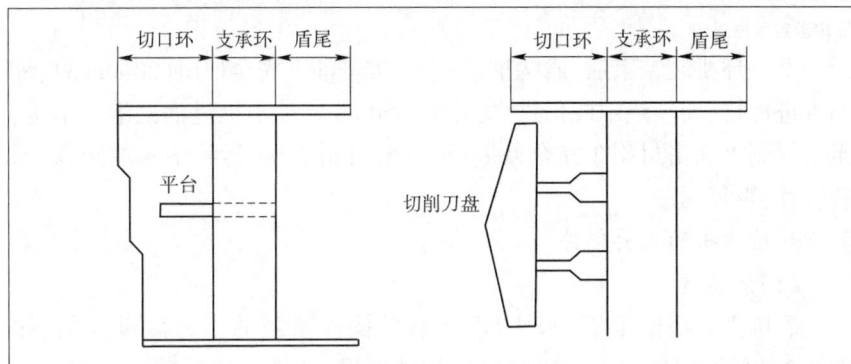

■ 图 3-2-3
盾构构造示意图

1. 切口环

切口环是开挖和挡土部分,位于盾构机的最前端,施工时最先切入土层并掩护开挖作业。切口环维持着工作面的稳定,并作为开挖下来的土砂向后方运输的通道。采用机械式盾构时,根据开挖下来土砂的状态,确定切口环的形状、尺寸。

2. 支承环

支承环是盾构的主体结构,是承受作用于盾构上全部荷载的骨架,它紧接于切口环,位于盾构中部,通常是圆形结构。地层压力、千斤顶的反作用力、切口环入土正面阻力、衬砌拼装时的施工荷载均由支承环承受。支承环的长度应不小于固定盾构千斤顶所需的长度,对于有刀盘的盾构还要考虑安装切削刀盘的轴承装置、驱动装置和排土装置的空间。

3. 盾尾

盾尾与盾体的连接是一种被动式铰接设计,后体与中盾的连接采用的是铰接油缸,铰接油缸行程和压力以数字形式显示在控制室。盾尾密封,安装在盾体的最后部分。3 道钢丝密封刷,采用非常先进的盾尾注脂系统和有极好密封性能的密封刷相结合,其作用是防止地下水、土砂、壁后注浆材料等进入管片与盾构壳体之间的缝隙。盾构密封示意如图 3-2-4 所示。

为了提高密封刷的密封性能,需在密封刷之间注入黏性油脂材料。盾尾前方有 6 条注脂管自动供给盾尾油脂,每条注脂管都连接到前油脂舱和后油脂舱。

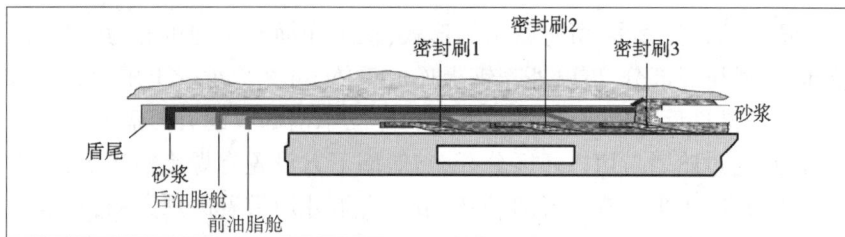

■ 图 3-2-4

盾构密封示意图

　　上一环拼装结束后,盾构推进,直至推进油缸完全伸出(2000mm),缩回推进油缸,安装垫木或顶铁(宽度约650mm),伸出推进油缸继续推进,至密封刷1和密封刷2完全暴露,进行密封刷更换,拆除垫木或顶铁,拼装管片,恢复掘进。

　　4.盾构机的主要部件

　　(1)盾构壳。

　　盾构壳是根据土压、水压、动荷载及操作荷载的压力而设计的,如图3-2-5所示。盾构壳由两片焊接构件组成,此焊接构件带有机械加工的密封面和中心回转轴承以及两盾体间(前盾和中盾)的连接凸缘,组装和拆卸方便。盾构壳集成了所有的接头和工作所需的管线。

　　(2)推进油缸。

　　盾体的前进由推进油缸完成,每一组推进油缸均可独立控制压力进行操纵而不会引起管片移位或产生引起损坏的压力过载。在控制室里,驾驶员可以看到以数字形式显示的每组油缸行程及压力,油缸的布置避开了管片接缝,所有的油缸撑靴均为球形铰接式,以避免管片产生裂缝或损坏,推进油缸顶在压力舱板后部。油缸位置示意图如图3-2-6所示(图中数字表示油缸数)。

　　(3)刀盘(图3-2-7)。

■ 图 3-2-5

盾构壳

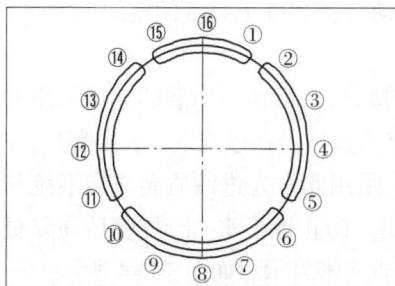

■ 图 3-2-6

油缸位置示意图

■ 图 3-2-7

刀盘

①刀盘材料。刀盘材料为 Q345B、16MnR、GS52 或相当于这种材料的铸钢。

②刀盘结构。刀盘设计成盘形结构且带有很阔的进料口,4 根副臂支承的厚壁凸缘连接主驱动装置,并且作为刀盘面板的基座。

③切削刀具。包括刮刀、铲刀、仿形刀和中心刀等。切削刀具如图 3-2-8 所示。

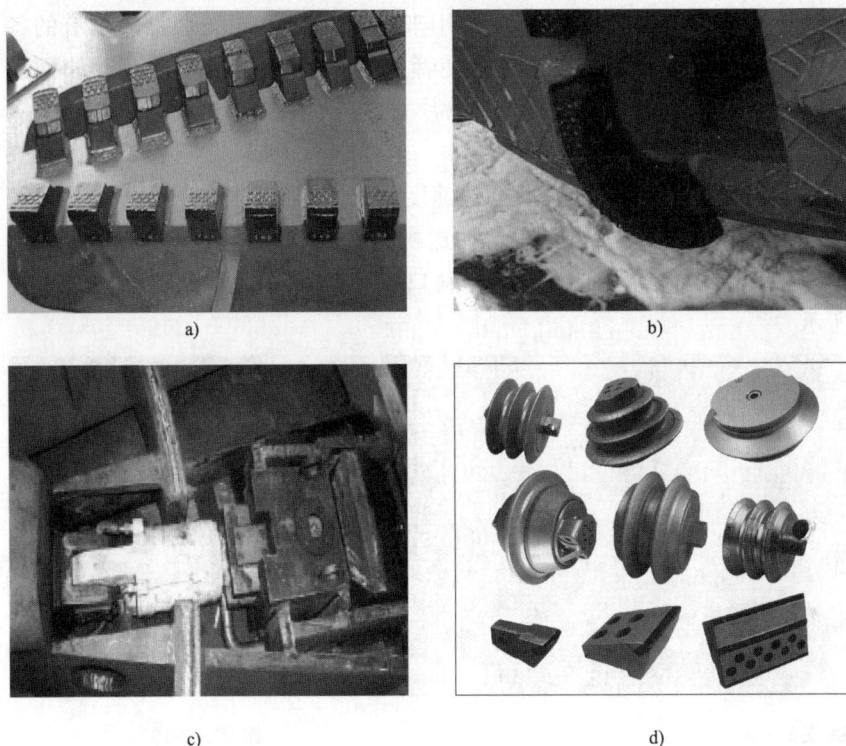

■ 图 3-2-8
切削刀具
a)刮刀;b)铲刀;c)仿形刀;d)其他刀具

④耐磨保护。刮刀、软土齿形刀具有高耐磨的钢刀体和高质量的碳化切削边缘,刀齿的支承由硬质堆焊层保护。铲刀的前刀面硬质堆焊到切削边缘,同时刀具后端由碳化衬片保护。刀盘上某些极易磨损的部分安装了特殊的耐磨保护装置,在外围部分增加了硬质堆焊,圆周有耐磨保护环。

⑤刀具更换。所有的滚刀、刮刀和铲刀都可以在隧道内从刀盘后部更换。一般不需要中途换刀,如有必要,刀具更换作业可以在常压和带压方式下进行。

(4)刀盘驱动。

刀盘驱动用螺栓安装在压力舱壁上,主要部件有齿轮箱、主轴承、密封支承、刀盘安装凸缘环、密封压紧环、内外密封系统、小齿轮、齿轮电动机和轴承。刀盘驱动是液压驱动,通过在闭式回路的功率控制变量液压泵,可实现双向无级调速。

(5)双室人行闸舱。

双室人行闸舱与盾体上的连接凸缘相连,其形状与尺寸取决于盾构机安装条件。

(6)管片安装器。

管片安装器安装在盾尾区域,用来安装衬砌管片,安装器所具有的各种功能能保证在施工场地条件下使管片精密地就位,其主要运动构件的功能均可通过比例控制来实现。管片安装器如图3-2-9所示。

(7)螺旋输送机。

掘进过程中产生的渣土,通过速度可调的螺旋输送机,从土舱被运送到皮带输送机进料端,再由皮带输送机运送到盾构机后部的渣车中。每个渣车都可移动到皮带输送机卸料口的下方。螺旋输送机如图3-2-10所示。

■ 图3-2-9
管片安装器

■ 图3-2-10
螺旋输送机

(8)皮带输送机。

皮带输送机把螺旋输送机卸料口的出土运送到渣车。皮带输送机主要由皮带、卸料部件、张紧装置、急停拉线装置组成,皮带上有防跑偏装置。

(9)土压传感器与排水设施。

①土压传感器。其安装在舱壁上,可从壁后更换而无须进入前方的压力舱。

②排水设施。盾体内安装了一台气动电动机泵($40m^3/h$)来进行盾体内的排水工作,废水经由该泵被泵入列车上的水箱内。

(10)后配套设备。

后配套设备靠轮子在轨道上滚动,由盾构机牵引,盾构操作和管片安装所需要的设备均安装在门架式拖车上。拖车系统主要包括管片起重机、管片输送机、4节拖车。在一号拖车上装有注浆设备、管片卸货起重

机、油脂泵站、控制室、辅助配电箱,在二号拖车上
装有液压油箱、液压动力站、液压油冷却器等,在
三号拖车上装有主配电箱、泡沫站、空压机、通风
机,在四号拖车上装有变压器、通风管储存供送装
置、水管卷筒、高压电缆卷筒、备用内燃空压机。
在一至三号拖车的顶部装有皮带输送机。管片输
送机的作用是暂时储存管片并将管片输送到管片
安装器。后配套设备如图 3-2-11 所示。

■ 图 3-2-11
后配套设备

(11)电力系统。

盾构电力系统一般包括电力变压器、配电柜、
电容补偿装置、箱式变电站、散热系统、电缆卷筒、
电缆、安全装置、照明系统、接地系统。电力系统内的所有设备的地线都
必须连接起来并在同一点统一接地。

(12)泡沫发生系统。

(13)膨润土系统。

膨润土现场混合并被运送到盾构机后配套设备,由潜水泵送到膨润
土罐体中,通过 1 个注射泵,再通过方向阀被泵到土舱、螺旋输送机和刀
盘前端的注射点。

(14)数据采集系统。

数据采集系统的作用包括采集、处理、存储、显示和评估与掘进机联
网所获得的数据。

(15)隧道导向系统。

隧道导向系统可以提供盾构机高精度地沿着设计路线掘进所需的必
要信息。为了进行文件处理,利用隧道导向系统测量到的盾构机姿态和
管片数据可以在任何时候保存、显示和打印出来。

(16)通风系统。

(三)盾构选型

一般来说,用盾构法施工的地层都是复杂多变的。因此,对于复杂的
地层如何选定较为经济的盾构是当前的一个难题。

实际上,在选定盾构时,不仅要考虑地质情况,还要考虑盾构的外径、
隧道的长度、工程的施工程序、劳动力情况等,而且要综合研究工程施工
环境、基地面积、施工对环境的影响程度等。

选择盾构时一般要求掌握不同盾构的特征。同时,还要逐个研究以
下几个项目:开挖面有无障碍物;气压施工时开挖面能否自立稳定;气压
施工并用其他辅助施工法开挖后开挖面能否稳定;挤压推进、切削土加压
推进中,开挖面能否自立稳定;开挖面在加入水压、泥压、泥水压作用下,
能否自立稳定;经济性。

1. 选型依据

盾构选型依据包括土质条件,开挖面稳定情况,隧道埋深、地下水位,设计隧道的断面,环境条件、沿线场地,衬砌类型,工期,造价,宜用的辅助工法,设计线路、坡度,电气系统等其他设备条件。此外,地层渗透系数对于盾构机的选型也是一个很重要的因素。

2. 土压平衡式盾构选用条件

土压平衡式盾构适用于含水率和粒度组成比较适中的粉土、黏土、砂质粉土、砂质黏土、夹砂粉黏土等土砂可以直接从掘削面流入土舱及螺旋排土器的土质;但对含砂粒量过多的不具备流动性的土质,不宜选用。

3. 泥水加压式盾构选用条件

泥水加压式盾构适用于冲积形成砂砾、砂、粉砂、黏土层、弱固结的互层地基以及含水率高、开挖面不稳定的地层,及洪积形成的砂砾、砂、粉砂、黏土层以及含水率很高、固结松散易发生涌水破坏的地层。泥水加压式盾构是一种适用于多种土质条件的盾构形式。

── 请注意 ▶

这部分知识点是"1 + X"全断面隧道掘进机操作职业技能等级证书(中级)考点。

三、盾构施工工艺流程

盾构施工法是在地面下暗挖隧洞的一种施工方法,其施工过程需先在隧洞某段的一端开挖竖井或基坑,将盾构机吊入安装,盾构机从竖井或基坑的墙壁开孔处开始掘进并沿设计洞线推进直至到达洞线中的另一竖井或隧洞的端点。盾构施工工艺流程如图 3-2-12 所示。

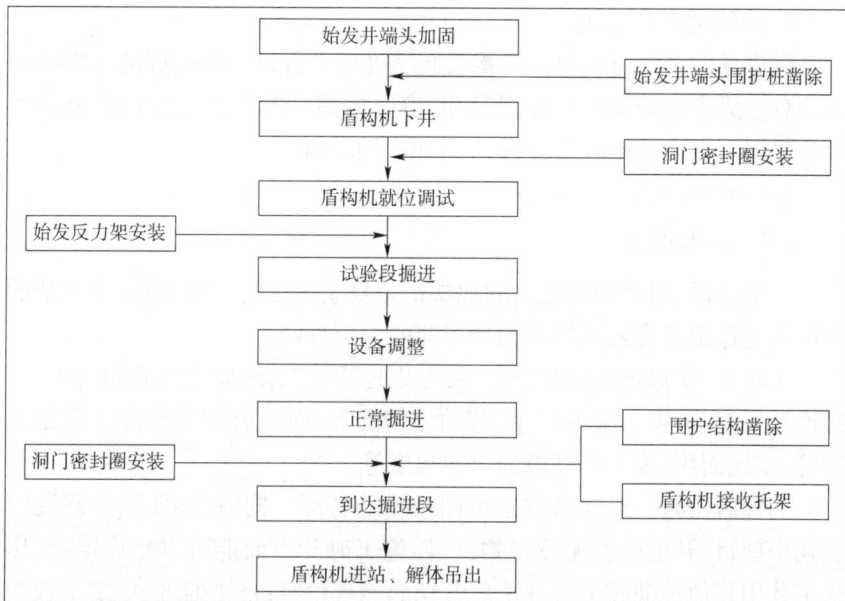

■ 图 3-2-12
盾构施工工艺流程

（一）端头加固

为了确保盾构始发和到达时施工安全,确保地层稳定,以防端头地层发生坍塌或涌、漏水等意外情况,根据各始发和到达端头工程地质、水文地质和端头结构等进行综合分析与评价,决定是否对洞门端头地层进行加固处理。端头加固有高压旋喷桩、搅拌桩、静压注浆等形式。

（二）洞门破除

始发前先将车站洞门部位的端头围护桩予以凿除。采用油炮＋人工施工方式进行凿除,先采用油炮沿洞四周凿除 A 部分,再用人工持风镐凿除 B 部分。凿除时围护桩内层钢筋先不凿除,待盾构进洞或出洞时再迅速凿除。洞门破除示意如图 3-2-13 所示。

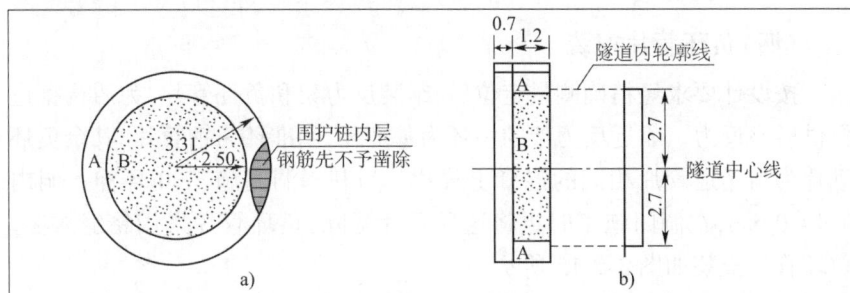

■ 图 3-2-13

洞门破除示意(尺寸单位:m)

a) 始发托架安装;b) 反力架安装

（三）始发设施的安装

1. 始发托架安装

洞门破除完成之后,依据隧道设计轴线定出盾构始发姿态的空间位置,然后反推出始发台的空间位置。由于始发台在盾构始发时要承受纵向、横向的推力以及约束盾构旋转的力矩,所以在盾构始发之前,先在始发台两侧安装始发托架进行加固。始发托架安装如图 3-2-14a)所示。

2. 反力架安装

在盾构主机与后配套设备连接之前,开始进行反力架的安装。由于反力架为盾构始发时提供反推力,在安装反力架时,反力架端面与始发台水平轴垂直,以便盾构轴线与隧道设计轴线保持平行。反力架安装如图 3-2-14b)所示。

3. 洞门密封及止水装置的安装

洞门密封采用折页式密封压板,其施工分两步进行:一是在始发端墙施工过程中,做好始发洞门预埋件的埋设工作,在埋设过程中预埋件与端墙结构钢筋连接在一起;二是在盾构正式始发之前,清理完洞口的渣土后及时安装洞口密封压板及橡胶帘布板。

■ 图 3-2-14

始发设施安装

a)始发托架安装;b)反力架安装

(四)负环管片安装

按设计要求经精确测量定位后,组装反力架和负环管片,为盾构掘进提供后座反力。靠近反力架的一环为基准环,基准环为钢管片,其余负环管片为与隧道管片相同的混凝土管片。为利于洞门施工,0 环伸入洞内 0.4~0.8m,在洞门施工时再将这环管片凿除,负环管片采用错缝拼装。负环管片安装如图 3-2-15 所示。

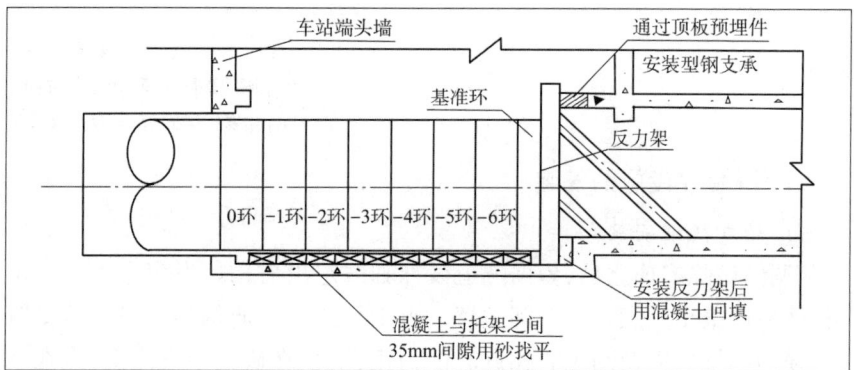

■ 图 3-2-15

负环管片安装示意

(五)盾构掘进

1.试验段(始发段)掘进

此过程中应注意以下几点:

(1)盾构机与后续台车的长度为 80m。

(2)始发井内洞口处布置双线道岔所需长度。

(3)管片与土体之间的摩擦力足以支承盾构机正常掘进。

2.正常掘进

盾构机正常掘进范围为试验段掘进 80m 和到达掘进 50m 外的长度。盾构机在完成试验段掘进后,对始发设备进行必要调整,为正常掘进做好准备,调整内容包括拆除负环管片、始发基座和反力架,在站内铺设双线轨道,以及完成其他各种管线的延伸和连接。

3. 到达掘进段

在盾构机距离端头墙 50m 时,即进入掘进段,在此阶段增加测量次数,不断校准盾构机掘进方向,确保盾构机掘进方向的准确性。

(六)管片安装

(1)管片在预制工厂通过质检后,由专门的平板运输车将其运输至施工现场临时存放,在施工现场场地粘贴三元乙丙防水橡胶条并编号,管片由门式起重机吊入井下,洞内采用两节专用平车运输管片,每节平车可装运 3 片,安装采用能够左右旋转 220° 的全自动安装机。

(2)管片采用错缝及通缝拼装。由于错缝拼装相比通缝拼装最大正、负弯矩有所增加,对应的轴力则减少,单点变形量减少,而错缝拼装时纵向接头会引起衬砌圆环的咬合作用,刚度增强而产生的变形被相邻管片约束,内力加大,空间刚度加大,衬砌圆环变形量减小,对隧道防水有利。拼装采用先纵后环法,错缝安装管片。错缝拼装如图 3-2-16 所示。

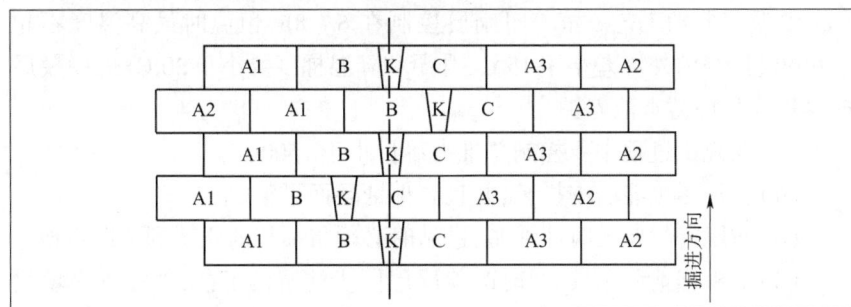

■ 图 3-2-16

错缝拼装

四、施工易出现的问题及其防治措施

(一)管片上浮原因及防治措施

1. 管片上浮的原因

由于盾构机的开挖直径为 6.28m,而管片的外径为 6m,当盾构机掘进的岩层硬,自稳性能好,同时地下水丰富时,容易出现管片上浮的现象。此外,同步注浆凝固时间过长,加之地下水的稀释、盾构掘进施工产生的振动,造成砂浆发生离析,降低了砂浆的固结效果,管片未能受到有效的约束,从而上浮。

2. 防治措施

(1)改变砂浆的配合比,增加水泥用量,减少浆液的初凝时间,及时、足量地注浆,提高固结效果。

(2)加强管片姿态监测,一旦有上浮异常现象,立即进行二次注浆

知识详解

盾构法

(双液浆),有效地控制管片的进一步上浮。

(3)在变坡段一定要注意管片的选型及正确安装。

(4)做好管片螺栓的复紧工作。

(5)控制盾构机的掘进中心线低于设计中心线约30mm,避免蛇行和超挖,尽量使各组油缸推力平衡。

(6)适当放慢推进速度,使浆液有足够的凝固时间。

(二)管片开裂防治措施

(1)因地制宜调整配合比。要通过系列试验确定适应本地的混凝土配合比,特别是要根据气候条件及时调整配合比。

(2)改善施工工艺。管片生产的施工程序依次为混凝土搅拌→混凝土浇筑→振捣→模内自养或蒸养→脱模→蓄水或喷淋养护,其中,振捣工艺和养护工艺对管片质量影响较大。

①改善振捣工艺。要求工人熟练掌握振捣技术,每一步认真操作,对于整体振捣所产生的上层浮浆必须加入额外的混凝土进行补偿,浮浆太厚将产生表面收缩裂缝,影响保护层质量。

②改善养护工艺。蒸养时间要控制在6~8h,恒温时最高温度不超过60℃,控制内外温差小于15℃,升温和降温梯度要小于20℃/h,脱模后的养护要采用蓄水池养护。

(3)在施工过程中要控制总推力尽量小于1500t。

(4)管片尽可能居中拼装,并且要保证环面平整。

(5)盾尾密封要及时注油脂,进站时必须将损坏的盾尾刷予以更换。

(6)要根据地质条件,及时改善盾尾同步注浆的工艺,并完善充填物质量检验的标准。

(7)要监控隧道周围土压和水位的变化,并作为地铁保护的长期任务。

(8)要防止隧道的漂移。

(三)管片破损、错台防治措施

防治管片破损和错台的主要措施是从施工操作入手,即严格按照规定操作,尽可能减少误操作,具体防治措施如下:

(1)无论出现什么问题,对盾构机的姿态都不能"急纠",要逐步校正。

(2)要根据盾尾间隙、千斤顶的行程差以及盾构机的姿态来选择管片,避免隧道轴线因人为的失误而偏离设计轴线。

(3)要按相关的规范进行操作,包括管片进入隧道前的检查,注浆,盾构机推力和力矩等参数的设定,管片的吊运和安装等。

(4)要采取及时、有效的措施避免隧道管片破损或错台。

(5)要防止隧道围岩应力环境和地下水环境突然变化造成隧道变形。

◀◀ **任务实施与评价** 🔳 ——

任务实施与评价如表 3-2-1 所示。

任务实施与评价表　　　　　　　　　　　　　　　　表 3-2-1

任务要点	介绍我国自主研发盾构机的组成、功能，以及"中国造"盾构机是如何走向世界的			
班级		姓名		评价时间	
任务实施	考核标准		分值（分）	得分（分）
	小组成员积极参与，讨论盾构机的工作原理		10	
	能说清盾构机的组成、功能、工作原理及工艺等		10	
	小组代表讲解我国自主研发盾构机的组成、功能		10	
	小组代表讲解"中国造"盾构机是如何走向世界的		10	
	小组代表分享感悟，讲述对精益求精的工匠精神的理解		10	
	组员分工合理，职责明晰，团结合作，表现出一定的职业素养		10	
	调研材料丰富、翔实		10	
	PPT 清晰、图文并茂		10	
	富有创新精神		10	
	表达流畅，分析合理		10	
	总计		100	

互评意见：

学习心得：

指导教师意见：

说明：小组互评要实事求是，公平公正

任务三　掘进机法施工

── ✏ 任务描述与分解 ▷▶▶

任务描述:请简述掘进机法的工作原理及施工工艺。

任务分解:根据任务描述,完成以下任务。

(1)小组合作讨论所学内容,厘清掘进机法的工作原理;

(2)讨论分析掘进机法的施工工艺,感悟精益求精的工匠精神;

(3)小组代表讲解任务完成情况。

── ✏ 知识准备 ▷▶▶

一、掘进机法发展概况

隧道掘进机法是用隧道掘进机切削破岩,开凿岩石隧道的施工方法。它始于20世纪30年代,随着掘进技术的迅速发展和机械性能的日益完善,隧道掘进机法施工得到了很快发展。特别是对于长隧道的施工,掘进机法施工较之钻爆法施工有其显著的优点:大大降低工人劳动强度,保证施工人员的安全;掘进速度快,进一步发展将有实现自动化的可能等。在科技飞速发展的今天,掘进机有了更广阔的应用空间。

目前,世界上采用掘进机法施工的隧道已有1000余座,总长度在4000km左右,特别是在欧美国家和地区,由于劳动力昂贵,掘进机法施工已成为施工方案比选时必然会考虑的一种方案。近年来,用掘进机完成的大型隧道如英法海底隧道,三座平行的各长约50km的隧道,使用了11台掘进机,用三年多时间即修建完成。另外,如长19km的瑞士费尔艾那铁路隧道,其中有约9.5km用掘进机施工。在美国,芝加哥TARP工程是一项庞大的污水排放和引水地下工程,有排水隧道约40km,全部采用掘进机施工。在我国,铁路隧道采用掘进机施工始于20世纪70年代,但由于掘进机械性能很差,难以进一步发展;改革开放以来,在一些水利工程上引入了外商承包,他们采用了掘进机施工,如意大利CMC公司曾在甘肃大秦和山西万家寨引水工程中用掘进机施工引水隧道获得成功。1997年年底,我国西安至安康铁路秦岭隧道首次引入德国维尔特(WIRTH)公司TB880E型隧道掘进机施工。该铁路隧道长18.5km,开挖直径8.8m,已于2000年贯通。可以预测,随着科技发展的加快,掘进机技术得到不断完善,今后会有更多隧道采用掘进机法施工。

二、掘进机法的特点

与钻爆法开挖隧道施工过程相比,使用掘进机开挖隧道的特点在于施工过程是连续的,且隧道工程"工厂化"。

1.安全

掘进机开挖断面一般为圆形,承压稳定性好,由于用机械方法切削成型,没有钻爆法的危险因素,减少了周围岩层松动、冒顶的可能性,因此也减少了支护的工作量。在土质或软弱地层施工,可采用护盾式掘进机,作业人员在司机房内或护盾内工作,大大提高了作业的安全性。

2.快速

根据现有使用效果看,在均质岩层中,掘进速度一般可达:软岩层 2m/h,中硬岩层 1m/h,硬岩层 0.5m/h。按一般的中硬岩石,掘进机每月掘进 600m 以上,一般认为,掘进机的掘进速度较钻爆法的掘进速度可提高 2~2.5 倍。

3.经济

用掘进机法开挖的断面平整,洞壁光滑,免去爆破应力,通常不需要临时支护或可用喷锚、钢圈梁、钢丝网等简易支护。而且,超挖量能控制在几厘米之内,能减少清理作业和混凝土用量,适用于喷射混凝土衬砌。

4.省工与减轻劳动强度

有人统计,一般掘进机施工所需总人数为 40~45 人,即能达到月进尺 200m,而用钻爆法施工欲达到月成洞 200m 则需 700 人。更为重要的是,用掘进机施工可以大大减轻劳动强度。

5.排渣容易

用掘进机法破碎的土屑和岩渣多呈中块或粉状,粒度均匀,可由皮带运输机直接排出。如果采用适应于大开挖量的排渣方式,则可利用掘进机的换步时间,进行调车作业,尽量不因运输工序而影响掘进速度。

6.可实现远距离和自动化操作

由于集中控制操作,掘进机法有实现远距离和自动化操作的可能性。

7.一次投资大

掘进机尺寸大、质量大,构造较复杂,制造周期长,装运费时、费事、费钱,刀具的消耗和维修费用亦很高。但也要看到随着冶金技术的发展,刀具消耗的问题也能够得到解决。

8.对岩层变化的适应性差

就目前试用和使用情况来看,掘进机法在中硬岩中使用较为有效,在软岩和硬岩中使用仍存在许多困难。如遇破碎岩层及不均匀、多变的岩

◀ 请注意 ——
这部分知识点是"1 + X"全断面隧道掘进机操作职业技能等级证书(初级)考点。

层,掘进机掘进速度下降,甚至无法工作;如遇涌水、溶洞、漂石、砾石等情况,多须改为其他方法开挖。

9. 有时需进行二次开挖

采用掘进机法开挖的隧洞断面局限于圆形,对于其他形状的断面,则需进行二次开挖。如要由机器本身来完成,则机器构造将更为复杂。

10. 作业效率低

隧道施工工序多,电缆延伸、洞壁保护、水管路延长、机器方向调整等工序,一般占整个作业时间的50%左右。

11. 能耗大

掘进机法采用纯机械破岩,不像钻爆法利用炸药的化学能,过分破碎石渣而耗费能量,且粉状石渣难以再利用。

经过近一个世纪的努力,随着现代技术的发展,特别是近几十年来,掘进机不仅能在岩石整体性及磨蚀性强的条件下工作,也能在稳定条件差的地层中施工,从而被作为许多隧道的主要施工方案进行比选。

三、掘进机与盾构的异同点

(1)掘进系统类似。都是采用刀盘机械破碎岩石或土体。

(2)走行系统类似。都是在位于基础上的轨道上走行,不同的是盾构轨道安装在管片上,而TBM一般安装在预制仰拱块上。

(3)反力提供机理不同。TBM依靠支承靴撑在隧道侧面上提供反力,盾构机依靠反力架及管片提供反力。

(4)衬砌施工方式不同。盾构采用预制管片加壁后注浆;TBM采用管棚、超前导管、锚杆、喷射混凝土为初期支护,以常规方法施作二次衬砌。

四、TBM 类型

TBM按适用范围分为敞开式、双护盾式和单护盾式。

1. 敞开式 TBM

敞开式TBM配置钢拱架安装器与喷锚等辅助设备,常用于硬岩,采取有效支护手段后也可应用于软岩隧道。敞开式TBM如图3-3-1a)所示。

2. 双护盾式 TBM

双护盾式TBM适用于各种地质条件,既适用于软岩,也适用于硬岩或软硬岩交互地层。双护盾式TBM如图3-3-1b)所示。

3. 单护盾式 TBM

单护盾式TBM常用于劣质地层。单护盾式TBM推进时利用管片作支承,其原理类似于盾构。与双护盾式TBM相比,其掘进与安装管片不能同时进行。单护盾式TBM如图3-3-1c)所示。

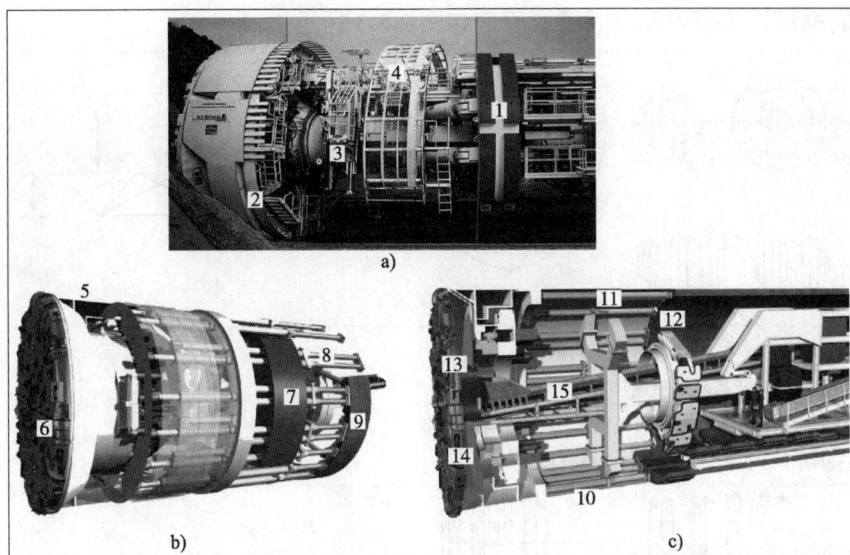

■ 图 3-3-1

TBM 类型

a) 敞开式；b) 双护盾式；c) 单护盾式

1-支承靴；2-钢支架举升器；3-锚杆安装机构；4-钢筋网举升器；5-护盾；6-液压推进油缸；
7、15-管片；8、12-刀盘；9-装渣斗；10-皮带输送机；11-可伸缩护盾；13-活动支承靴；14-辅助推进油缸

五、TBM 破岩方式与原理

(一) TBM 破岩方式

1. 挤压式

挤压式破岩主要是通过水平推进油缸使刀盘上的滚刀强行压入岩体。

2. 切削式

切削式破岩主要是利用岩石抗弯、抗剪强度低的特点，靠铣削与弯断破碎岩体。

在两种破岩方式中，大部分岩体并不是由刀具直接切割下来的，而是由后进刀具剪切破碎的，形成破碎沟或切削槽是先决条件。

(二) TBM 破岩原理

1. 圆盘形滚刀破岩原理

圆盘形滚刀工作压力为 $50 \sim 200 \text{kN}$，岩体表面在刀圈刀尖强集中力作用下破碎而被切入，并形成切入坑，随着滚刀滚动，在岩面上形成一条条的破碎沟，破碎沟之间岩石 AO_1O_2B 受滚刀侧刃挤压力的作用而剪切破碎。当切入深度 h 较大时，剪裂面为 O_1O_2。圆盘形滚刀及其破岩原理如图 3-3-2 所示。

2. 楔齿形与球齿形滚刀破岩原理

楔齿形滚刀破岩时，最初由楔齿尖端在滚刀转动情况下产生切向张力破坏岩石的表面，切入深度为 λ，然后由齿尖的楔入力继续引起剪切破坏，楔入深度为 h。球齿形滚刀的破岩原理与楔齿形滚刀相同，适用于硬

岩掘进。齿形刀具及其破岩原理如图 3-3-3 所示。

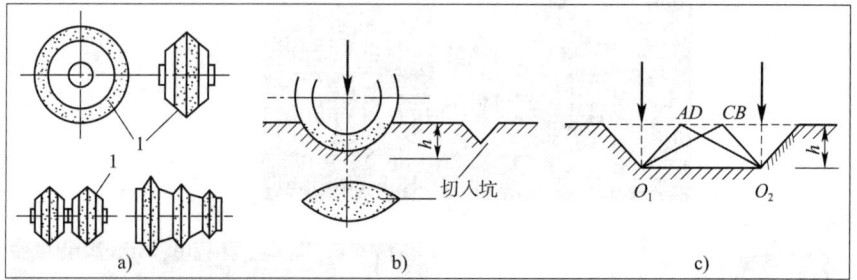

■ 图 3-3-2

圆盘形滚刀及其破岩原理

a)圆盘形刀具;b)刀具切入情况;c)剪切破岩情况

1-刀圈

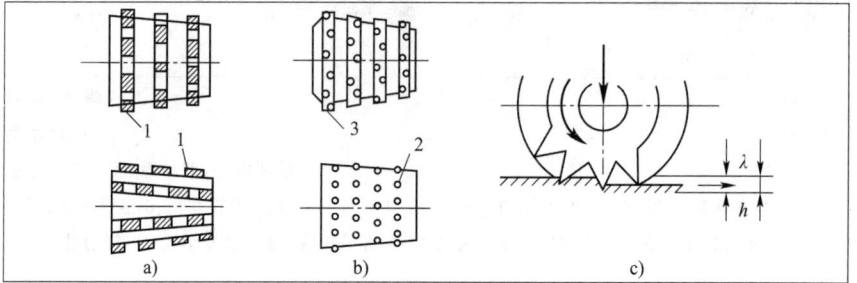

■ 图 3-3-3

齿形刀具及其破岩原理

a)楔齿形刀具;b)球齿形刀具;c)齿形刀具破岩

1-楔齿;2、3-球齿

3. 削刀破岩原理

削刀在挤压力 P_C 和切割力 P_H 作用下,首先在刀尖处形成切碎区 2,随着刀具的回转运动形成剪力破碎区 3。削刀继续回转即在岩壁上留下环状切削槽,两槽之间的岩石在削刀侧向挤压力 R 的作用下发生剪切破坏。削刀及其破岩原理如图 3-3-4 所示,L 表示掘进尺寸。

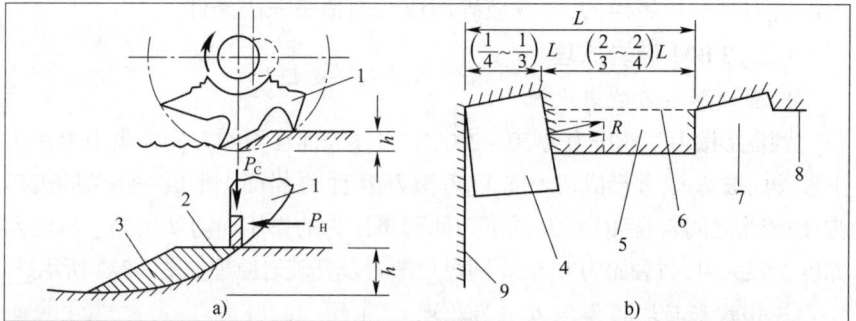

■ 图 3-3-4

削刀及其破岩原理

a)削刀破岩(Ⅰ);b)削刀破岩(Ⅱ)

1-削刀;2-切碎区;3、5-剪力破碎区;4-刀刃;6-剪切破碎线;7-切削槽;8-洞壁;9-掌子面

六、TBM 组成

TBM 由破岩机构、推进机构、出渣机构、导向及调向机构、通风及吸尘装置等几部分组成。其掘进过程如图 3-3-5 所示。

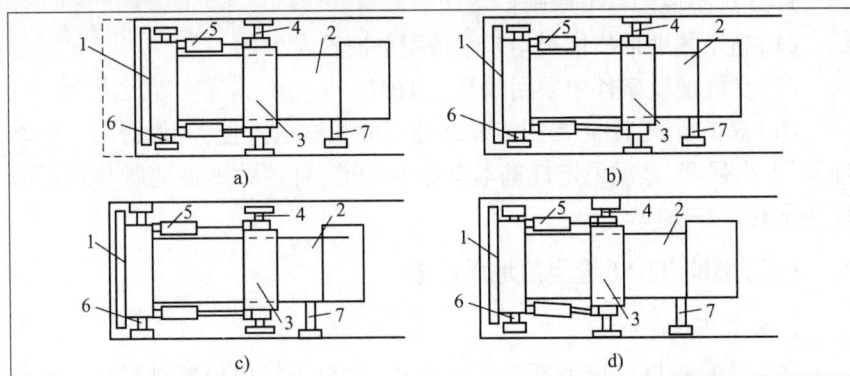

■ 图 3-3-5
TBM 掘进过程示意
1-刀盘;2-机体;3-套架;4-锚撑;5-推进缸;6-前支承缸;7-后支承缸

1. 破岩机构

滚刀或削刀在强大轴推力的作用下旋转,切削与剪切破碎岩石。

2. 推进机构

主支承靴顶撑洞壁以支承和推进机身,副支承靴控制振动与方向。

3. 出渣机构

破岩形成的片状石渣,由安装在刀盘上的铲渣斗铲起,随铲斗旋转到顶部被卸入集料斗,经皮带输送机装车运出洞外。

4. 导向及调向机构

导向及调向机构用来指示和校核掘进机推进方向,保证符合设计的轴线要求和坡度要求。

5. 通风及吸尘装置

掘进机工作时产生大量的热量与粉尘,故对通风、降尘要求较高,一般在刀盘头部安装有吸尘设备和喷水装置,掘进时连续喷水降尘,机房内专设通风装置以降低设备温度。

七、TBM 选型

TBM 掘进断面大可达 10m^2 以上,小仅为 1.8m^2。由于 TBM 与辅助施工技术日臻完善且现代高科技成果的应用大大提高了 TBM 对各种困难条件的适应性,因此简单从开挖可能性来考虑 TBM 的适用范围是不全面的。

(一)选型依据

TBM 选型依据主要有隧道围岩的抗压强度、裂缝状态、涌水状态等岩性条件,机械构造、TBM 直径等机械条件,隧道断面、长度、位置状况、地质条件等。

(二)选型原则

TBM 选型遵循以下原则:

(1)整条隧道地质情况均差时采用单护盾式 TBM。

(2)良好地质条件中采用敞开式 TBM。

(3)双护盾式 TBM 常用于复杂地层的长隧道开挖,一般适用于中厚埋深、中高强度、地质稳定性基本良好的隧道,对各种不良地质与岩石强度变化有较好适应性。

── 请注意 ▶

这部分知识点是"1+X"全断面隧道掘进机操作职业技能等级证书(中级)考点。

(三)影响 TBM 选型的地质因素

1. 岩石强度

开挖难易程度可用岩石强度来判定。刀具消耗应根据岩石中石英的范围、大小与抗拉强度等判断。

2. 岩层裂隙

岩层节理、层理、片理对开挖效率影响极大。裂隙适度发育的岩层,即使抗压强度大也能进行较为有效的开挖。

3. 岩层强度

一般地,对于强度 $q<100\text{MPa}$ 的岩层,其石英含量较多、粒径较大,刀具磨耗很大。

4. 破碎带等恶劣条件

在破碎带、风化带等难以自稳的困难条件下进行机械开挖,均需采取辅助施工方法配合施工,特别是在有涌水的条件下更为困难,拱顶崩塌、机体下沉、支承反力降低等问题时有发生。

(四)影响 TBM 选型的其他因素

TBM 不仅受地质条件约束,还受到开挖直径、开挖机构的约束。目前 TBM 多数是单轴回转式,若开挖直径越大,刀头内周与外周的周差速越大,将对刀头产生越多不良影响,随着开挖直径的增大,需要增大推力,支承靴也要增大,将导致运输困难与承载力问题。

TBM 的运输与组装要求注意工程所在地的基础设施条件。搬运计划应考虑道路宽度、高度、质量等限制,根据组装条件充分调查运输时的分割方法。TBM 一般在工厂试组装、试运输后分割。

(五)TBM 选型应考虑的条件

1. 工程规模

隧道形状、长度、直径、埋深、走向。

2.地质情况

岩石类型与强度、节理分布与发育程度、断层、暗河、溶洞、地下水分布、已有地表建筑、河流等。

八、TBM 施工工艺流程

TBM 施工工艺流程:施工准备→全断面开挖与出渣→外层管片式衬砌或初期支护→TBM 前推→管片外灌浆或二次衬砌。

具体施工步骤如下:

(1)TBM 循环开始时,外机架已移动到内机架的前端,将"X"形支承靴牢牢地抵在隧道墙壁上。前支承(仰拱刮板)与仰拱处的岩面轻微接触,收回后支承,此时大刀盘可以转动,推进千斤顶将转动的大刀盘向前推进一个行程,此即掘进状态,如图3-3-6所示。

(2)再向前推进至到达推进千斤顶行程终点处,结束开挖,大刀盘停止转动,放下后支承,同时前支承(仰拱刮板)支住大刀盘,此时整个机器重量全部由前、后支承承担,如图3-3-7所示。

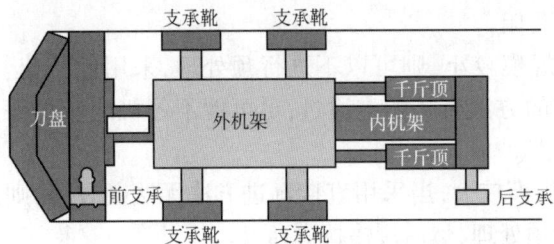

■ 图 3-3-6
TBM 施工步骤①

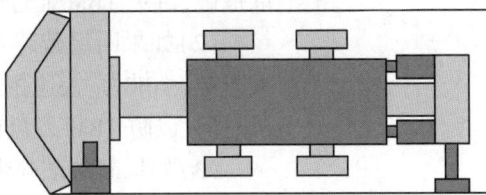

■ 图 3-3-7
TBM 施工步骤②

(3)收回两对"X"形支承靴,移动外机架的前端。通过后支承对掘进进行水平、垂直方向的调整,使掘进机始终保持在所要求的隧道中心线上,如图3-3-8所示。

(4)当外机架移动到前端限位后,又重新将"X"形支承靴撑紧在隧道墙壁上,此时收回后支承与仰拱转换成浮动接触状态,开始新的掘进循环,如图3-3-9所示。

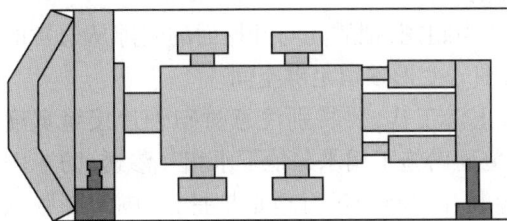

■ 图 3-3-8
TBM 施工步骤③

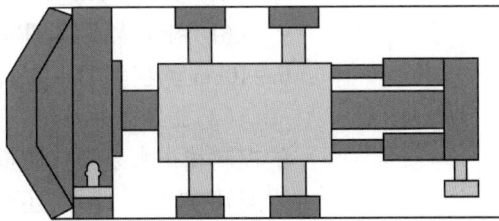

■ 图 3-3-9
TBM 施工步骤④

九、施工遇不良地质条件易出现的问题及处理措施

TBM 在施工中尤其是在深埋长隧道中地质情况不完全被预测的情况下,经常会受到各种不良地质条件的影响,这些不良地质条件主要归结为地质构造、岩性、地应力和地下水四方面因素。在 TBM 施工中出现的问题绝大多数与不良地质条件有关,有时与某一种因素有关,如断层破碎带可引起多种工程地质问题,更多的是几种因素共同引起。

(一)断层破碎带

断层是地壳在构造运动中,岩体所受构造应力作用超过其强度而发生较大错断和明显移位的地质现象。破裂面两侧的岩体构造裂隙发育、岩体破碎、完整性差,且岩石强度相应较低,透水性急剧增强,破裂面常构成危险的滑动面。

断层破碎带施工所采取的处理措施有:

(1)施工时一定要进行深入的地面地质调查和高密度电法等地球物理探测或超前钻探等,对断层破碎带位置、规模作出合理的预测,超前采取措施,避免 TBM 通过时受阻。

(2)如果断层破碎带规模较小,则可以不进行预处理,采用低转速、大力矩、小推力、快速掘进的方法直接掘进通过,尽可能不停机或减少停机时间,以防 TBM 刀盘被卡。

(3)如果断层破碎带规模较大,当采用直接掘进方法无法通过时,则可对刀盘前方破碎带进行预处理,然后缓慢掘进通过。

(4)对于规模很大的断层破碎带,采用以上方法均无法通过时,则可以从旁边开挖绕洞,对破碎带地段采用钻爆法进行开挖,施工完毕,TBM 在空载状态下直接步进通过。

(二)软岩大变形地段

软岩大变形是影响 TBM 正常掘进的重要因素之一,开挖过程中隧洞的快速收敛经常会导致混凝土管片变形、破损,严重时还会导致卡机事故的发生。当 TBM 在软岩地层中掘进时,为了防止 TBM 卡机等工程事故的发生,可以采取以下处理措施:

(1)对于大多数 TBM,可适当超挖,把盾壳与开挖面的间隙从通常的 6 ~ 10cm 调整到 15 ~ 25cm,给围岩变形预留足够空间。

(2)施工过程中做好防水止渗工作,要特别注意衬砌管片接缝宽度的控制和止水条安装质量,避免洞内施工用水与地下水相互渗透,防止围岩崩解、软化。此外,还要对隧洞开挖断面进行适量扩挖,给围岩膨胀预留一定变形空间。

(三)软弱破碎围岩地段

突泥(沙)是软弱破碎围岩在地下水的作用下,泥(沙)突然涌入 TBM

护盾内,使 TBM 排渣系统无法及时将岩渣排出,积压在传送系统上,导致 TBM 不能正常工作的突发问题。突泥(沙)还有一种情况,就是在 TBM 卡机之后开挖支洞时,大量泥(沙)突然从支洞涌入主洞及护盾内等,严重时还会造成人员伤亡。对突泥(沙)可以采取以下处理措施:

(1)利用 TBM 自带的超前地质钻进行超前灌浆处理。

(2)必要时采用液态氮进行冷冻。

(3)超前扩挖处理,此种办法代价过高,不得已才采用。在超前小洞内开挖工作舱,从工作舱继续开挖至 TBM 掌子面。开挖时采用重型钢支承,喷射混凝土支护,然后启动 TBM,并在空腔内填充豆砾石。

(四)含煤地层与瓦斯突出地段

含煤地层常含有 CO、CH_4 等易燃、有害气体,严重威胁着洞内施工人员的健康和生命安全,因此,当 TBM 掘进到含煤地层时,应加强洞内通风,还要在 TBM 上安装有害气体检测仪,加强对瓦斯等有害气体的监测,并制订严格的防火措施,确保施工安全。

任务实施与评价 ▷▶▶

任务实施与评价如表 3-3-1 所示。

表 3-3-1

任务实施与评价表

任务要点	简述掘进机法的工作原理、施工工艺				
班级		姓名		评价时间	
任务实施	考核标准			分值(分)	得分(分)
	能说清掘进机的组成			10	
	能说清掘进机法的施工原理			10	
	能说清掘进机法的施工工艺			10	
	讲述对精益求精的工匠精神的理解和感悟			10	
	组员分工合理，职责明晰，团结合作，表现出一定的职业素养			10	
	调研材料丰富、翔实			10	
	PPT清晰、图文并茂			10	
	富有创新精神			10	
	表达流畅，分析合理			20	
	总计			100	

互评意见：

学习心得：

指导教师意见：

说明：小组互评要实事求是，公平公正

任务四　沉埋(管)法施工

◀◀ 任务描述与分解 ✎ ──

任务描述:港珠澳大桥海底隧道全长5.6km,它是世界最长的公路沉管隧道和唯一的深埋沉管隧道,也是我国第一条外海沉管隧道。隧道海底部分约5664m,由33节巨型沉管和1个合龙段最终接头组成,最大安装水深超过40m。

请观看中央电视台纪录片《海底之吻》,介绍港珠澳大桥沉管隧道的施工工艺及施工中重难技术的突破措施。

任务分解:根据任务描述,完成以下任务。

(1)小组合作讨论所学内容,厘清沉埋(管)法的施工步骤;

(2)小组讨论所观看中央电视台纪录片《海底之吻》中关于沉埋(管)法的施工工艺、重难技术突破情况;

(3)小组代表讲解任务实施情况。

◀◀ 知识准备 ✐ ──

一、沉埋(管)法施工概述

(一)定义

沉埋(管)法,是在水底建筑隧道的一种施工方法。沉管隧道就是将若干个预制管段分别浮运到海面现场,并一个接一个地沉放安装在已疏浚好的基槽内,以此方法修建的水下隧道。沉埋(管)法施工时,要先在隧址附近修建的临时干坞内预制钢筋混凝土管段,将预制的管段用临时隔墙封闭起来,然后浮运到隧址的规定位置,此时已于隧址处预先挖好一个水底基槽。待管段成功定位后,向管段内灌水压载,使其下沉到设计位置,将此管段与相邻管段在水下连接起来,并处理基础,最后回填覆土,铺装隧道内部,从而形成一个完整的水底隧道。这种方法成隧质量好,但技术要求高。沉埋(管)法施工示意图如图3-4-1所示。

■ 图3-4-1
沉埋(管)法施工示意图

(二)沉埋(管)断面形式

1. 圆形

内轮廓为圆形,外轮廓为圆形、八角形或花篮形。一般只安设2个车道。其优点是圆形断面中弯矩较小,在水深较大时经济性好;沉管的底宽较小,基础处理较容易;钢壳既是浇筑混凝土的外模,又是隧道的外防水

层,防水效果较好。缺点是圆形断面空间不能充分利用;钢材消耗量大;
钢壳本身需做防锈处理;对 4 ~ 8 车道的隧道,往往需要平行沉放几条隧
道。圆形断面如图 3-4-2a)、b)、c)所示。

2. 矩形

在临时干坞内制作钢筋混凝土管段,一个断面内能同时容纳 2 ~ 8 个
车道。其优点是干坞中预制管短,施工质量有保障;断面利用率高;由于
不需要使用钢壳,可大量节省钢材。缺点是建造干坞费用较高。矩形断
面如图 3-4-2d)、e)所示。

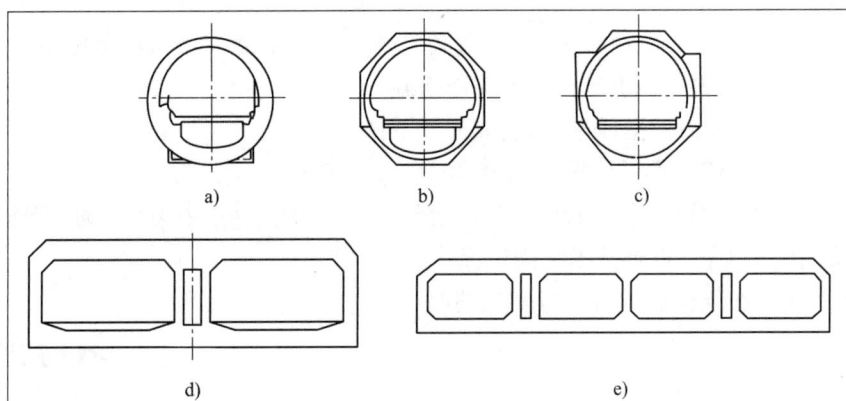

■ 图 3-4-2

沉埋(管)断面形式

a)圆形管段圆形断面;b)圆形管段八角形断面;c)圆形管段花篮形断面;d)矩形管段六车道断
面;e)矩形管段八车道断面

(三)适用条件

沉埋(管)施工方法,根据管道所处河流的工程水文地质、气象、航运
交通等条件,周边环境、建(构)筑物、管线以及设计要求和施工技术能力
等因素,经技术、经济比较后确定。主要适用条件是水道河床稳定和水流
并不过急。前者不仅便于顺利开挖沟槽,还能减少土方量;后者便于管段
浮运、定位和沉放。

二、施工工艺流程

在所有的工序中,干坞修筑、管段制作、管段拖运、管段沉放、水下连接
和基础处理的难度较大,是影响沉管隧道质量的关键工序。沉埋(管)法施
工工艺流程如图 3-4-3 所示。

(一)干坞修筑

1. 干坞施工

一般用干法开挖土方,具体流程为:施作干坞周围防渗墙→由端部向
坞口开挖→坞底与坞外设排水沟、截水沟与集水井→塑料膜铺坡面并压

沙袋→坞底处理→坞内车道修筑。

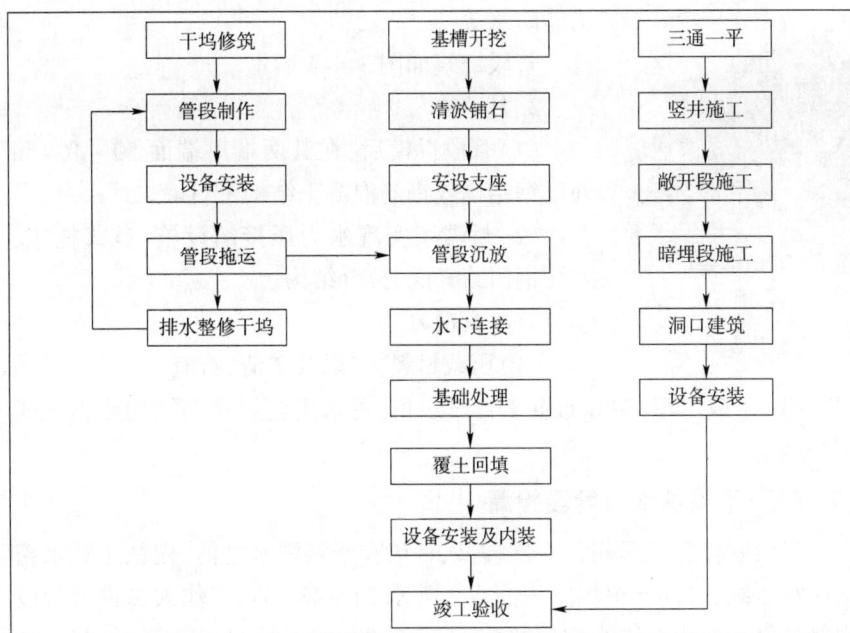

■ 图 3-4-3
沉埋(管)法施工工艺流程

2. 坞内主要设备

(1)混凝土搅拌站:应能连续浇筑 15~20m 长的节段。

(2)起重设备:轨行门式或塔式起重机。

(3)运输设备:载货汽车、翻斗车、轨道车、混凝土输送车、混凝土输送泵等。

(4)管段拖运设备:电动卷扬机与绞车。

(5)其他主要设备:钢筋加工设备、抽水设备、电焊机、空气压缩机、钢模板等。

(二)管段制作

1. 管段浇筑

(1)需保证管段混凝土的均质性与水密性。

①保证均质性的意义:若管段混凝土相对密度变化幅度超过 1%,管段常会浮不起来;若管段各部分板厚局部偏差较大或管段各部分混凝土密度不均匀,将导致侧倾。

②保证均质性的措施:采用刚度大、精度高、可微动调位的大型滑动内、外模板台车。

③保证水密性的措施:结构自身防水、结构物外侧防水、施工接缝防水。

(2)横向变形缝构造要求:能适应一定幅度的线变形和角变形;施工

图 3-4-4
管段浇筑

阶段能传递弯矩,使用阶段能传递剪力;变形前后均能防水等。

管段浇筑如图 3-4-4 所示。

2.封端墙

(1)管段拆模后,在其两端离端面 50 ~ 100cm 处设钢结构或钢筋混凝土结构密封墙。

(2)封端墙实现水力压接的设施:鼻式托座、人孔钢门给气阀、拉合结构。

3.压载设施

(1)压载材料:水以及矿渣、石渣。

(2)压载水箱:对称布置于管段四角,可采用全焊接钢结构或拆装式钢结构。

(三)干坞灌水与管段检漏

管段制作完成后需做一次检漏,一般在干坞灌水之前,先往压载水箱里注水压载,再往干坞坞室内灌水。灌水 24 ~ 48h 后,工作人员进入管段内对管段所有内壁进行水底检漏,若无问题,即可排水浮升管段;若有渗漏,则在干坞坞室排干后修补。

(四)基槽开挖与航道疏浚

1.基槽开挖

(1)开挖要求。

①基槽底宽一般比管段底宽大 4 ~ 10m(即每侧宽 2 ~ 5m)。

②基槽深度 = 管顶覆土厚度 + 管段高度 + 基础处理超挖深。

(2)开挖方法。

开挖工作分为粗挖与精挖。粗挖一般挖到离管底高程约 1m 处。精挖长度只需超前 2 ~ 3 节管段长度,应在邻近管段沉放前再挖。

2.航道疏浚

航道疏浚包括临时航道疏浚和浮运航道疏浚。

(1)临时航道疏浚必须在基槽开挖以前完成,保证施工期间河道上的安全运输。

(2)浮运航道是为管段浮运设的,管段出坞拖运前,浮运航道应疏浚好。浮运路线的中线应沿着河道的深槽,以减少疏浚航道的挖泥工作量。

(五)管段出坞、拖运、沉放

1.管段出坞

管段出坞如图 3-4-5 所示,E_1 ~ E_5 表示管段标记。

(1)管段浮升后用地锚钢绳固定,再由干坞坞顶的绞车逐节牵引出坞。

（2）出坞后在坞口系泊。分批预制管段时,可在临时拖运航道边选一个具备条件的水域临时抛锚系泊。

2.管段拖运

管段拖运可采用拖轮拖运和绞车拖运。

（1）拖轮拖运。

拖轮拖运形式有四轮拖运（两艘拖轮排前领拖,后两艘拖轮反拖并制动转向；一艘领拖,旁侧两艘帮拖,后一艘制动转向）和三轮拖运（两艘主拖,一艘反拖并制动转向；一艘主拖,两艘靠帮导向）。拖轮大小与数量根据管段几何尺寸、拖航速度及航运条件通过分析后选定。管段拖运如图3-4-6所示。

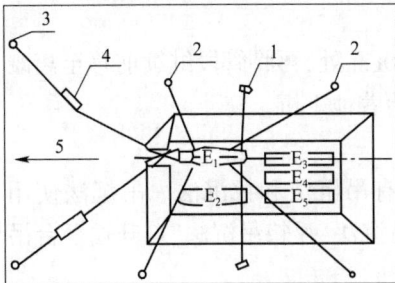

■ 图3-4-5
管段出坞
1-绞车；2-地锚；3-沉埋锚；4-工作驳；
5-出去牵引缆

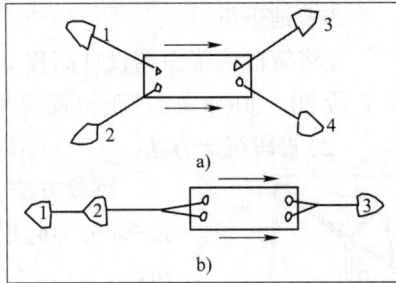

■ 图3-4-6
管段拖运
a）四轮拖运；b）三轮拖运

（2）绞车拖运（水面较窄时）。

宁波甬江沉管隧道（绞车拖运管段与浮箱组合体）绞车拖运示意如图3-4-7所示,广州珠江沉管隧道（绞车拖运和顶推拖轮管段）绞车拖运示意如图3-4-8所示。

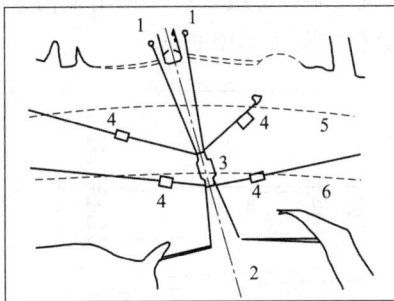

■ 图3-4-7
宁波甬江沉管隧道绞车拖运示意
1-绞车；2-干坞；3-管段与浮箱骑吊组合体；
4-工作方驳；5-主航道线；6-副航道南线

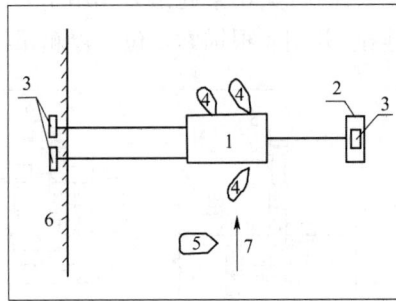

■ 图3-4-8
广州珠江沉管隧道绞车拖运示意
1-管段；2-方驳；3-液压绞车；4-顶推拖轮驳；
5-备用拖轮；6-河岸；7-水流方向

3.管段沉放

（1）管段沉放阶段。

管段沉放作业分为3个阶段进行,即初次下沉、靠拢下沉和着地下沉。在沉放前,应对气象、水文条件等进行监测、预测,确保在安全条件下进行作业。

①初次下沉。

压载至下沉力达 50% 规定值后校正位置,之后继续压载至下沉力达 100% 规定值,然后按不大于 30cm/min 的速度下沉,直到管段底部离设计高程 4～5m 为止。

②靠拢下沉。

将管段向前节既设管段方向平移至距前节管段 2～2.5m 处,再将管段下沉到管段底部离设计高程 0.5～1.0m 处,再次校正管段位置。

③着地下沉。

先将管段底降至离设计高程 10～20cm 处,再将管段继续前移至离既设管段 20～50cm 处,校正位置后即开始着地下沉。

(2)管段沉放方法。

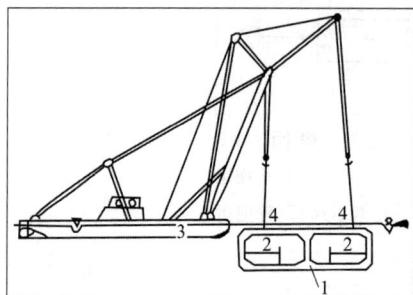

■ 图 3-4-9
起重船吊沉法示意
1-沉管;2-压载水箱;3-起重船;4-吊点

沉放方法主要有吊沉法和拉沉法。吊沉法使用最多,分为起重船吊沉法、浮箱吊沉法、自升式平台吊沉法。

①起重船吊沉法。

起重船吊沉法一般用 2～4 艘起重能力为 1000～2000kN 的起重船提着管段顶板至预先埋设的吊点,同时逐渐压载,使管段慢慢沉放到规定的位置上。起重船吊沉法示意如图 3-4-9 所示。

②浮箱吊沉法。

管段顶板用 4 只浮力为 1000～1500kN 的方形浮箱直接吊起,吊索起吊力作用于各浮箱中心,前后每组 2 只浮箱用钢桁架连接,并用 4 根锚索定位。浮箱吊沉法示意如图 3-4-10 所示。

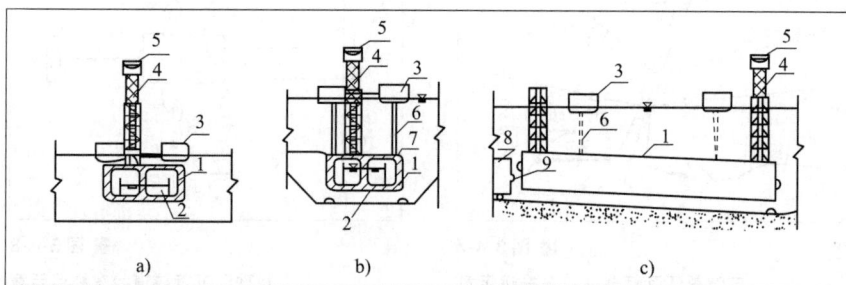

■ 图 3-4-10
浮箱吊沉法示意
a)就位前;b)加载下沉;c)沉放定位
1-沉放管段;2-压载水箱;3-浮箱;4-定位塔;5-指挥室;6-吊索;7-定位索;8-既设管段;9-鼻式托座

③自升式平台吊沉法。

自升式平台一般由 4 根柱脚与平台(船体)组成,移位时靠船体浮移,就位后柱脚靠液压千斤顶下压至河床以下,平台沿柱脚升出水面,利用平台上的起吊设备吊沉管段,施工完平台落到水面,利用平台船体的浮力拔出柱脚,浮运转移。自升式平台吊沉法示意如图 3-4-11 所示。

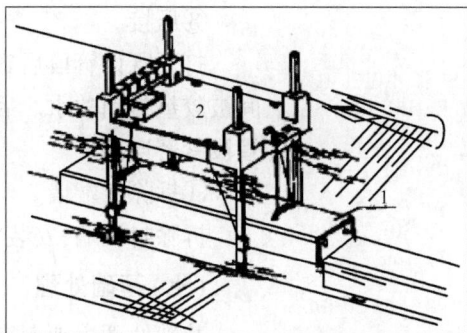

■ 图 3-4-11
自升式平台吊沉法示意
1-沉管段;2-自升式平台

(六) 管段的水下连接

1. 水下混凝土连接法

水下混凝土连接法施工先在接头两侧管段端部安设平堰板,管段沉放后在前后两块平堰板的左右两侧,于水中安放圆弧形堰板,围成圆形钢围堰。同时在隧道衬砌的外边用钢堰板把隧道内外隔开,最后往围堰内灌筑水下混凝土形成管段连接。

2. 水力压接法

(1)作用原理。

利用作用在管段上的巨大水压力使安装在管段前端面周边上的一圈胶垫产生压缩变形,形成一个水密性相当强的管段接头。水力压接法原理如图 3-4-12 所示。

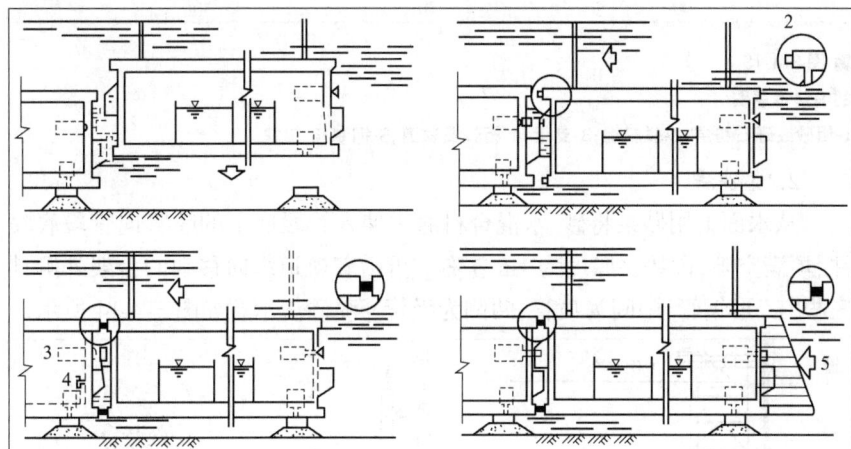

■ 图 3-4-12
水力压接法原理
1-鼻式托座;2-接头胶垫;3-拉合千斤顶;4-排水阀;5-水压力

(2)施工顺序。

①对位。

着地下沉后,管段对位连接精度需满足要求。鼻式托座与卡式托座要定位精确。

②拉合。

用带有锤形拉钩的千斤顶将管段拉紧,压缩尖肋型橡胶垫初步止水。

③压接。

打开既设管段后封端墙下部的排水阀,排出前后两节沉管封端墙之间被胶垫封闭的水。后封端墙水压力高达数十兆牛到数百兆牛,从而使管段紧密连接。

④拆除封端墙。

拆除封端墙,安装"Ω"形或"W"形橡胶板,使管段向岸边延伸。

(七) 基础处理

基础处理主要是垫平基槽底部,主要方法有刮铺法、喷砂法、压注法等。

1. 刮铺法

在管段沉放前采用专用刮铺船上的刮板在基槽底刮平铺垫材料作为管段基础,开挖基槽底应超挖 60~80cm,在槽底两侧打数排短桩安设导轨,以便在刮铺时控制高程和坡度。刮铺法示意如图 3-4-13 所示。

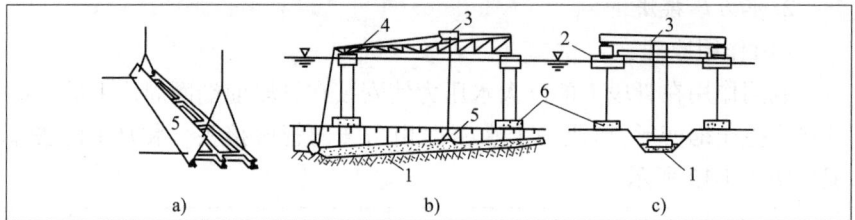

■ 图 3-4-13
刮铺法示意图
1-粗砂或砾石垫层;2-驳船组;3-支架;4-桁架及轨道;5-钢犁;6-锚块

2. 喷砂法

从水面上用砂泵将砂、水混合料通过伸入管段底下的喷管向管段底喷注,填满空隙,砂垫层厚度为 1m 左右。可沿着轨道纵向移动的台架外侧挂三根"L"形钢管,中间为喷管,两侧为吸管。喷砂法示意如图 3-4-14 所示。

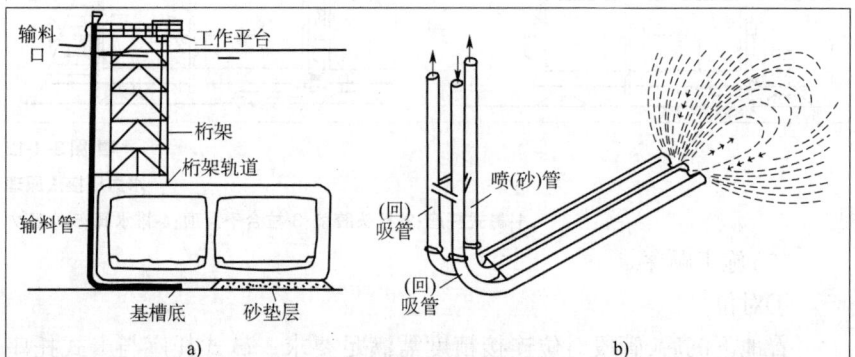

■ 图 3-4-14
喷砂法示意图
a) 从水面上用砂泵喷砂;b) 沿轨道通过钢管喷砂

3.压注法

压注法是在管段沉放后向管段底面压注水泥砂浆或砂作为管段基础。根据压注材料不同,压注法可分为压浆法和压砂法两种。

(1)压浆法。

开挖基槽时应超挖1m左右,然后摊铺一层厚40～60cm的碎石。两侧抛堆砂石封闭后,通过隧道内预留压浆孔注入由水泥、膨润土、黄砂和缓凝剂配成的混合砂浆。

(2)压砂法。

压砂法与压浆法相似,但压注材料为砂水混合物。

(八)覆土回填

回填工作是沉管隧道施工的最终工序,包括沉管侧面与管顶压石回填。沉管外侧下半段一般采用砂砾、碎石、矿渣等材料回填,上半段则可用普通土砂回填。

注意事项:

①全面回填工作必须在相邻的管段沉放完后方能进行。

②采用压注法进行基础处理时,先对管段两侧回填,要防止过多的岩渣存落管段顶部。

③管段上、下游两侧(管段左右侧)应对称回填。

④在管段顶部和基槽的施工范围内应均匀回填,不能在某些位置投入过量而造成航道堵塞,也不得在某些地段投入不足而形成漏洞。

三、施工技术难点

迄今为止,世界各国采用沉埋(管)法修建的水下隧道已有140余座,有近100年的历史,但设计和施工中仍存在一些问题。

(一)基槽开挖及清淤

沉管下放前需进行基槽开挖,而基槽开挖与沉管下放存在一定时间空当。一般基槽开挖好后至沉管沉没,可允许空置约一个月。实际施工时应根据沉管隧道的施工组织安排,基槽开挖完成至管段沉放就位的时间一般不超过10d,可采用吸泥船或专用清淤设备快速清淤,而不会影响工期。

(二)水流条件及管段拖运、沉放

对沉管施工影响较大的是水流速度和水的密度,而对沉管结构设计及接头止水带选型影响较大的是高、低水位及水位差。设计提出的拖运、沉放方案有水工模型试验依据,各项参数都是在模拟隧址水流条件的情况下取得的。设计和实际常常存在差别,在工程实施阶段,可将第一管段作为现场试验管段,以便根据现场实际情况,修正和改良拖运、沉放参数。

任务剖析

沉管法

但应注意如下问题：

(1)制订拖运、沉放施工方案前必须先进行模拟试验,同时要实测河床断面尺寸、流速、河水密度、风速、风向、波浪高度等,并应注意天气情况。

(2)在设计沉管结构时,必须进行拖运、沉放各种工况的结构安全性检算,包括拖运稳定性检算、拖运工况下应力及沉放工况的内力检算,并通过水工试验,确定拖航阻力及安装定位系泊力等。

(3)管段连接的第一道止水屏障目前必须采用吉那止水带,不能用其他产品替代;第二道止水屏障必须用欧米茄止水带,以确保水力压接及接头防水万无一失。

吉那止水带的选型必须考虑各接头所处位置的水深,包括最低水位时最大压接水深和最小压接水深以及百年一遇水位时的最大压接水深和最小压接水深,确保止水带的水密性。

(4)管段的拖运、沉放、水下连接施工难度较大,必须在11月至次年4月枯水期进行,且必须编制一套严谨的施工组织计划。

(三)沉管隧道的沉降

1. 沉管隧道的沉降类型

(1)沉管地基变形,这是一个卸载、回弹、再压缩的过程。

(2)槽底原状土的扰动。

(3)基础的初始压缩。

(4)列车振动使基底一定范围内的砂土进一步密实。

(5)河床断面的变化。

(6)震陷。

前三种沉降主要发生在施工期,由于绝大部分沉管基底为细砂土,这几种沉降为瞬时沉降,施工阶段即已完成;后三种沉降发生在运营期,需采取措施加以控制。

2. 控制沉降的措施

(1)采用压浆法处理沉管基础。

(2)对可液化地层作换填处理。

(3)所有沉管管段沉放时,根据具体位置预留沉降量。

(4)全部接头采用半柔半刚接头并设置竖向剪切键,以抵抗不均匀沉降。

(四)沉管隧道的防水性能

沉管隧道位于水下,防水性能比任何用其他方法修建的水下隧道都好,主要原因是:

(1)沉管管段在干坞中预制,可以有效控制混凝土的浇筑质量。

（2）仅在管段之间存在连接接头。

（3）连接接头的止水有两道屏障，即吉那止水带和欧米茄止水带，其使用寿命均在一百年以上。

（4）混凝土结构采用自防水和外防水相结合的方式，混凝土的抗渗强度等级不低于 S12，管段底板及以上 2m 采用钢板外包防水，其余均用橡胶防水涂料防水。

沉管防水的关键部位是连接接头，吉那止水带和欧米茄止水带的产品质量和使用寿命是最重要的条件，必须采用业已成熟的产品，不宜自行研制，否则会带来风险。

（五）沉管隧道的抗震性能

沉管隧道的抗震性能包括：

（1）列车振动及地震作用下沉管地基的稳定性。

（2）列车振动及地震作用下沉管结构的安全性。

在列车振动及地震作用下，沉管地基稳定性和结构安全性一般是有保障的，但为了保证沉管隧道安全，在接头部位设置水平剪切键是有必要的。

（六）防灾问题

防灾问题对隧道而言十分重要，在结构断面选择中必须考虑。在沉管隧道结构断面的设计中，由于管段是在干坞中工厂化制作，因此断面选择的自由度相对较大，可以是单框双线，也可以是带隔墙或隔廊的双框单线。从防灾效果来说，应采用带隔墙或隔廊的双框断面。

任务实施与评价 ▷▶▶

任务实施与评价如表3-4-1所示。

任务实施与评价表   表 3-4-1

任务要点	观看中央电视台纪录片《海底之吻》,介绍港珠澳大桥沉管隧道的施工工艺及施工中重难技术的突破措施			
班级		姓名		评价时间
任务 实施	考核标准		分值(分)	得分(分)
	能说清沉埋（管）法的定义、施工工艺等		10	
	厘清沉埋（管）法的施工步骤		10	
	小组内分享观看《海底之吻》的学习笔记		10	
	小组讨论《海底之吻》中关于沉埋(管)法的施工工艺、重难技术突破情况		10	
	小组代表讲解任务实施情况		10	
	组员分工合理,职责明晰,团结合作,表现出一定的职业素养		10	
	调研材料丰富、翔实		10	
	PPT清晰、图文并茂		10	
	富有创新精神		10	
	表达流畅,分析合理		10	
	总计		100	
互评意见:				
学习心得:				
指导教师意见:				
说明:小组互评要实事求是,公平公正				

◀◀ 过关练习 ⊙≁ ——

班级：_____　姓名：_____　学号：_____　成绩：_____

一、填空题（48 分）

1. 盾构可分为_____、_____、_____和复合型。

2. 锚杆的作用有支承围岩、加固围岩、_____、_____。

3. 喷射混凝土的方法有_____、_____、_____、_____。

4. 新奥法施工的基本原则是_____、_____、_____、_____。

5. 常见的锚杆有_____、_____、_____。

二、选择题（9 分）

1. 长度为 75m 的台阶属于（　　）。
　 A. 长台阶　　 B. 短台阶　　 C. 超短台阶　　 D. 微台阶

2. 环形开挖留核心土法的开挖进尺一般为（　　）m。
　 A. 4.5 ~ 6　　 B. 2.5 ~ 3　　 C. 0.5 ~ 2　　 D. 3 ~ 4.5

3. 在城市地铁施工中主要采用（　　）盾构。
　 A. 挤压式　　　　　　　 B. 土压平衡式
　 C. 机械式　　　　　　　 D. 敞开型

三、名词解释（9 分）

盾构法：

沉埋（管）法：

掘进机法：

四、简答题（24 分）

1. 简述区间隧道施工易出现的问题及解决方法。

2. 简述锚喷支护的特点。

3. 简述区间隧道浅埋暗挖法常用辅助工法。

4. 简述喷射混凝土的作用。

5. 简述盾构的施工工艺流程。

6.简述沉埋(管)法适用条件、易出现问题及对策。

五、论述题(10分)

1.某双车道公路隧道,线路起止桩号为 K10＋308、K10＋788。地层岩性为石灰岩,地下水较丰富。围岩级别为Ⅲ级、Ⅴ级,在Ⅴ级围岩 60m范围内有一条 F 断层破裂带,隧道最大埋深 490m。为保证施工安全,施工单位结合项目地质和设备条件,拟在全断面法、台阶法、侧壁导坑法、CD法、CRD 法 5 种施工方法中选择施工。请完成如下问题。

(1)按长度划分,该隧道属于什么隧道?

(2)根据背景材料,针对不同的围岩级别采用哪些施工方法较合理?

2.某Ⅳ级围岩公路隧道采用复合式衬砌,初期支护喷射混凝土厚度为 15cm,锚杆长度为 3m,间距为 1m,拱部和边墙设钢筋网,网格大小为 25mm×25mm,施工前需要进行受喷岩面处理和渗水处理,二次模筑混凝土衬砌厚度为 35cm。其初期支护喷射混凝土工艺流程如下:①喷锚工作平台就位;②混凝土喷射机开机准备;③配料拌和;④＿＿＿＿＿＿;⑤坍落度测定;⑥混合料的输送;⑦边墙混凝土的喷射;⑧养护;⑨拱圈混凝土的喷射;⑩停机操作。请完成如下问题。

(1)试描述施工前进行受喷岩面处理和渗水处理的主要工作内容。

(2)补充工艺④的内容描述,试用①～⑩的序号排列出喷射工艺流程的正确顺序。

◀◀◀ **工程案例分析** 📖 ——

区间隧道浅埋暗挖法施工

1.工程概况

A站—B站区间隧道处于某大街下方。该区间起点里程左线为K13 + 902.747、右线为 K13 + 903.000，终点里程为 K15 + 125.853，左线全长 1224.066m、右线全长 1222.853m。隧道正线于桩号 K14 + 000 ～ K14 + 104 段穿过高梁桥基础，设计过桥段长 104m；高梁桥上部结构为跨度 23m × 3 的预应力简支 T 梁；下部为厚 2m 的扩大基础，分两层浇筑，底层面积 5.5m × 5.5m，上层面积 3m × 3m，基础埋深 4.874m。扩大基础上为独立桥墩，两相邻桥墩上有盖梁相连。与区间隧道纵向相垂直方向一排上有 4 个基础，中心间距 11.546m；沿区间隧道纵向有两排桥基，间距 21m。隧道埋深 17.9m，两隧道中心间距为 8.0m，如案例图 1 所示。

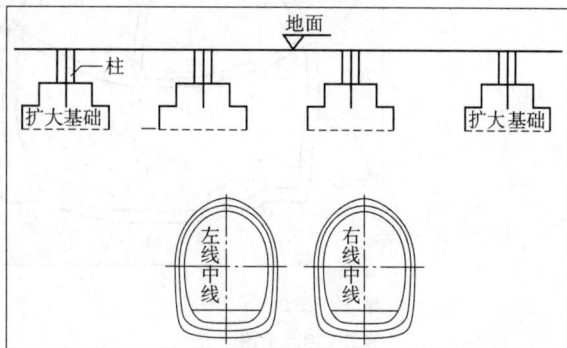

■ **案例图 1**
隧道与上部桥梁结构关系

隧道结构从一排 4 个基础中的中间 2 个基础正下方附近通过，结构顶与基础底之间净距为 11.66m。

该区间段隧道左、右线全部穿越砂卵石地层。砂卵石地层是一种典型的力学不稳定地层，颗粒之间空隙大，黏聚力小，颗粒之间点对点传力，地层反应灵敏，稍微受到扰动就很容易破坏原来的相对稳定平衡状态而坍塌，引起较大的围岩扰动，使开挖面和洞壁都失去约束而产生不稳定现象。通过筛分试验表明，该处地层为卵石-圆砾层，粒径 20 ～ 70mm，最大粒径达到 150mm，含砂率 11% ～ 30%，内摩擦角 35° 左右，施工中遇到最大的卵石粒径达 250mm。

在砂卵石地层中采用浅埋暗挖法施工，存在以下难点：

(1)超前小导管或注浆孔施工成孔难度大，施工速度慢。

(2)砂卵石地层容易坍塌，地层成拱性差，超挖量较大，工作面稳定性难以保证。

(3)由于没有地面降水条件，拱顶上方存在的上层滞水，易造成砂体的部分流失，增加了地层沉降量控制的难度。

(4)砂卵石地层中浅埋暗挖法隧道下穿桥墩桩基相对其他地层，更容易造成不均匀沉降。

2.施工方案

为了严格控制结构沉降，通过对比试验，研究提出了适用于砂卵石地层的前进式分段超前深孔注浆加固方案。

　　隧道采用 CRD 法进行施工,根据分析,确定区间两隧道按照导洞 1、2、3、4 和导洞 5、6、7、8 顺序施工,错距 10m。先施工导洞 1,为了减少各导洞之间的相互影响,待施工 10m 后,再施工导洞 2,依次施工其他导洞,直至完成(案例图 2)。

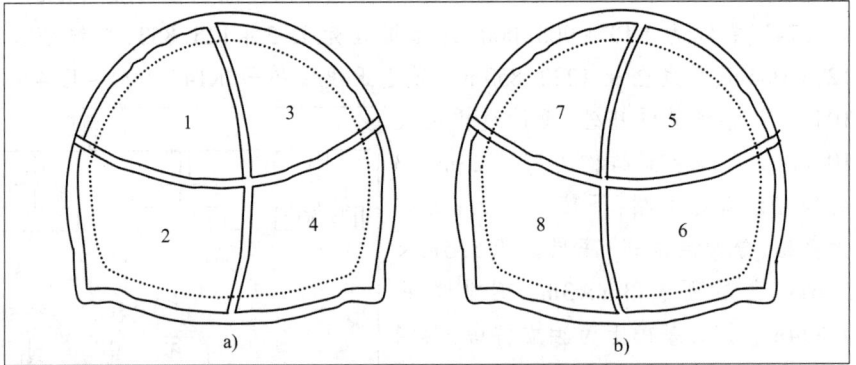

a)　　　　　　　　　　　　　　b)

■ 案例图 2
施工工序示意图

　　请根据工程概况,结合本项目学习内容,分析在砂卵石地层采用 CRD 法施工的原因及 CRD 施工方法的优缺点。

项目四
不良和特殊地质地段隧道施工

岗位实境

　　某市地铁1号线沿线地质环境复杂，有厚度不均匀的填土、湿陷性黄土、薄层粉细砂或粉细砂透镜体，对基坑支护结构或盾构掘进影响较大；卵石层中存在大颗粒漂石及不均匀胶结块，对桩基施工和盾构掘进影响较大。

　　城市轨道交通工程技术专业岗位实习生以车站施工员助理的身份进行岗位实习时，不仅要能简述不良和特殊地质地段隧道施工注意事项，还要能简述黄土隧道施工受到哪些不利因素影响，以及黄土隧道施工的注意事项。

项目任务书 ▷▶▶

名称		不良和特殊地质地段隧道施工
学习目标	知识目标	(1)知道不良和特殊地质地段的基本概念、分布、分类及特点； (2)熟悉不良和特殊地质地段的施工注意事项
	技能目标	(1)能准确判断不良和特殊地质地段的类型； (2)能说出在不良和特殊地质地段施工时的注意事项
	素质目标	(1)具备强烈的施工安全与自我保护意识； (2)培养团结协作、认真细心的品格
学习重点		(1)简述不良和特殊地质地段隧道施工注意事项； (2)简述黄土地段隧道施工的不利影响因素,黄土地段隧道施工的注意事项
任务 实施要求		(1)学习小组进行项目任务分析、任务分配、团队工作任务分配表制订； (2)掌握本项目不良和特殊地质地段施工注意事项； (3)借助网络资源了解不良和特殊地质地段隧道施工案例,感悟施工安全的重要性； (4)依据评价表,客观、公正评价任务实施情况
任务 实施要点		(1)重视基础知识的学习； (2)结合网络实际案例,分析不良和特殊地质地段隧道施工注意事项
任务拓展		(1)结合本市情况,组织团队成员去现场参观学习； (2)学习不良和特殊地质地段隧道施工相关文献
城市轨道交通工程技术专业相关职业技能要求： (1) 能发现瓦斯等有害气体的溢出； (2) 能落实隧道施工安全措施		

任务一 不良和特殊地质地段隧道施工概述

◀◀ **任务描述与分解** 🖉 ——

任务描述:简述不良和特殊地质地段隧道施工注意事项。

任务分解:根据任务描述,完成以下任务。

(1)小组合作讨论所学内容,厘清不良和特殊地质地段的基本概念;

(2)通过网络收集不良和特殊地质地段施工案例;

(3)结合网络案例,分析不良和特殊地质地段施工注意事项,感悟施工安全的重要性;

(4)小组代表讲解任务完成情况。

◀◀ **知识准备** 🖉 ——

一、不良和特殊地质地段的基本概念

(一)不良地质地段

不良地质地段是指滑坡、崩坍、岩堆、偏压地层,岩溶、高应力、高强度地层、松散地层,软土地段等不利于隧道工程施工的不良地质环境。

不良地质地段的变异条件是非常复杂的。设计文件提供的地质资料,施工前所制订的施工方案和防范措施,不可能自始至终完全符合实际情况,因此,在施工全过程中,应经常观察地层与地质条件的变化,勤检查支护与衬砌的受力状态,防止事故的发生。

(二)特殊地质地段

特殊地质地段是指膨胀地层,软弱黄土地层,含水未固结围岩、溶洞、断层、岩爆、流砂等地段以及瓦斯溢出地层等。

特殊地质地段,由于岩层的地质成因复杂,地质条件具有突变性,事故具有突发性,对隧道施工的危害性极大。如果仅靠常规的隧道施工技术和施工方法,很难处理好特殊地质地段的施工。在进行隧道施工时,除了应遵守一般技术要求外,还应采取针对性较强的辅助方法施工。在开挖、支护衬砌施工中,由于各种因素的影响,可能会遭遇土石坍塌、坑道受压、支承被压坏、衬砌结构断裂和各种特殊施工难题,严重影响施工进度、安全和工程质量。瓦斯溢出地层,更严重威胁着隧道施工安全。

不良和特殊地质地段的工程问题,虽然有的是在勘查阶段就已经查明的,在施工阶段采取了相应的对策,但有的则是在施工阶段才发现的,使施工处于十分被动的局面,因此,掌握在不良和特殊地质地段隧道施工时应注意的问题和处理方法是十分必要的。

隧道现场围岩及支护结构变形监控量测，对隧道建筑构造物来说，具有重要作用和积极意义，效果也是十分显著的。不良和特殊地质地段隧道围岩变形大、变化快，事故具有突发性，因此，积极采取现场围岩变形量测，及时了解变形量、变形时间及空间变化规律是非常有益的。

二、不良和特殊地质地段隧道施工注意事项

（一）施工计划编制的注意事项

施工前应组织有关人员对隧道工程设计文件、图纸、资料，尤其是对勘查设计所提供的工程地质和水文地质资料进行认真、仔细的研究分析，了解设计意图，并深入、细致地做施工调查。对地质资料应进行专门调查研究，特别是应查明隧道影响范围内的各种不良和特殊地质地段的围岩级别。

在充分调查研究的基础上，根据围岩类别结合施工单位的具体情况，综合考虑各种因素拟订施工方案。根据施工方案，制订相应的施工方法和技术措施，编制实施性施工组织设计，确定主要材料、劳动力、机具设备的数量及供应计划，以使隧道工程施工达到安全、优质、高效的目标。

（二）不良和特殊地质地段隧道施工方法选择的注意事项

施工中应经常观察围岩和地下水的变异情况，量测支护、衬砌的受力情况，注意地形、地貌和地表的变化，防止突发事故。一旦发现险情，应立即分析原因并采取相应技术措施迅速处理。渗水地段应及时治水，其技术要求和作业应以"短开挖、弱爆破、强支护、早衬砌、勤量测、稳前进"为指导原则。

选择隧道施工方法时，应以确保安全及工程质量为前提，综合考虑隧道工程地质及水文地质条件、断面形式、尺寸、埋置深度、施工机械装备、工期要求、经济等因素。同时应考虑围岩变化时施工方法的适应性及变更的可能性，以免因施工方法或技术措施不妥而延误施工进度和增加投资，严重时引发施工事故。

（三）不良和特殊地质地段的监控量测工作注意事项

对于采用新奥法施工的隧道，为掌握施工中围岩和支护的力学动态及稳定程度，以及确定施工工序，保证施工安全及工程质量，应充分利用监控量测指导施工。

对软岩浅埋地段隧道须进行地表下沉观测，对开挖面的地质进行素描及对围岩和支护的应力、应变须进行测试等，这些对及时预报洞体稳定程度和力学动态，及时修正支护设计参数和改变施工方法，采取针对性技术措施都是十分重要的。

（四）使用锚喷技术的注意事项

特殊地质地段隧道,除大面积淋水地段、流砂地段外,均可采用锚喷支护施工。施工时应注意以下几点:

（1）当开挖工作面自稳性很差,难以开挖成型时,应在清除危石后,尽快在开挖面上喷射厚度不小于5cm的混凝土护面。必要时,可在开挖轮廓线处和开挖面上打超前锚杆,其长度宜大于开挖进尺的3倍。

（2）当锚杆支护完成后,仍不能提供足够的支护力时,应设置钢支承加强支护。

（3）隧道穿过未胶结松散地层和严寒地区冻胀地层等,施工时应采取相应的措施,如先护后挖、密闭支承、边开挖边封闭。

（五）采用临时支护时的注意事项

不宜采用锚喷支护的特殊地质地段,应用构件支承作临时支护,并应注意以下几点:

（1）支承要有足够的强度和刚度,能承受开挖后的围岩压力。构件支承基础应铺设垫板。

（2）当支承出现变形、断裂时,应立即加固或部分撤换,确保安全和工程质量。

（3）围岩出现底部压力、产生底鼓现象或可能产生沉陷时,应加设底梁。

（4）当围岩极为松软破碎时,必须先护后挖,暴露面应用支承封闭严密。

（5）根据现场条件,可结合管棚或超前锚杆等支护,形成联合支承。

（六）选用掘进方法时的注意事项

特殊地质地段隧道施工时,不宜采用全断面开挖。无论是钻爆开挖法、机械开挖法还是人工和机械混合开挖法,应视地质环境、工程质量和安全等条件合理选用。如选用钻爆开挖法施工,一般采用光面爆破和预裂爆破技术,能使开挖轮廓线符合设计要求并减少对围岩的扰动破坏。

爆破应严格按照钻爆设计进行施工,而钻爆设计时,应严格控制炮眼数量、深度和装药量。如遇到地质变化,应及时修改、完善设计和改变施工方法,并采取相应的辅助施工方法。

（七）掘进时,遇围岩压力过大的注意事项

围岩压力过大,支承下沉可能侵入衬砌设计断面时,必须挑顶。

（1）拱部扩挖前发现顶部下沉,应先挑后扩。

（2）当扩挖后发现顶部下沉,应立好拱架和模板,先灌筑满足设计断面部分的拱圈,待混凝土达到所需设计强度并加强拱架支承后,再挑顶灌筑其余部分。

(3)挑顶作业宜先护后挖,暴露面应用支承封闭严密。

(八)掘进时,遇极松散、自稳性极差的围岩的注意事项

对于极松散、自稳性极差的围岩,当采用先护后挖法施工仍不能开挖成型时,宜先用压注水泥砂浆或化学浆液加固围岩的方法,以达到提高围岩自稳性的目的。

(九)衬砌出现开裂或下沉时的注意事项

特殊地质地段隧道衬砌,为了防止围岩松胀,岩石压力作用在衬砌结构上,致使衬砌出现开裂、下沉等不良现象,采用模筑衬砌施工时,除应遵守《铁路隧道设计规范》(TB 10003—2016)的有关规定之外,还应注意下列事项:

(1)当拱脚、墙基松散时,灌筑混凝土前应排净基底积水,并采取措施加固基底。

(2)衬砌混凝土应提高强度等级及掺速凝剂、早强剂或采用早强水泥等,以达到提高衬砌的早期承载能力的目的。

(3)仰拱施工应在边墙完成后进行,或根据需要在初期支护完成后立即施作仰拱,使衬砌结构尽快封闭,构成环形以改善受力状态,确保衬砌结构的长期稳定、坚固。

(十)特殊地质地段隧道施工方案设计的注意事项

特殊地质地段隧道施工方案应由设计、施工主管技术负责人共同研究确定。在监控、量测过程中,发现设计与实际情况不符或地质变异时,施工单位应会同设计、监理、建设单位等共同研究,做出必要、合理的修改。

◀◀ **任务实施与评价** 🗐 ──

任务实施与评价如表 4-1-1 所示。

任务实施与评价表   表 4-1-1

任务要点	简述不良和特殊地质地段隧道施工注意事项		
班级		姓名	评价时间
	考核标准	分值(分)	得分(分)
任务 实施	通过课堂或课后自学,能说清滑坡、崩坍、偏压地层、膨胀地层、软弱黄土地层、溶洞、流砂等的概念、分类、特点等	10	
	小组讨论所学内容,厘清不良和特殊地质地段隧道施工处理措施	10	
	通过网络收集黄土隧道施工案例	10	
	结合从网络上收集的案例分析黄土隧道施工的不利因素及注意事项,分享施工安全重要性的感悟	10	
	组员分工合理,职责明晰,团结合作,表现出一定的职业素养	10	
	调研材料丰富、翔实	10	
	PPT 清晰、图文并茂	10	
	富有创新精神	10	
	表达流畅,分析合理	20	
	总计	100	

互评意见:

学习心得:

指导教师意见:

说明:小组互评要实事求是,公平公正

任务二　常见不良和特殊地质地段隧道施工

任务描述与分解 ▷▶▶

任务描述:简述黄土地段隧道施工的不利影响因素,黄土地段隧道施工的注意事项。

任务分解:根据任务描述,完成以下任务。

(1)小组合作讨论所学内容,厘清不良和特殊地质地段隧道施工处理措施;

(2)通过网络收集黄土地段隧道施工案例;

(3)结合网络案例分析黄土地段隧道施工的不利因素及施工注意事项,感悟施工安全的重要性;

(4)小组代表讲解任务完成情况。

知识准备 ▷▶▶

一、膨胀土围岩地段隧道施工

膨胀土围岩是指一些特殊的围岩体,如含蒙脱石、高岭土石等的泥岩、页岩、长石、云母、蛇纹岩等岩石,它们在水的物理-化学作用下,体积会膨胀。膨胀土围岩实际上是土块与各种裂隙和结构面相互组合形成的膨胀土体。

(一)膨胀土围岩的特性

隧道穿过膨胀土围岩地段,隧道开挖后不久,常常可以见到围岩因开挖而产生变形,或者因浸水而膨胀,或因风化而开裂等现象,使坑道的顶部及两侧向内挤入,底部鼓起,随着时间的推移,围岩失稳,支承、衬砌变形和破坏。

(1)膨胀土围岩大多具有原始地层的超固结特性,使土体中储存有较高的初始应力。当隧道开挖后,围岩应力释放,强度降低,产生卸荷膨胀。

(2)膨胀土中发育有各种形态的裂隙,形成土体的多裂隙性。

(3)膨胀土围岩吸水膨胀,失水收缩,土体中干湿循环产生胀缩效应。

(二)膨胀土围岩地段隧道施工常见问题

膨胀土围岩的特殊工程地质性质及围岩压力特性,使膨胀土围岩普遍具有开裂、内挤、坍塌、膨胀等变形现象。施工中常见以下几种情况:

1. 围岩裂缝

隧道开挖后,由于开挖面上土体原始应力释放产生胀裂;另外,因为表层土体风干而脱水,产生收缩裂缝。两个原因都可使土中原生隐裂隙张开扩大,沿围岩周边产生裂缝,尤其在拱部围岩容易产生张拉裂缝与上述裂缝贯通,形成局部变形区。

2. 坑道下沉

由于坑道下部膨胀土体的承载力较低,加之上部围岩压力过大,产生坑道下沉变形。坑道的下沉,往往造成支承变形、失效,进而引发土体坍塌等现象。

3. 围岩膨胀突出

膨胀土开挖过程中或开挖后,围岩产生膨胀变形,周边土体向洞内膨胀突出,开挖断面缩小。

4. 底鼓

隧道底部开挖后,洞底围岩的上部压力解除,又无支护体约束,应力释放使洞底围岩产生卸荷膨胀,加之坑道积水使洞底围岩产生浸水膨胀,因此洞底围岩鼓出变形。

5. 衬砌变形和破坏

在先拱后墙法施工中,拱部衬砌完成后至开挖马口的这段时间,由于围岩和膨胀压力,常常产生拱脚内移,同时发生不均匀下沉,拱脚支承受力大,发生扭曲、变形或折断,拱顶受挤压下沉或向上凸起。

(三)膨胀土围岩地段隧道施工要点

1. 加强调查、量测围岩的压力和流变

在膨胀土地层中开挖隧道,除了认真实施设计文件所提出的技术要求外,在施工过程中应对围岩压力和流变情况进行充分的调查和量测,分析其变化规律。

2. 合理选择施工方法

膨胀土围岩压力的施工效应,是隧道变形病害的主要原因,采用合理的施工方法,对隧道的稳定性有着十分重要的作用。因此,在施工中应以尽量减少对围岩的扰动和防止水的浸湿为原则,宜采用无爆破掘进法,如采用掘进机、风镐、液压镐等开挖。

3. 防止围岩湿度变化

隧道开挖后,膨胀土围岩风干脱水或浸水,都将引起围岩体积变化,产生胀缩效应,因此,隧道开挖后应及时喷射混凝土,封闭和支护围岩。

4. 合理进行围岩支护

膨胀土围岩支护必须适应围岩的膨胀特性,在施工时应注意以下几点:

(1)锚喷支护,稳定围岩。

锚喷支护作为开挖膨胀土围岩的施工支护,可以加强围岩的自承能力,允许其有一定的变形而又不失稳。采用锚喷支护,应紧跟开挖,必要时在喷射混凝土的同时使用钢筋网,也可使用钢纤维混凝土提高喷层的抗拉和抗剪能力。

(2)衬砌结构及早封闭。

膨胀土围岩隧道开挖后,围岩向内挤压变形一般在其四周同时发生,所以施工时要求隧道衬砌及早封闭。

二、黄土地段隧道施工

黄土在我国分布较广,黄河中游的陕西和甘肃大部分地区,山西南部、河南西部地区为我国黄土和湿陷性黄土的主要分布区,这些地区的黄土地层分布连续、厚度较大,发育较典型。此外,黄土在青海、新疆、河北、山东、内蒙古和东北各地亦有所分布。黄土质砂黏土地层土体强度低、垂直裂隙发育、遇水易软化,在地表水的作用下极易冲蚀,有些风积土层具有不同程度的湿陷性。在此种地层中开挖隧道,容易出现坍塌、沉陷,尤其是在有地下水出现处,围岩强度大幅度降低而不能自稳。

(一)黄土地层对隧道施工的影响

1. 黄土节理的影响

黄土地层常具有各方向的构造节理,有的原生节理呈"X"形,成对出现,并具有一定延续性,在开挖时容易顺着节理张松或剪断。这种地层位于坑道顶部时,极易产生塌顶;位于侧壁时,则普遍出现侧壁掉土现象,若处理不当,常会引起较大坍塌。

2. 黄土冲沟的影响

当隧道在较长的范围内沿着黄土冲沟或塬边平行走向,而覆土较薄或偏压很大时,容易发生较大的坍塌或滑坡。

3. 黄土溶洞与陷穴的影响

黄土溶洞与陷穴是黄土地区经常见到的不良地质现象,若隧道修建在其上方,则有基础下沉的危险;若隧道修建在其下方,则有发生冒顶的危险;若隧道修建在其侧邻边,则有可能承受偏压,使围岩与衬砌结构处于不良的受力状态。

4. 黄土地层地下水对隧道的影响

黄土受水浸湿后,会呈现不同程度的湿陷性,可能突然发生下沉现象,使开挖后的围岩迅速丧失自稳能力,如支护措施满足不了变化后情况,易造成坍塌。

(二)黄土地段隧道施工要求

(1)要做好对黄土构造节理和分布状况的调查。对因构造节理切割而形成的不稳定部位,在施工时重点加强支护,防止坍塌。

(2)黄土围岩开挖后暴露时间不能过长。暴露时间过长将导致围岩周壁风化至内部,围岩松弛会加快,进而造成塌方,因此宜采用复合式衬砌,开挖时减少扰动,开挖后及时喷射混凝土,并以锚杆、钢筋网和拱架支承作为初期支护,形成严密的支护体系。

(3)施工中应遵循"短开挖、少扰动、强支护、快密贴、实回填、严治水、勤量测"的原则,精心组织施工。在开挖时宜采用短台阶开挖法或分部开挖法,初期支护要紧随开挖面进行,并注意观察开挖面情况,及时紧凑地进行施工。

(三)黄土地段隧道施工注意事项

(1)施工中如发现失稳现象,应及时用喷射混凝土封闭、加设锚杆、架立钢支承等加强支护。

(2)施工时要特别注意拱脚与墙脚处断面,如超挖过大,应用浆砌片石回填。如发现该处土体承载力不够,应立即加设锚杆或采取其他措施进行加固。

(3)在开挖与灌筑仰拱前,为防止边墙向内移位,宜加设横向撑梁顶紧。

(4)锚杆宜采用药包式或早强砂浆式。若拱部位于砂层,为防止喷射混凝土层塌落,可用 $\phi 4 \sim \phi 6\text{mm}$ 的密钢筋网,紧贴开挖面,固定初喷混凝土层。

(5)施工中如发现不安全因素,应暂停开挖,加强临时支护,调整工序安排。

三、松散地层隧道施工

松散地层岩体松散,胶结性弱,稳定性差,在施工中极易发生坍塌。隧道穿过这类地层时,应减少对围岩的扰动,一般采取先护后挖,密闭支承,边挖边封闭的施工原则,必要时可采用超前小导管预注浆改良地层和控制地下水等措施。

(一)超前支护

隧道开挖前,先向围岩内打入钎、管、板等构件,用以预先支护围岩,防止坑道掘进时岩体发生坍塌。

(1)超前锚杆或超前小钢管。爆破前,将超前锚杆或小钢管打入掘进前方稳定的岩层内,末端支承在拱部围岩内的悬吊锚杆或格栅拱支承上,使其支护掘进进尺范围内拱部上方,有效约束围岩在爆破后的一定时间内不发生松弛和坍塌。

(2)超前管棚法。此法适用于围岩为砂黏土、黏砂土、亚黏土、粉砂、细砂、砂夹卵石夹黏土等非常松软、破碎的土壤,钻孔后极易塌孔的地层。在采用此法时,管棚长度应按地质情况选用,但应保证开挖后管棚有足够的超前长度。

(二)超前小导管预注浆

超前小导管预注浆是沿开挖外轮廓线,以一定角度打入管壁带孔的小导管,并以一定压力向管内压注水泥或化学浆液的措施。它既能将洞周围岩体预加固,又能起到超前预支护作用。此法适用于自稳时间很短的砂层、砂卵(砾)石层等松散地层施工。

(三)降水、堵水

松散地层中的水对隧道施工的危害极大,排出施工部位的地下水,有利于施工。降水、堵水的方法较多,如可在洞内或辅助坑道内井点降水,在埋深较小的隧道中可用深井泵降水,在洞外地面隧道两侧布点进行。

在地下水丰富地区,排水条件欠缺或排水费用太高,经过技术、经济比选,可采用注浆堵水措施。注浆堵水又分为地面预注浆堵水和洞内开挖工作面预注浆堵水,两种方法应从隧道埋深、工程地质和水文地质情况,钻孔和压浆设备能力,以及技术、经济、工期等方面进行综合分析后选用。

四、断层地段隧道施工

隧道穿过断层地段,施工难度取决于断层的性质、断层破碎带的宽度、填充物、含水性和断层活动性以及隧道轴线和断层构造线方向的组合关系(正交、斜交或平行)。此外,与施工过程中对围岩的破坏程度、工序衔接的快慢、施工技术措施是否得当等,均有很大关系。

(一)选择合理施工方法

当断层带内充填软塑状的断层泥或特别松散的颗粒时,比照松散地层中的超前支护,采用先拱后墙法。墙部的首轮马口可用挖井法施工,如断层带特别破碎,则二、三轮马口应以扩井法施工,最后挖去核心土,随即浇筑仰拱。

如断层地段出现大量涌水,则宜采取排堵结合的治理措施。

(二)施工注意事项

1. 防排水作业

(1)如断层带地下水是由地表水补给,应在地表设置截排系统引排。对断层承压水,应在每个掘进循环中向巷道前进方向钻凿不少于 2 个超前钻孔,其深度宜在 4m 以上,以探明地下水的情况。

(2)随工作面的向前推进,挖好排水沟,并根据岩质情况,必要时加以铺砌。如为反坡掘进,则除应准备足够的抽水设备外,还应设置适当的集水坑。

(3)坑壁或坑顶有水流出时,应凿眼安置套管集中引排,使其不漫流。

2. 施工工序

(1)通过断层带的各施工工序之间的距离宜尽量缩短,并尽快对全断面进行衬砌封闭,以减少岩层的暴露,防止围岩松动和地压增大。

(2)当采用上下导坑,先拱后墙法施工时,其下导坑不宜超前过多,并改用单车道断面,掘进后随即将下导坑予以临时衬砌。上下导坑间的漏斗间距宜加大到 10m 左右,并全部以框架紧固。

3. 开挖作业

(1)采用爆破法掘进时,应严格掌握炮眼数量、深度及装药量,原则上应尽量减少爆破对围岩的振动。

(2)采用分部开挖法时,其下部开挖宜左右两侧交替进行。如遇两侧软硬不同时,应用偏槽法开挖,按先软后硬顺序交错进行。

4. 支护作业

(1)断层地带的支护应宁强勿弱,并应经常检查加固。

(2)在断层地带中,开挖面要立即喷射一层混凝土,并架设有足够强度的钢架支承。

(3)当采用分部开挖,并采用木支承时,要注意上导坑和扩大两工序间的支承倒换工作,并需预留足够的支承沉落量,防止因倒拆横、纵梁及反挑顶而引起塌方,这种塌方往往处理困难,且安全性差。

5. 衬砌作业

(1)衬砌应紧跟开挖面。

(2)衬砌断面应尽早封闭。

五、溶洞地段隧道施工

溶洞是可溶性岩层(包括碳酸盐、硫酸盐、硝酸盐等类岩石,如石灰岩、白云岩、石膏等)受具有溶解能力的水的长期作用而产生的。当隧道穿过可溶性岩层时,有的溶洞位于隧道底部,充填物松软且深,隧道基底难以处理。有的溶洞岩质破碎,容易发生坍塌;有时遇到大的水囊和暗河,溶洞水或泥沙夹水会大量涌入隧道,当含水充填物不断涌入坑道时,甚至会发生地表开裂下沉,使山体压力剧增。

(一)隧道遇到溶洞的处理措施

(1)隧道通过溶洞区,应查明溶洞分布范围和类型,岩层的完整稳定程度、填充物和地下水情况,据以确定施工方法。对尚在发育或穿越水囊和暗河等地质条件复杂的溶洞区,应查明情况,审慎选定施工方案;对有可能发生突然大量涌水、流石流泥、崩坍落石等的地段,必须事先制订措施,确保施工安全。

(2)隧道穿过溶洞区,如岩层比较完整、稳定,溶洞已停止发育,溶洞区有比较坚实的填充,且地下水量小,可采用探孔或物探等方法探明地质情况,如有变化便于采取相应的措施。

(3)溶洞地段隧道处理溶洞的常用方法有"引、堵、越、绕"四种。

①引。

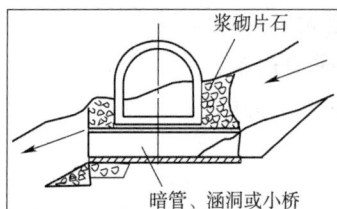

■ 图 4-2-1

桥涵引水示意图

遇到暗河或溶洞有水流时,宜排不宜堵。应在查明水源流向及其与隧道位置的关系后,用暗管、涵洞、小桥等设施排泄水流或开凿泄水洞将水排出洞外。桥涵引水示意如图 4-2-1 所示。

溶洞水流的位置在隧道顶部或高于隧道顶部时,应在适当距离处开凿引水斜洞,将水位降低到隧底高程以下,再行引排。

②堵。

对已停止发育、跨度小、无水的溶洞,根据与隧道相交的位置及其充填情况,采用混凝土、浆砌片石或干砌片石予以回填封闭;加深边墙基础,加固隧道底部。溶洞堵填示意如图 4-2-2 所示。

当隧道拱顶部有空溶洞时,可视溶洞的岩石破碎程度在溶洞顶部采用锚杆或锚喷网加固,必要时可考虑注浆加固,并采用加设隧道护拱及拱顶回填的方法进行处理。喷铺加固与浆砌护拱示意如图 4-2-3 所示。

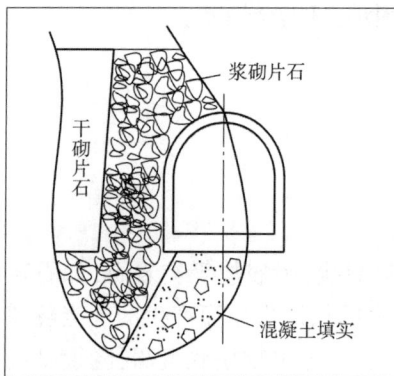

■ 图 4-2-2

溶洞堵填示意图

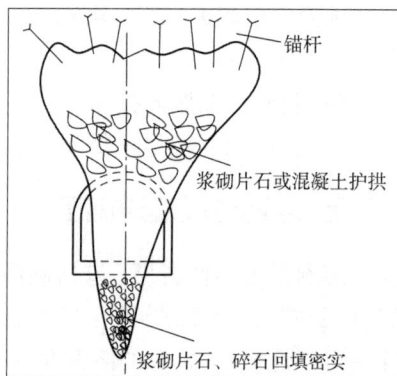

■ 图 4-2-3

喷铺加固与浆砌护拱示意图

③越。

当隧道一侧遇到狭长而较深的溶洞时,可加深该侧的边墙基础。加深边墙基础示意如图 4-2-4 所示。

隧道底部遇有较大溶洞并有流水时,可在隧道底部以下砌筑瓦工支墙,支承隧道结构,并在支墙内套设涵管引排溶洞水。支墙内套设涵管示意如图 4-2-5 所示。

隧道边墙部位遇到较大、较深的溶洞,不宜加深边墙基础时,可在边墙部位或隧底以下筑拱跨过。筑拱跨过示意如图 4-2-6 所示。

当隧道中部及底部遇有深狭的溶洞时,可加强两边墙基础,并根据实际情况设置桥台架梁通过。隧道穿过大溶洞且情况较为复杂时,可根据情况采用边墙梁、行车梁等,由设计单位负责特殊设计后施工。架梁跨过示意如图 4-2-7 所示。

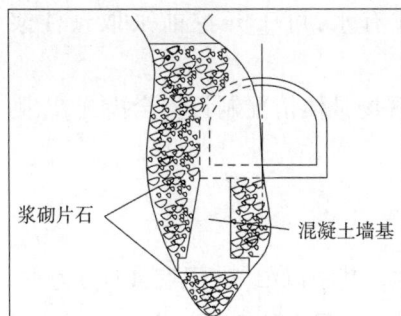

浆砌片石
混凝土墙基

■ 图 4-2-4

加深边墙基础示意图

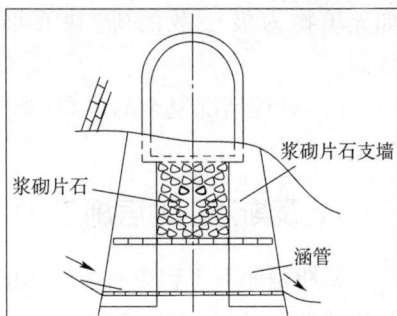

浆砌片石支墙
浆砌片石
涵管

■ 图 4-2-5

支墙内套设涵管示意图

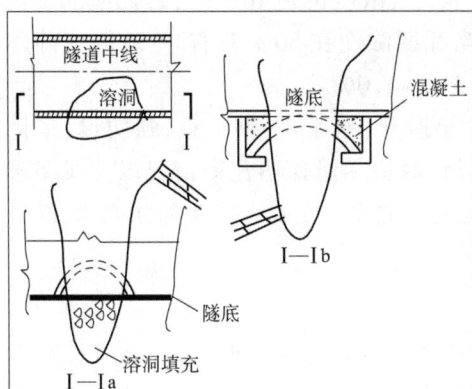

隧道中线
溶洞
I　　I
隧底
混凝土
I—Ib
隧底
溶洞填充
I—Ia

■ 图 4-2-6

筑拱跨过示意图

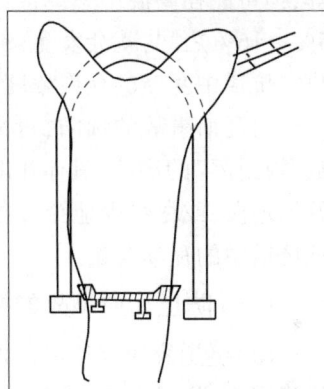

■ 图 4-2-7

架梁跨过示意图

④绕。

在溶洞区施工,个别溶洞处理耗时且困难,可采取迂回导坑绕过溶洞,继续在隧道前方施工,同时处理溶洞,以节省时间,加快施工进度。绕行开挖时,应防止洞壁失稳。

(二)溶洞地段隧道施工注意事项

(1)施工前应对地表进行详细勘查,注意岩溶状态,根据地质报告估计可能遇到溶洞的施工地段。

(2)了解地表水、出水地点的情况,对地表水进行必要的处理,防止地表水下渗。

(3)当施工到达溶洞边缘时,各工序应紧密衔接。

(4)当在下坡地段遇到溶洞时,应准备足够数量的排水设施,具体数量可根据前面探明的溶洞大小来确定。

(5)施工中要注意检查溶洞顶板,及时处理危石。当溶洞较大、较高时,应设置施工防护架和钢筋防护网;在溶蚀地段的爆破作业,应尽量做到多打眼、打浅眼,并控制药量,实行弱爆破、短进尺的施工指导方针。

（6）在溶洞充填体中掘进,如充填物松软,可用超前支护法施工。如充填物为极松散的砾、块石堆积或有水,可于开挖前采取预注浆加固。

（7）处理情况复杂的溶洞,要根据现场具体情况制订安全措施,以确保施工安全。

六、瓦斯溢出地层施工

瓦斯是地下工程中有害气体的总称。其中以沼气（甲烷,CH_4）为主,其他还有 CO_2、H_2S、SO_2 和 N_2 等。瓦斯在煤层中的含量最多。瓦斯是无色、无味、无臭的气体,当空气中的氧气浓度在 5% 以下时,不会发生爆炸,但可能在高温中燃烧;当空气中氧气浓度达到 10% 时,若瓦斯浓度在 5% ~16% 之间,就会发生爆炸;当瓦斯浓度在 30% 左右时,就能安静燃烧。坑道中瓦斯的允许浓度为 0.5% ~1.0%。

对瓦斯事故的预防,可采取"早避开、强通风、勤检查、强防爆、多排放、快封闭"的措施,具体在勘查设计时应尽量探明瓦斯情况以使线路避开该地段,或尽量少地穿过含有瓦斯的地段。在施工中要加强通风,以降低坑道中的瓦斯含量。

（一）防止瓦斯事故的措施

（1）隧道穿过瓦斯溢出地段,应预先确定瓦斯探测方法,并制订瓦斯稀释措施、防爆措施、紧急救援措施等。

（2）隧道通过瓦斯地区时,宜采用全断面开挖法,因其工序简单、面积大、通风好,随掘进随衬砌,能够很快缩短煤层瓦斯放出时间并缩小围岩暴露面,有利于排出瓦斯。

（3）加强通风是防止瓦斯爆炸最有效的办法。采用该方法把空气中的瓦斯浓度降低到爆炸浓度的 1/10 ~1/5,并将其排出洞外。有瓦斯的坑道,绝不允许用自然通风,必须采用机械通风。通风设备必须防止漏风,并配备备用的通风机,一旦原有通风机发生故障,备用机械能立即供风,以保证工作面空气内的瓦斯浓度在允许限度内。

（4）洞内空气中允许的瓦斯浓度应控制在下述规定范围内:

①洞内总回风风流中小于 0.75%。

②从其他工作面进来的风流中小于 0.5%。

③工作面装药爆破前 1% 以下。

瓦斯浓度超过上述规定,工作人员必须立即撤到符合规定的地段,并切断电源。

（5）开挖工作面和电动机附近 20m 以内风流中,瓦斯浓度达到 1.5%

时,必须停工、停机,撤出人员、切断电源并进行处理。开挖工作面内,局部积聚的瓦斯浓度达到2%时,附近20m内,必须立即停止工作,切断电源,进行处理。

(6)瓦斯隧道必须加强通风,防止瓦斯积聚。由于停电或检修,主要通风机停止运转,必须有恢复通风、排出瓦斯和送电的安全措施。

(7)如开挖进入煤层,瓦斯排放量较大,使用一般的通风手段难以将瓦斯浓度降低到安全标准时,可使用超前周边全封闭预注浆。

(8)采用防爆设施,遵守电气设备及其他设备的安全规则,避免发生电火;凿岩时,用湿式钻岩,防止钻头产生火花,洞内操作时,防止金属与坚硬岩石撞击、摩擦产生火花;爆破作业时,应使用安全炸药及毫秒电雷管;洞内只准用电缆,不准使用皮线,使用防爆灯或蓄电池灯照明,铲装石渣前必须将石渣浇湿,防止金属器械摩擦和撞击产生火花。

(二)严格执行有关制度

(1)瓦斯检查制度,指定专人定时和经常进行检查,测量风流和瓦斯含量,严格执行瓦斯允许浓度的规定。

(2)洞内严禁使用明火,严禁将火柴、打火机、手电筒及其他易燃品带入洞内。

(3)进洞人员必须接受瓦斯知识和防止瓦斯爆炸的安全教育,抢救人员未经专门培训不准在瓦斯爆炸后进洞抢救。

(4)工作认真负责、有一定业务能力、经过专业培训、考试合格者,方可进行监测工作。

以上仅介绍了瓦斯隧道施工的几项主要制度,施工时应按照瓦斯防爆的技术安全规则与有关制度严格执行。

七、高温地段隧道施工

隧道通过高温、高热地段,会给施工带来困难。一般在火山地带的地区修建隧道及地下工程会遇到高温、高热的情况,如日本某发电厂工程的隧道,其围岩温度高达175℃。更甚者,在高温隧道中发生过施工人员由于地层喷出热水或硫化氢等有害气体而烫伤或中毒的事故。

(一)高温地层的热源

地热的形成按热源分类,可分为三大类,即地球的地幔对流热源、火山岩浆集中处的热源及放射性元素的裂变热源。下面简要介绍火山岩浆集中处的热源和放射性元素的裂变热源。

1. 火山岩浆集中处的热源

当隧道及地下工程穿过火山岩浆集中处时,就会出现高温、高热的现象。

2.放射性元素的裂变热源

根据日本相关文献介绍,由于地壳内岩石中含有放射性物质,其裂变热产生地温,地下增温率以所处的深度不同而异,其平均值为3℃/100m。

(二)高温地段隧道施工的措施

(1)为保证隧道施工人员进行正常的安全生产,我国有关部门对隧道施工作业环境的卫生标准都有规定,如原铁道部规定,隧道内气温不得超过28℃;交通运输部规定,隧道内气温不宜高于30℃。为达到规定的标准,在施工中一般采取通风、洒水或通风与洒水相结合的措施。地温较高时,可采用大型通风设备予以降温。

(2)合理安排高温作业时间:根据坑道内的高温程度、劳动强度和劳动效率,确定劳动工时,以保证施工人员的健康和安全。

(3)加强健康管理:对于高血压、心脏病患者,高温作业有引起其症状恶化之虞;疲劳、空腹、睡眠不足、醉酒等容易诱发中暑症,此类人员应禁止作业。在高温作业时,维生素、水分、盐类容易不足,需进行充分的补充。

八、流砂地段隧道施工

流砂是砂土或粉质黏土在水的作用下丧失其内聚力后形成的,多呈糨糊状。流砂可引起围岩失稳坍塌,使支护结构变形,甚至倒塌破坏,对隧道施工危害极大。治理流砂必先治水,以减少砂层的含水率为主。宜采取以下措施进行治理:

(1)加强调查,制订方案。施工中应调查流砂特性、规模,了解地质构成、贯入度、相对密度、粒径分布、塑性指数、地层承载力、滞水层分布、地下水压力和透水系数等,并制订切实可行的治理方案。

(2)因地制宜,综合治水。隧道通过流砂地段,处理地下水的问题是解决隧道流砂、流泥的关键。施工时,因地制宜,采用"防、截、排、堵"治理方法。

①防。

建立地表防渗处理措施,防止雨水和地表水下渗。

②截。

在正洞之外水源一侧,采用深井降水,将储藏丰富的构造裂隙水,通过深井抽水排走,减少正洞的静水和动水压力,对地下水起到拦截作用。

③排。

有条件的隧道在正洞水源下游一侧开挖一条洞底低于正洞仰拱的泄水洞,用以降排正洞的地下水,或采用水平超前钻孔真空负压抽水的办法,排出正洞的地下水。

④堵。

采用注浆方法充填裂隙,形成止水帷幕,堵塞渗水通道。

(3)先护后挖,加强支护。开挖时必须自上而下分部进行,先护后挖,密闭支承,边挖边封闭,遇缝必堵,严防砂粒从支承缝隙中逸出。

(4)尽早衬砌,封闭成环。流砂地段,拱部和边墙衬砌混凝土的灌筑应尽量缩短时间,尽快与仰拱形成封闭环。

任务实施与评价 ▷▶▶

任务实施与评价如表4-2-1所示。

任务实施与评价表   表 4-2-1

任务要点	简述黄土地段隧道施工的不利因素影响，黄土地段隧道施工的注意事项			
班级		姓名		评价时间
任务实施	考核标准		分值(分)	得分(分)
	回顾本项目的学习，能说清不良和特殊地质地段的概念		10	
	回顾本项目的学习，能说清不良和特殊地质地段的施工原则		10	
	回顾本项目的学习，能说清不良和特殊地质地段的施工措施		10	
	小组代表可以简述黄土地段隧道施工的不利影响因素		10	
	小组代表可以简述黄土地段隧道施工的注意事项		10	
	组员分工合理，职责明晰，团结合作，表现出一定的职业素养		10	
	调研材料丰富、翔实		10	
	PPT清晰、图文并茂		10	
	富有创新精神		10	
	表达流畅，分析合理		10	
	总计		100	

互评意见：

学习心得：

指导教师意见：

说明：小组互评要实事求是，公平公正

◀◀ 过关练习 ◎——

班级：_____　姓名：_____　学号：_____　成绩：_____

一、填空题(36 分)

1.膨胀土围岩地段隧道施工要点包括 _____、_____、_____、_____。

2.黄土地层对隧道施工的影响包括 _____、_____、_____、_____。

3.溶洞地段隧道处理溶洞的常用方法有 _____、_____、_____、_____四种。

二、名词解释(12 分)

不良地质地段：

特殊地质地段：

流砂：

三、简答题(40 分)

1.简述流砂治理的方法。

2.溶洞地段隧道怎样施工？

3.断层地段隧道怎样施工？

4.溶洞地段隧道施工有哪些注意事项？

5.黄土地段隧道施工受到哪些不利因素影响？黄土地段隧道施工有哪些注意事项？

四、论述题(12 分)

特殊工程地质条件下,隧道的施工控制要点有哪些？

工程案例分析 ▷▶▶

黄土隧道施工

某省黄土隧道基本可分成两类,一类是纯黄土隧道,另一类是核心部分为红色泥岩的黄土隧道。

纯黄土隧道主要分布在某市附近,一般洞口两端浅埋段为 Q3 马兰黄土及 Q4 新近堆积黄土。隧道核心部分为 Q2 黄土,黄土颗粒大,粉砂含量较高,相对较密实,为弱湿陷性黄土,含水率小于7%时强度相对较高,隧道开挖后围岩自稳时间较短。纯黄土隧道一般埋深为 30 ~ 250m,受力复杂。核心部分为红色泥岩的黄土隧道,主要分布在某市周边地区,洞口两端浅埋段地质条件与纯黄土隧道较为一致,隧道核心部位为第三系红色泥岩。隧道开挖后围岩在 1 ~ 3h 内有一定的自稳能力。典型的该地质条件的隧道有车道岭隧道、祁家大山隧道、土家湾隧道等。

1. 黄土隧道的三种开挖方法

(1) 双侧壁导坑先拱后墙正台阶法。

如案例图 3 所示,采用上下长台阶法开挖,上台阶部分又采用预留核心土小眼镜法。在完成超前支护后,先用挖掘机开挖双侧壁,再开挖拱部土体,人工修整开挖断面后,立即施作初期支护及一次模筑混凝土衬砌。上台阶长度一般为 40m。A 隧道、B 隧道除洞口极浅埋段外,在一般新黄土及深埋段老黄土地层中均采用此方法施工,C 隧道全段采用此方法施工。

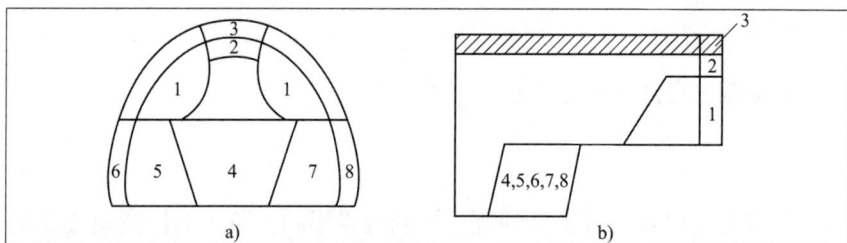

■ 案例图 3

双侧壁导坑先拱后墙正台阶法开挖、支护顺序图

a) 横断面示意图;b) 纵断面示意图

(2) 双侧壁大导坑全断面法。

完成超前支护后,机械开挖双侧壁大导坑,立即人工开挖拱部土体,预留大核心土,安装格栅支承,再进行墙脚纵横向排水系统安设,完成全断面一次模筑衬砌混凝土施工。B 隧道、D 隧道在洞口浅埋段采用此方法施工,如案例图 4 所示。

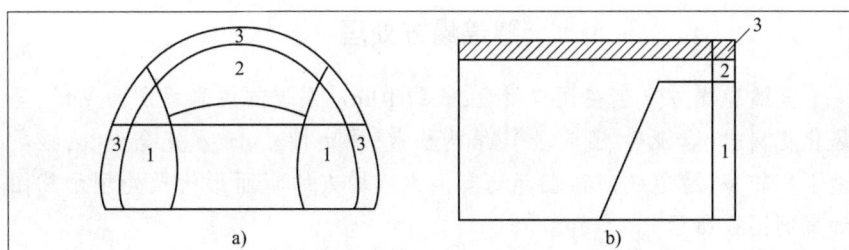

双侧壁大导坑全断面法开挖、支护顺序图

a) 横断面示意图;b) 纵断面示意图

（3）双侧壁导坑先墙后拱反台阶法。

施作超前支护后,先开挖下断面双侧壁导坑,完成格栅支承与排水系统安设及一次衬砌后,一次弧形开挖拱部土体,保留核心土,完成初期支护及一次衬砌。A 隧道浅埋段采用此方法施工,如案例图 5 所示。

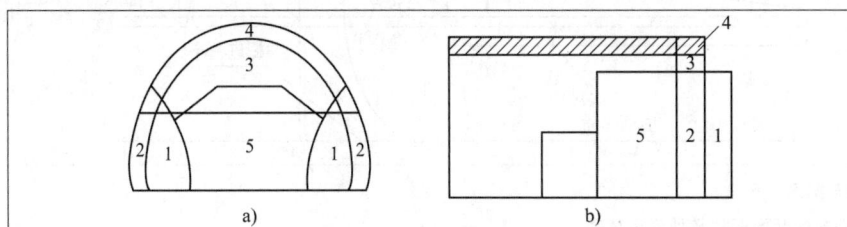

双侧壁导坑先墙后拱反台阶法开挖、支护顺序图

a) 横断面示意图;b) 纵断面示意图

以上三种开挖方法完成后均完成小边墙、防水层、仰拱及填充混凝土浇筑,全断面铺设防水板,再利用钢模台车进行隧道混凝土二次衬砌。

2. 三种施工方法的优缺点

双侧壁导坑先拱后墙正台阶法:优点是可实现上下断面各工班平行作业,施工进度较快,劳动力安排连续,作业人员无恐惧感,一次衬砌发挥作用早;缺点是一次衬砌下沉量较大,拱墙结合处混凝土质量不易保证,仰拱封闭速度较慢。

双侧壁大导坑全断面法:优点为一次衬砌整体受力好,仰拱封闭速度较快;缺点是施工进度相对较慢,一次衬砌混凝土发挥作用滞后,混凝土浇筑难度大,施工安全性相对较差。

双侧壁导坑先墙后拱反台阶法:优点为隧道下沉变形小;缺点为施工工序相互干扰大,进度慢,劳动力布置不连续,不能形成流水作业,施工安全性差。

隧道塌方处理

某隧道塌方发生在洞口附近,长约10m。洞口的围岩级别为V级,全风化花岗岩(含亚砂、亚黏土),结构松散,稳定性差,遇水完全失稳,该段地下水较多,隧道底部和上部均有渗水。塌方的断面形状及处理示意图如案例图6所示。

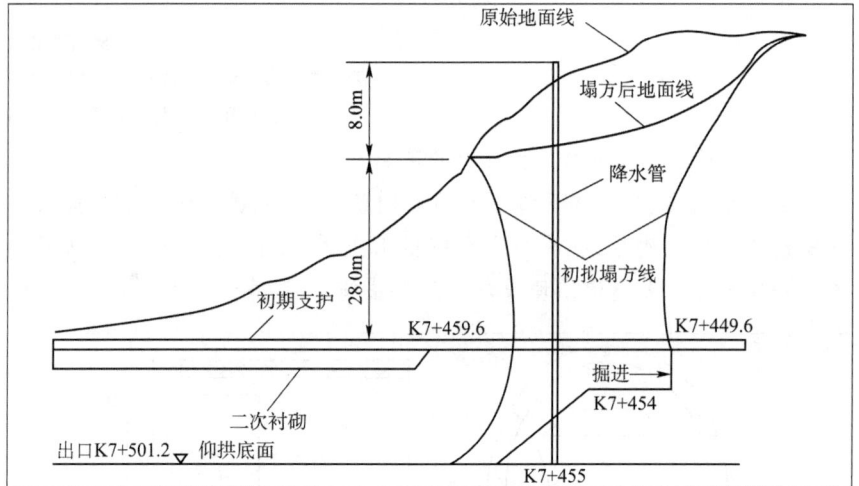

■ 案例图6
塌方的断面形状及处理示意图

在洞口右侧,距隧道中线1.8m处,拱部有一降水管,拱部地下水沿降水管周边大量渗下,左侧4.0m拱部有较大量裂隙水渗出,经初步分析是地质钻孔所致。

1. 塌方的具体情况

(1)刚开始,在喷层上出现裂纹,在距开挖面5~6m的拱部首先发生掉块,当时正在进行复喷,随后裂纹逐渐扩大,其中最大的一条裂纹长6~7m,宽1~2cm,斜穿拱顶至起拱点。

(2)工人们正在对出现裂纹的地方进行喷射混凝土加强时,K7+455处的降水管附近突然发生坍塌,估计土方量有2.0m³,工人们立即撤出,大约2min后,整个靠近开挖面、10m长度的初期支护包括格栅全部垮塌下来,并一直坍塌至地表,形成冒顶塌方,地表形成9.0m×15.0m的凹型漏斗,在塌口周围35m半径范围内出现大量裂缝,已做好的排水沟出现多处拉裂,塌方高度达32.0m,塌方土方量为3760m³。

2. 塌方的主要原因

各方在现场进行查看和分析后,一致认为本次大规模塌方的原因有以下几点。

(1)该段的地质为强风化的花岗岩,从洞内的坍塌体表面观察来看,大约80%已完全风化成砂黏土,其结合力主要为砂粒之间的摩擦力,整体稳定性极差。

（2）地下水丰富，在开挖过程中，就经常出现大量的渗漏水，特别是风化花岗岩这样的松散结构遇水后，其自稳时间几乎为零，特别是在 K7+455 处的降水管，把垂直上方的地下水都引入洞中，致使发生冒顶的大型塌方。

（3）支护措施存在一定的问题。针对这样的地质条件，应采取适当的超前支护措施，如加设管棚、预注浆加固等。另外，采用台阶法施工时，上台阶的格栅直接放在砂土层中，很容易引起下沉，从而导致初期支护的整体稳定性下降，应采取诸如设置纵向托梁的方法，尽量控制下沉位移。

3.塌方的处理

（1）塌方处理的总原则。

①安全，塌方的处理必须安全、可靠，做到万无一失。

②快速，即处理时间要最短，要求两个月内完成。

③保质，即保证工程质量，不得留有任何隐患。

④节约，即整个塌方处理费用要最低。

（2）塌方处理的要点。

①做地表处理，并做好防排水，防止塌方扩大。

②洞内塌方体注浆固结，形成整体受力壳（环）。

③塌方段的开挖及支护。

（3）塌方处理的具体措施。

①采用喷射混凝土和锚杆挂网，封闭地表。

②用黏土堵塞裂缝，用 M10 水泥砂浆修补截（排）水沟裂缝，并设置变形观测点。

③塌方体稳定3d后，清刷塌口松动土方，刷方、夯填后打设地表注浆管，灌筑水泥砂浆，然后采用锚喷网封闭塌口。

④按设计坡度分台阶清刷仰坡，进行减载。

⑤清理隧道两侧排水沟，并在邻近塌体处设集水坑集中抽水，仰坡顶设钢管降水井并不断抽水。

⑥设置止浆墙，采用浆砌条石，厚度为1.5m。

⑦安设 $\phi70mm$ 注浆导管，长2.5m。

⑧循环注浆，每次注浆长度为4.0m，分三次完成；注浆厚度应保证拱顶高程以上3.0m的松散体全部固结；注浆压力 1.0～1.5MPa；要求固结强度达到 2～3.0MPa；注浆材料选择单液浆，渗水较多处采用双液浆。

（4）塌方段的开挖与支护。

①先施作超前支护，采用 $\phi42mm$ 超前小导管预注浆，长4.0m，间距0.5m。

②采用弧形导坑预留核心土法开挖,先开挖一侧,完成初期支护后再开挖另一侧,开挖高度1.5~2.0m,开挖长度为每一循环1.0m,开挖后立即进行锚喷支护,并安设格栅。具体参数为:锚杆 ϕ22mm,长3.5m,喷射混凝土厚25cm,分2~3次完成,格栅间距0.8m,格栅钢架之间采用 ϕ22 的钢筋纵向连接,格栅的底部要用22号槽钢纵向连接。

③弧形导坑完成后,采用挖马口的方法,分别开挖左、右两侧边墙,边墙开挖后,立即进行锚喷支护并将格栅拱顺接下来,形成整体。

④边墙开挖完成以后,最后开挖核心土,如案例图7所示。

⑤二次衬砌,采用先墙后拱法施工,每环混凝土的灌筑长度控制在2.0~4.0m。

4.塌方处理过程中采取的应变措施

(1)由于在风化花岗岩中的注浆效果不理想,从开挖出来的坍塌体来看,并未形成2.0~3.0MPa的注浆固结体,而是浆液呈树枝状分布,注进的浆液呈薄片状,对整个坍塌体而言虽不能形成完整的注浆固结体,但仍起到了一定的"挤压致密"作用。在进行分部开挖时拱顶及拱脚的下沉变形仍较大,为此采用了临时预应力仰拱技术,严格控制下沉,形成闭合环受力,效果较好。

(2)坍塌体中渗漏水量仍然较大,使开挖后的喷射混凝土厚度很难达到25cm,实施中采用以格栅厚度(22~25cm)为界立模,喷射混凝土变成模筑混凝土,使施工过程变得简单、快速,而且保证了质量。

(3)拱部坍塌体虽经过了两次注浆(第一次是通过注浆导管整体注浆,第二次是超前小导管注浆),但仍未形成注浆固结体,理由同前。开挖时为了避免拱顶的局部坍塌,增加了密排的超前锚杆(锚杆采用 ϕ22mm,长3.5m,间距0.3m,仰角15°~30°),每开挖2.0m,施作一排,这样确保了拱部的稳定和施工的安全。

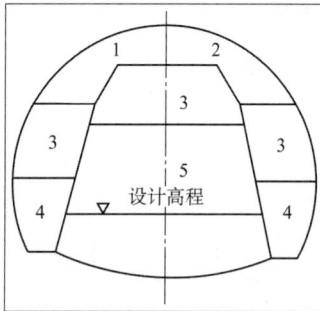

■ 案例图7
分部台阶法开挖顺序图

请根据黄土地段隧道施工案例,结合本项目所学,简述双侧壁导坑先拱后墙正台阶法、双侧壁大导坑全断面法、双侧壁导坑先墙后拱反台阶法等的施工工序,分析隧道施工中塌方产生的原因。

项目五

防排水技术

岗位实境

　　某市地铁1号线水位正好在砂卵石与红砂岩的交界处，红砂岩含丰富的地下水，在施工过程中极易出现侧壁涌水或涌砂现象，严重影响正常施工，增加了施工难度。在车站和区间隧道施工时采取了增加降水井的深度、深孔注浆对地下水实行封堵、水平注浆巩固基坑内侧、设置集水井等一系列措施。

　　城市轨道交通工程技术专业岗位实习生以车站施工员助理的身份进行岗位实习时，不仅要能简述地铁隧道防水卷材及防水涂料铺设的工艺流程及控制要点，还要能够简述井点降水方法、类型和适用范围。

项目任务书 ▷▶▶

名称		防排水技术
学习目标	知识目标	(1)知道隧道及地下工程防排水常用方法; (2)熟悉井点降水的适用范围
	技能目标	(1)能准确说出隧道排水系统; (2)能合理选择井点降水的方法; (3)能准确叙述井点降水的施工注意事项
	素质目标	(1)具备强烈的施工安全与自我保护意识; (2)培养团结协作、认真细心的品格; (3)培养刻苦钻研的学习精神
学习重点		(1)简述地铁隧道防水卷材及防水涂料铺设的工艺流程及控制要点; (2)简述井点降水方法、类型和适用范围
任务 实施要求		(1)学习小组进行项目任务分析、任务分配、团队工作任务分配表制订; (2)掌握地铁隧道防水材料施工方法; (3)掌握隧道常用的降水方法; (4)依据评价表,客观、公正地评价任务实施情况
任务 实施要点		(1)在项目相关知识的基础上,收集网络资源,团队深入探究; (2)团队有效合作
任务拓展		(1)结合本市情况,组织团队成员去现场参观学习; (2)学习隧道防排水相关文献
城市轨道交通工程技术专业相关职业技能要求: (1)熟知地铁隧道防排水原则; (2)掌握地铁隧道防排水系统相关知识; (3)熟知地下工程防排水措施		

任务一 隧道防排水

◀◀ **任务描述与分解** ✎

任务描述:简述地铁隧道防水卷材及防水涂料铺设的工艺流程及控制要点。

任务分解:根据任务描述,完成以下任务。

(1)小组讨论所学内容,厘清防水卷材及防水涂料铺设的工艺流程;

(2)讨论防水卷材及防水涂料铺设的控制要点;

(3)小组代表讲解任务完成情况。

◀◀ **知识准备** ✐

防排水工程是隧道工程的重要组成部分。防止地下水侵入隧道内部,保持隧道内干燥是保证隧道结构安全和运营安全的重要前提。然而,由于隧道修建在地表之下,地层中存在各种不同类型的地下水,这些地下水总是试图通过各种孔隙侵入隧道内部,从而造成隧道渗漏水。隧道防排水工程是一个复杂的有机联系的系统工程,实践证明,地下防排水工程是集规划、设计、施工、维护于一体的综合性、系统性工程,它们之间既各自独立,又相互关联。规划与设计是前提,施工是关键,维护是保证,已成为专家们的共识。因此,为了保证地下工程的防排水质量,应全面考虑,综合决策。

一、隧道防排水概述

(一)防水

1.防水等级划分

为了保证铁路隧道结构安全和满足必需的运营条件,《铁路隧道设计规范》(TB 10003—2016)第10.1.3条将新建和改建铁路隧道的防水等级,根据工程的重要性、使用功能、运营安全保障等要求,划分为四级。

一级防水:有客运作业或装修要求的车站隧道拱墙;高速铁路隧道拱墙;隧道抗冻设防段衬砌;隧道内供人员长期工作的洞室;因少量湿渍而影响设备正常运转、危及运营安全的设备洞室;因少量湿渍使储存物质变质、失效的贮物洞室。

二级防水:电气化铁路隧道拱墙;内燃牵引铁路隧道拱墙;隧底结构;有人员经常活动的场所;安装一般电气设备的洞室、置放无防潮要求器材物料的洞室;辅助坑道内安装电动防火门、风机及其控制设备的段落。

三级防水:运营期间作为防灾救援通道、检修通道、通风排烟通道的辅助坑道;人员临时活动场所;安装非电气设备的洞室。

四级防水:对渗漏水量无严格要求的坑道、施工用临时洞室。

2. 防水层防水

复合式衬砌初期支护与二次衬砌之间应设置防水层,防水层一般由防、排水板与缓冲层组成,宜采用分离式。

《铁路隧道设计规范》(TB 10003—2016)第 10.2.5 条要求防水层铺设满足以下几个条件:

(1)基面应平整、无尖锐物,其平整度应符合 $D/L \leqslant 1/10$ 的要求(D 为基面相邻两凸面间凹进去的深度;L 为基面相邻两凸面间的距离,且 $L \leqslant 1m$)。

(2)缓冲层应固定牢靠,与基面密贴,缓冲层接缝搭接宽度不应小于 5cm。

(3)铺设固定应松紧适度并留有余量,以保证混凝土浇筑后与初期支护表面密贴。

(4)防水层可按规定采用粘接或焊接,焊接应采用双焊缝,单条焊缝的有效焊接宽度不应小于 15mm;分段铺设的防水层边缘部位应预留至少 60cm 余量以利搭接;防水层搭接缝应与衬砌施工缝错开 1.0~2.0m。

3. 注浆防水

《铁路隧道设计规范》(TB 10003—2016)第 10.2.6 条规定在下列情况下隧道工程可采用注浆防水:

(1)掌子面前方存在较高水压的富水区,开挖后存在突水、突泥风险。

(2)掌子面开挖可能导致不可接受的地下水环境改变、地表沉降者。

(3)开挖后洞壁出水超过允许排放标准。

(4)初期支护完成后仍有较大面积的渗漏水。

隧道围岩注浆、超前预注浆后应做注浆效果检查和评判;当漏水量小于设计允许值,浆液固结体达到设计强度后,方可开挖,否则应进行补充注浆或采取其他有效的工程措施。宜选择以水泥基为主的注浆材料,注浆浆液应对环境污染小、对人体无害。

(二)排水

隧道、明洞、辅助坑道一般采用自流排水,无自流排水条件时应设置机械排水。隧道排水应防止危及地面建(构)筑物及农田水利设施等。

隧道排水系统包括地表截排水沟、洞内侧沟及中心水沟、衬砌背后环向盲管(沟)、纵向盲管(沟)、横向排水管、泄水孔,必要时可设泄水洞或隧底设排水管(沟)。

隧道及平行导坑、横洞等辅助坑道内纵向应设排水沟,底部结构顶面应设横向排水坡,流入排水沟的隧底横向排水坡宜为 2%。

1. 洞内排水沟

《铁路隧道设计规范》(TB 10003—2016)第 10.3.4 条规定洞内排水

沟的设置应符合下列规定：

（1）洞内纵向排水沟宜与线路坡度一致。在隧道内线路平坡段、车站隧道段，排水沟泄水底面排水坡不得小于1‰。

（2）单线隧道宜设置双侧水沟，双线及多线隧道应设置双侧水沟及中心排水沟。

（3）道床积水应通过纵横向排水管引入排水沟；电缆槽应设置泄水孔接入侧沟。

（4）中心排水沟可采用盖板明沟或暗埋管沟。采用暗埋管沟时，应设置满足养护、维修需要的检查井。

（5）隧底岩体软弱且地下水发育地段，应采取疏排地下水的措施，以防止隧底滞水、基础软化、翻浆冒泥，有条件时可于隧底结构下设置纵向排水沟（管）。

2. 洞内环纵向盲管

《铁路隧道设计规范》（TB 10003—2016）第10.3.6条规定环纵向盲管设置应符合下列规定：

（1）盲管宜直接引入侧沟。

（2）环向盲管间距宜为8~12m，当地下水发育时可适当加密至3~5m；纵向盲管宜8~12m分段。

（3）盲管应设反滤层。

（4）环向盲管管径不宜小于50mm，纵向盲管管径不宜小于80mm。

（三）洞口及明洞防排水设计

1. 洞口防排水设计

洞口防排水设计应符合下列要求：

（1）隧道、明洞和辅助坑道的洞口应设置截水沟和排水沟。

（2）多雨地区，宜采取措施防止洞口仰坡范围内地表水下渗和冲刷。

（3）洞外路堑的水不宜流入隧道。

（4）洞口天沟汇水宜接至路堑天沟或排至远离线路沟谷处。

2. 明洞防排水设计

明洞防排水设计应符合下列要求：

（1）明洞顶部应设置截、排水系统。

（2）靠山侧边墙顶或边墙后，宜设置纵向和竖向盲沟，将水引至边墙进水孔排入洞内排水沟。

（3）衬砌外缘应敷设外贴式防水层或防水涂料。

（4）明洞结构回填土表面均应铺设隔水层，隔水层应优先选用黏土层。

（5）明洞顶截水沟应设置在洞顶边仰坡外不小于5m，截水沟坡度应根据地形设置，且不应小于3‰，沟水应引至沟谷或涵洞处排泄，并不应对相邻工程产生冲刷等不利影响。

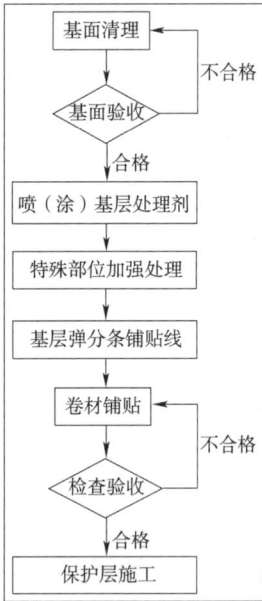

■ 图 5-1-1
防水卷材铺设工艺流程

二、地铁隧道防水工程

（一）防水卷材铺设

1. 工艺流程

防水卷材铺设工艺流程如图 5-1-1 所示。

2. 控制要点

（1）铺设前基面清理。

①防水工程施工期间，必须保证地下水位稳定在工程底部 500mm 以下。

②基面应干净、平整、坚实，不得有疏松、起砂、起皮现象，并要求所有凹凸部位应圆滑、平整，不平整处用水泥砂浆找平处理，并应涂刷基层处理剂。防水基面清理如图 5-1-2 所示。

③基层表面可潮湿，但不得有明水流，否则应进行堵水处理或临时引排。

④基层阴阳角处应做成圆弧或 45°坡脚，具体尺寸按照防水设计图纸规定执行。阴阳倒角处理如图 5-1-3 所示。

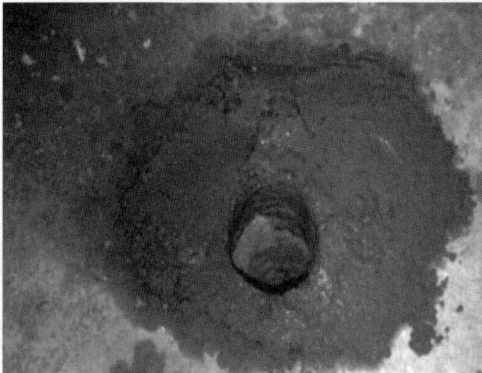

无油污、浮灰或其他污染物

■ 图 5-1-2
防水卷材铺设前基面清理

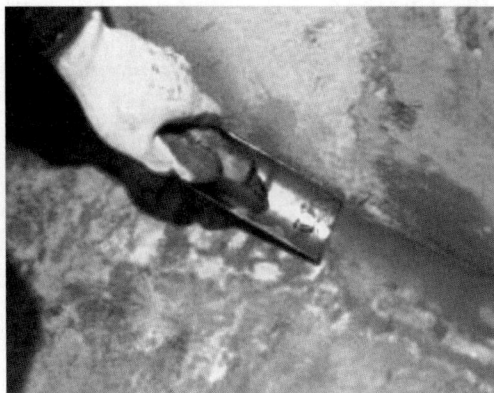

⑤对于 EVA 塑料防水板的施工应做好以下处理：

a. 初期支护的渗漏水应在铺设塑料防水板前进行注浆封堵或引排。

b. 防水层的基面应平整、洁净，基面平整度不应大于 1/6，找平处理采用喷射混凝土或水泥砂浆抹面。

c. 缓冲层采用单位重量为 400g/m² 的无纺布，尽量与基面密贴。

d. 暗钉圈应采用与塑料防水板相容的材料制作，直径不应小于 80mm。

（2）铺设要求。

①在转角处、变形缝、施工缝、穿墙管等部位应铺贴卷材加强层，加强层宽度不应小于 500mm。

②铺设的防水卷材应平整顺直，搭接尺寸正确，不得产生扭曲和皱褶。

③搭接缝应封严或采用材性相容的密封材料封缝。

④铺贴立面卷材防水层时，应采取防止卷材下滑的措施。

⑤铺贴双层卷材时，上下两层和相邻两幅卷材的接缝应错开 1/3 ~ 1/2 幅宽，且两层卷材不得相互垂直铺贴。防水卷材铺设如图 5-1-4 所示。

⑥采用外防外贴法铺贴卷材防水层时，立面卷材接槎的搭接宽度：高聚物改性沥青类卷材应为 150mm，合成高分子类卷材为 100mm，且上层卷材应盖过下层卷材。防水卷材搭接如图 5-1-5 所示。

⑦EVA 塑料防水板施工时应满足以下要点：

a. 塑料防水板环向铺设时，应由拱顶向两侧展铺，下部防水板应压住上部防水板，并应边铺边用压焊机将塑料板与暗钉圈焊接牢固，不得有漏焊、加焊和焊穿现象，固定点间距符合设计图纸要求。

b. 塑料防水板的搭接宽度不应小于 100mm，搭接缝必须采用双焊缝热熔焊接，每条焊缝的有效宽度不小于 10mm，双焊缝间必须进行充气检测。

c. 塑料防水板铺设时不得出现十字焊缝。

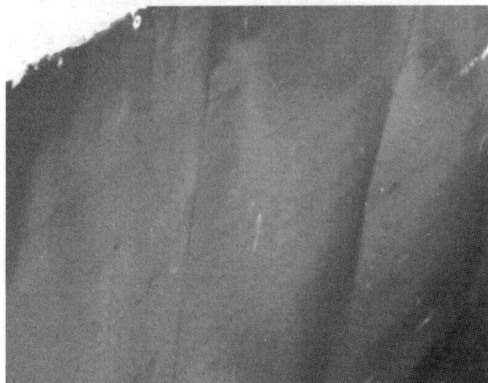

■ 图 5-1-4
防水卷材铺设

■ 图 5-1-5
防水卷材搭接

　　d. 塑料防水板的铺设应平顺,不得有下垂、绷紧和破损现象。

　　e. 塑料防水板搭接宽度的允许偏差为 ±10mm。

　　(3)检查验收。

　　①防水卷材与现浇混凝土结构外表面密贴面的隔离膜应在浇筑混凝土前撕掉。

　　②卷材预留搭接部位需做好保护工作。

③防水层施工完毕并经验收合格后应及时施作卷材保护层,底板及时施作细石混凝土保护层,侧墙宜采用涂抹软质保护材料或铺抹 20mm 厚水泥砂浆等临时保护措施。

④防水层破损部位应采用同材质材料进行修补,补丁满粘在破损部位,补丁四周与破损边缘的距离不小于 100mm。

（4）成品保护。

①防水材料必须存放于专用库房,按照不同类型、规格分别垫高堆放,并做好防火、防潮措施。

②防水材料储存时应于明显处设置材料标识牌,标识牌上所反映的信息必须与实际情况一致。

③防水卷材必须立放,防止倾斜或横压,同时防止碰撞,并注意通风。

（二）防水涂料铺设

1. 工艺流程

防水涂料铺设工艺流程如图 5-1-6 所示。

2. 控制要点

（1）施工前基面清理。

①基面应干净、干燥、无浮浆,对表面的气孔、凹凸不平、蜂窝、缝隙、起砂等应修补处理。防水基面清理如图 5-1-7 所示。

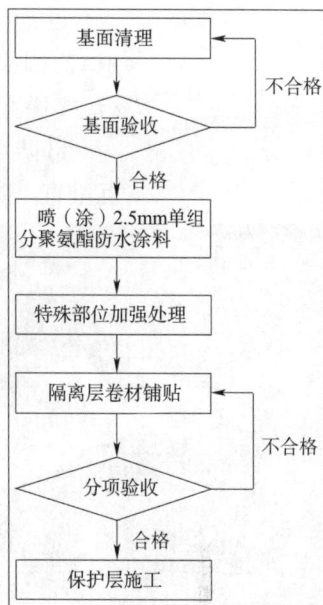

■ 图 5-1-6
防水涂料铺设工艺流程

■ 图 5-1-7
防水涂料铺设前基面清理

②当基面层上出现宽度大于 0.3mm 的裂缝时,应涂刷 1mm 厚的聚氨酯涂膜防水加强层,然后设置玻纤网格布增强层。

③雨雪天气及五级以上大风天气时不得施工,不得在环境温度低于 5℃及高于 35℃或烈日暴晒时施工,否则应采取相应措施。

（2）聚氨酯防水涂料施工要求。

①阴阳角部位应做成圆弧,在转角处、变形缝、施工缝、穿墙管、桩头等部位应增加胎体增强材料或增涂防水涂料,加强层宽度不应小于 500mm。

②加强层实干后,开始涂刷防水层,防水层采用多道(一般3~5道)涂刷或喷涂,涂层应均匀。涂刷应待前一遍涂层干燥固化成膜后进行,接槎宽度不小于100mm。

③防水涂料可以采用机械喷涂或涂刷,上下两道涂层涂刷方向应相互垂直。防水涂料涂刷如图5-1-8所示。

■ 图5-1-8
防水涂料涂刷

④双组分聚氨酯防水涂料的甲、乙组分按照一定比例混合,应根据有效时间确定每次配制的用量,两组分按比例计量准确后搅拌均匀。混合料宜随拌随用,严禁使用已经固化的混合料。

(3)检查验收。

①涂料防水层的平均厚度应符合设计要求。

②最小厚度不得小于设计厚度的90%。

③防水层与基层应黏结牢固,表面应平整,涂布应均匀,不得有流淌、皱褶、起泡、露胎体等缺陷。

④平面防水层施工完毕并经验收合格后应及时施工细石混凝土保护层,立面防水层采用软质保护材料进行保护。

(4)成品保护。

防水涂料不得横放、斜放,应避免雨淋、日晒、受潮。已喷涂好的防水层,应及时采取保护措施。操作人员不得穿钉鞋在防水层上作业。隔离层施作完成后要妥善保护,防止断裂和损伤。在防水涂料铺完后,应按设计和规范要求及时做好保护层,施工中不得污染已做完的成品。

◀◀ **任务实施与评价**

任务实施与评价如表 5-1-1 所示。

任务实施与评价表　　　　　　　　　　　　　　　　表 5-1-1

任务要点	简述防水卷材及防水涂料铺设的工艺流程及控制要点		
班级		姓名	评价时间
	考核标准	分值(分)	得分(分)
任务实施	能说清隧道防排水的原则、防排水系统及防水材料的施工注意事项	10	
	小组讨论所学内容,厘清防水卷材及防水涂料铺设的工艺流程	10	
	讨论防水卷材及防水涂料铺设的控制要点	10	
	小组代表讲解任务完成情况	10	
	组员分工合理,职责明晰,团结合作,表现出一定的职业素养	10	
	调研材料丰富、翔实	10	
	PPT 清晰、图文并茂	10	
	富有创新精神	10	
	表达流畅,分析合理	20	
	总计	100	

互评意见：

学习心得：

指导教师意见：

说明:小组互评要实事求是,公平公正

任务二　地下工程防排水

任务描述与分解 ▷▶▶

任务描述:简述井点降水方法、类型和适用范围。

任务分解:根据任务描述,完成以下任务。

(1)小组合作讨论所学内容,厘清隧道常见的降水方法;

(2)分析并讨论井点降水方法、类型及适用范围;

(3)小组代表讲解任务完成情况。

知识准备 ▷▶▶

在深基坑和地下构筑物的开挖过程中往往会遇到地下水位高于施工作业面的情况,地下水的涌入及流砂的产生等会影响施工进度和质量,甚至导致无法施工。人工降低地下水位的常用方法可分为集水明排法和井点降水法两类。井点常沿基坑外围布设,水平井点可穿越基坑底部,井点深度大于基坑深度,通过井点抽水降低地下水位,保证顺利施工。

当降排水工程距离已有建筑物很近时,将引起邻近建筑物的沉降,危及安全时,应采取防治措施,可应用同样的井点施工工艺,在已有建筑物附近布设井点,进行回灌,保持已有建筑物下部原有的地下水位,从而减少或防止建筑物沉降。

一、集水明排法

集水明排法是在开挖基坑时,在坑底设置集水井,并沿坑底周围或中央挖掘排水沟,使水流入集水井中,然后用水泵排至坑外。集水明排法示意如图 5-2-1 所示。

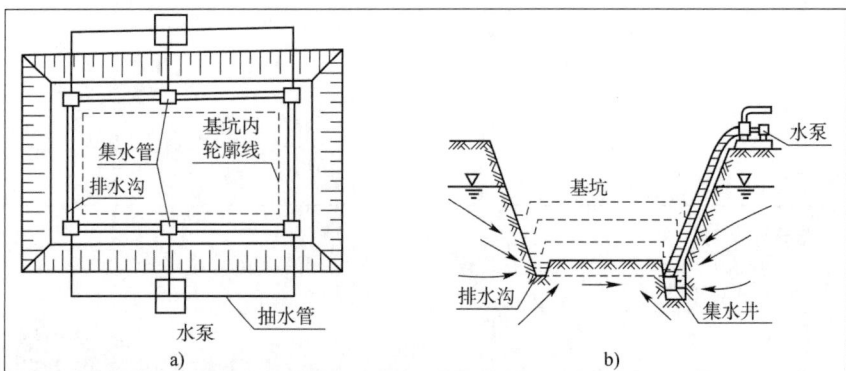

■ 图 5-2-1

集水明排示意图

a) 平面布置图;b) 剖面图

开挖基坑时,可根据现场地形状况,在基坑四周挖掘截水沟和构筑防水堤,以防止降水时地表水流入基坑。场地的排水应尽量利用原有的沟渠排泄,施工用水和废水要用临时排水管泄水,其排水注意事项有:

(1)四周排水沟和集水井应设置在基坑坡顶面 0.5m 以外,并设在地下水走向的上游。根据地下水量大小、基坑平面形状及水泵能力,每隔 30~40m 设置一个集水井。

(2)排水沟深为 0.3~0.4m,沟底宽度不小于 0.3m,坡度为 0.1%~0.5%。

(3)集水井与构筑物边线的距离必须大于井的深度。为防止井壁塌落,可用挡土板加固或用砖干砌加固。

(4)当基础较深且地下水位较高以及多层土中上部有渗水性较强的土层时,可在基坑边坡上设置多层明沟,分层排出上部土中的地下水,以免上层地下水流出,冲刷边坡造成塌方。

二、井点降水法

(一)井点降水类型和适用范围

在深基坑和地下构筑物的施工中,几乎每年都有因流砂、管涌、坑底失稳、坑壁坍塌而引起的工程事故,造成周围地下管线和建筑物不同程度的损坏,采用井点降水可以防范这类工程事故。井点降水分为轻型井点降水、喷射井点降水、电渗井点降水、管井井点降水、深井井点降水等几类。各类井点降水的适用范围见表 5-2-1。

各类井点降水的适用范围 表 5-2-1

井点降水类型	渗透系数(m/d)	降低水位深度(m)	适用岩(土)性
一级轻型井点降水	0.1~80	3~6	轻亚黏土、细砂、中砂、粗砂
二级轻型井点降水	0.1~80	6~9	轻亚黏土、细砂、中砂、粗砂
喷射井点降水	0.1~50	8~20	轻亚黏土、细砂、中砂、粗砂
电渗井点降水	<0.1	5~6	黏土、亚黏土、粗砂、砾石、卵石
管井井点降水	20~200	3~5	黏土、亚黏土、粗砂、砾石、卵石
深井井点降水	10~80	>15	中砂、粗砂、砾石

(二)井点降水方法

1. 轻型井点降水

轻型井点降水是沿基坑的四周或一侧将直径较小的井点管沉入深于坑底的含水层内,井点管上部与总管连接,通过总管利用抽水设备,由真空作用将地下水从井点管内不断抽出,使原有的地下水位降低到坑底以下。

轻型井点系统由井点管、连接管、集水总管、抽水设备等组成。轻型井点降水示意如图 5-2-2 所示。

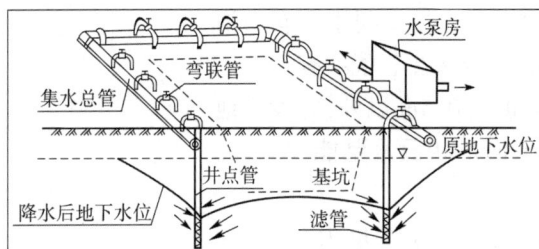

■ 图 5-2-2
轻型井点降水示意图

轻型井点降水井点间距小,能有效拦截地下水流入基坑内,尽可能减小残留滞水层厚度,对保持边坡和桩间的稳定比较有利,因此降水效果较好;其缺点是占用场地大、设备多、投资大,特别是对于狭窄的施工场地,其占地面积和施工费用一般使建设和施工单位难以接受,在较长的降水过程中,对供电、抽水设备的要求高等。

在地铁施工过程中,区间部分的降水一般是沿线路两侧布置井点;车站部分则常采用"U"形或环形封闭式井点布置方式。

2. 喷射井点降水

喷射井点降水系统由高压水泵、供水总管、井点管、排水总管及循环水箱组成,如图 5-2-3 所示。

喷射井点降水是采用高压水泵,将压力工作水经供水总管压入井点内外环形空间,并经过喷射器两边的侧孔流向喷嘴。喷射井点降水主要适用于渗透系数较小的含水层和降水深度较大的降水工程。其主要优点是降水深度大,但由于需要双层井点管,喷射器设在井孔底部,有两根总管与各井点管相连,地面管网敷设复杂,工作效率低,成本高,管理困难。

3. 电渗井点降水

电渗井点降水是利用轻型井点和喷射井点的井点作为阴极,另埋设金属棒(钢筋或钢管)作为阳极,在电动势的作用下构成的降水系统。电渗井点降水一般只适用于水层渗透系数较小的饱和黏土,特别是淤泥和淤泥质黏土。电渗井点可与轻型井点或喷射井点结合降水。

4. 管井井点降水

管井井点降水即利用钻孔成井,多采用单井单泵抽取地下水的降水方法。管井井点直径较大,出水量大,适用于中、强透水含水层,可满足大降深、大面积降水要求。管井结构示意如图 5-2-4 所示。

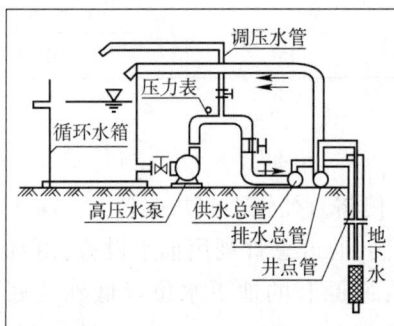

■ 图 5-2-3
喷射井点降水系统

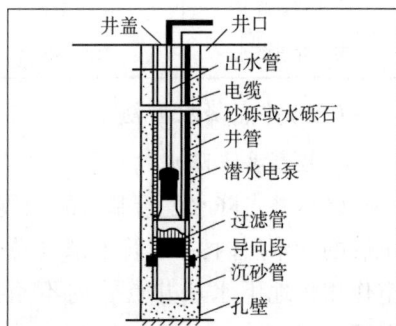

■ 图 5-2-4
管井结构示意图

抽降管井一般沿基坑周围距基坑外缘 1~2m 布置,如场地宽敞或采用垂直边坡或有锚杆和土钉护坡等条件下,应尽量距离基坑边缘远一点。在基坑边部设置围护结构及止水帷幕的条件下,可在基坑内布置管井,采用坑内降水方法。管井的间距和深度应根据场地水文地质条件、降水范围和降水深度确定,其间距一般为 10~20m。井点深度要大于设计井中的降水深度或进入非含水层中 3~5m,井中的降水深度根据基坑降水深度、降水范围等计算确定。

5. 深井井点降水

深井井点降水是将深井井点放入管井内,依靠水泵的扬程把地下水送至地面,从而达到降低地下水位的目的,适用于水量大、降水深的场合。当土粒较粗、渗透系数很大且透水层厚度也大时,一般用井点系统或喷射井点不能奏效,此时采用深井井点较为适宜,其优点是降水的深度大,范围也大。深井井点可布置在基坑施工范围以外,使其排水时的降落曲线达到基坑之下。深井井点降水系统可单用,亦可和其他井点降水系统合用。

(三)降水对邻近建筑物的影响与预防措施

1. 基坑开挖与降水对邻近建筑物的危害

基坑开挖与降水必须考虑邻近建筑物安全,特别是在细颗粒的软弱土层中,必须认真对待。在软弱土层中降水,其沉降量应控制在建筑物允许限度以内,不得超出。在粉土和粉细砂层中降水,应防止构筑物基础局部下沉,影响安全。

2. 防止降水对建筑物影响的措施

①采用旋喷柱、混凝土桩、钢板桩形成阻水帷幕;采用回灌井技术,即在建筑物沿基坑一侧钻探一排回灌井,在基坑降水的同时,向回灌井点注入一定水量,形成一道阻渗水幕,阻止地下水向降水区的流失,保持已有建筑物所在地原有的地下水位,土压力仍处于原有平衡状态,从而有效地防止降水的影响,使建筑物的沉降达到最低程度。

②如果建筑物离基坑稍远,且为较均匀的透水层,中间无隔水层,则可采用最简单的回灌沟的方法进行回灌,这较为经济易行。井点降水与回灌沟回水示意如图 5-2-5 所示。

③如果建筑物离基坑近,且为弱水层或透水层中间夹有弱透水层和隔水层,则须用回灌井点进行回灌。井点降水与井点回灌示意如图 5-2-6 所示。

回灌井点系统的工作条件恰好和降水井点系统相反,将水注入井点以后,水从井点向四周土层渗透,在井点周围形成一个和抽水相反的倒转漏斗。回灌井点必须在降水井点抽水前或在抽水的同时向土中注水,不得中断,若其中一方因故停止工作,另一方亦停止工作,恢复工作亦同时进行。

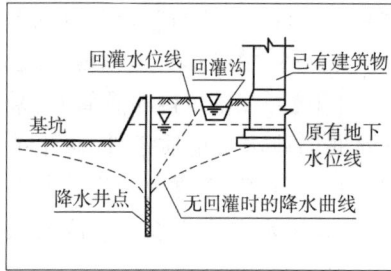

■ 图 5-2-5
井点降水与回灌沟回水示意图

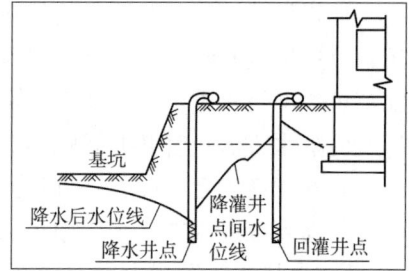

■ 图 5-2-6
井点降水与井点回灌示意图

　　受降水影响不太严重的建筑物,也可采取快速施工,缩短降水时间,以减轻降水影响;或在已有建筑物旁施作隔水墙,以减缓地下水的渗透流速;或对已有建筑物基础与上部结构进行加固处理。

◀◀ **任务实施与评价** 📑 ——

任务实施与评价如表 5-2-2 所示。

任务实施与评价表

表 5-2-2

任务要点	简述井点降水方法、类型和适用范围			
班级		姓名		评价时间	
任务实施	考核标准	分值(分)	得分(分)
	能说清集水明排法及井点降水法的相关知识	15	
	组员分工合理,职责明晰,团结合作,表现出一定的职业素养	10	
	调研材料丰富、翔实	25	
	PPT 清晰、图文并茂	15	
	富有创新精神	15	
	表达流畅,分析合理	20	
	总计	100	

互评意见:

学习心得:

指导教师意见:

说明:小组互评要实事求是,公平公正

过关练习 ▷▶▶

班级:_____ 姓名:_____ 学号:_____ 成绩:_____

一、多选题(10 分)

1.隧道施工时,洞内顺坡排水应满足( )。

　A.排水沟坡度与线路坡度一致

　B.水沟断面应满足排出洞内渗漏水及施工用水需要

　C.水沟位置应结合排水工程设置,并避免妨碍施工

　D.经常清理排水沟,确保水路畅通

2.塑料防水板焊接要点包括( )。

　A.搭接宽度 10cm

　B.两侧焊缝宽 2.5cm

　C.焊接处先擦洗干净

　D.焊机走行及用力均匀,不得漏焊或焊接过度

二、名词解释(15 分)

喷射井点:

轻型井点:

电渗井点:

三、简答题(75 分)

1.隧道防排水前对初级支护混凝土有哪些要求?

2.集水明排法的注意事项有哪些?

3.井点降水的方法有哪些?

◀◀ **工程案例分析** 📖 ─────

某地铁防水工程案例

1. 工程概况

某地铁 1 号线,建设单位为××市轨道公司,施工单位为××××建设工程有限公司,其防水面积达 3500000m²。

2. 施工准备

根据该地铁 1 号线防水工程结构特点和现场实际情况,编制防水工程施工组织设计,做好技术交底工作和防水材料与防水层的相容性试验等其他检测工作。根据工程标准要求,组织对应工作人员和施工团队;根据该地铁 1 号线防水工程实际情况,及时组织防水及配套材料、施工机具进场,并按照有关方面的要求进行抽检,以确保施工中使用的材料合格,工具正常工作。

该地铁 1 号线防水用的防水材料为非沥青基自粘胶膜高分子防水卷材,这种防水材料集高分子防水卷材和自粘卷材优点于一身,大大提高了抗穿刺、耐候、自愈、耐高低温等性能,物理性能更优异,化学性能更稳定;具有较强的耐化学腐蚀性,对来自混凝土的碱水有很好的抵抗性,不受生活垃圾及生物侵害,防霉,耐腐蚀;无毒无味、无环境污染;维修方便、快捷;适用于工业与建筑业的各种混凝土屋面防水,地下室、地铁隧道、防空洞、粮库、垃圾处理站等防水工程。

3. 施工方法

(1)基层处理。

①基层表面应平整、光滑、无松动,对于残留的砂浆块或凸起物用铲刀削平,不允许有凹凸不平或起砂现象。

②阴阳角做成 20mm 直径的圆弧;锚杆根部四周留置深 20mm、宽 20mm 的小凹槽,压光无棱角;桩基顶高程比梁底低 200mm,因而在桩基四周做成边坡为 45°的凹坑,凹坑斜边与桩身交界处位于桩顶高程以下 100mm,凹坑浇筑完后垫层用 1:2.5 水泥砂浆抹面压光。

③基层干燥,含水率小于 9% 为宜,用厚度为 1.5~2.0mm 的 1m² 橡胶板材覆盖基层表面,放置 3~4h,若覆盖的基层表面无水印,且紧贴基层的橡胶板一侧无凝结水,则基层的含水率不大于 9%。

(2)施工工艺。

①用带齿镘刀或刮板将拌和好的聚合物水泥砂浆均匀地涂刮在基层上,厚度为 1.0~1.5cm,将卷材铺贴在砂浆上,用专用压辊压平、压实。

②在阴阳角、地梁沟做附加增强处理,宽度为 500mm。确定卷材铺贴顺序和铺贴方向并在基层弹线,然后铺贴卷材。

③弹线、试铺:在涂好基层处理剂的基层上按实际搭接面积弹出粘贴

控制线,严格按粘贴控制线试铺及实际粘铺卷材。

④大面积粘贴自粘卷材有两种,即自粘聚合物改性沥青防水卷材、三元乙丙自粘防水卷材。在实际施工中,施工人员可根据现场环境、温度、日照等条件,自行确定粘贴方式,但基本的排气、压实、防皱要求仍然相同。

4.施工要点

①基层处理剂要用力薄涂,使其渗透到基层毛细孔中,待溶剂挥发后,基层表面形成一层很薄的薄膜牢固黏附在基层表面,不可漏涂。

②防水层应尽快隐蔽,不宜长时间暴晒。通常应在防水层完工后24h内隐蔽,特殊情况下可稍延迟,但也不宜长于72h。若有闭水试验,则隐蔽时间应从闭水试验结束时起算。

5.安全措施

①工程现场设置安全防护网,作业人员应戴好安全帽,配好安全带,安全带固定在牢固的建筑部位,作业人员禁止酒后作业。

②严格遵守各项规章制度,按规定施工,按标准操作,工程内实外美。认真做到"工完、料净、场清",及时清理现场,保持施工工地整洁。

③现场设置明显的防火宣传标志,定期进行防火检查。消除一切可能造成火灾、爆炸事故的根源,施工现场严禁吸烟,严格控制火源。严禁私拉乱拽电源、电线。

请根据工程案例,结合本项目学习内容,简述非沥青基自粘胶膜高分子防水卷材的施工工序及注意事项。

项目六
施工质量检测及监控量测

岗位实境

隧道及地下工程在施工过程中都需要进行施工质量检测、监控量测。小李所在某市地铁1号线在基坑开挖和区间隧道施工过程中进行了质量检测和监控量测工作。

城市轨道交通工程技术专业岗位实习生以车站施工员助理的身份进行岗位实习时，不仅要能简述隧道质量检测的内容，还要能简述隧道监控量测项目分析方法及量测结果的应用。

项目任务书 ▷▶▶

名称		施工质量检测及监控量测
学习目标	知识目标	(1)知道隧道施工质量检测的方法; (2)熟悉监控量测项目
	技能目标	(1)能依工程实际情况选择合理的质量检测方案; (2)能依工程实际情况选择合理的监控量测方案
	素质目标	(1)具备强烈的施工安全与自我保护意识; (2)培养团结协作、认真细心的品格; (3)培养刻苦钻研的学习精神
学习重点		(1)简述隧道质量检测的内容; (2)简述隧道监控量测项目及测点布置原则
任务 实施要求		(1)学习小组进行项目任务分析、任务分配、团队工作任务分配表制订; (2)掌握知识准备内容; (3)全员积极参与完成学习任务; (4)依据评价表,客观、公正评价任务实施情况
任务 实施要点		(1)在学习项目相关知识的基础上,收集网络资源,团队深入探究; (2)注意归纳总结基础知识
任务拓展		(1)结合本市情况,组织团队成员去现场参观学习; (2)学习施工质量检测及监控量测基本技能相关文献

城市轨道交通工程技术专业相关职业技能要求:
(1)能检测喷射混凝土的厚度;
(2)能检测喷射混凝土与围岩的黏结强度;
(3)能检查结构混凝土质量;
(4)能现场取样混凝土试块

任务一 隧道施工质量检测

◀◀ 任务描述与分解

任务描述:简述隧道质量检测的内容。

任务分解:根据任务描述,完成以下任务。

(1)小组合作讨论所学内容,厘清隧道质量检测内容;

(2)讨论质量检测的必要性,感悟施工安全的重要性;

(3)小组代表讲解任务完成情况。

◀◀ 知识准备

隧道一次性投资大,使用年限长,并且一旦修建成型不易更改。因此施工过程中的质量控制显得异常重要。常见质量问题及其产生原因如下。

(1)隧道渗漏。隧道在施工期间和建成后,一直受地下水的影响,特别是建成后的隧道更是处于地下水的包围之中。

(2)衬砌开裂。有设计方面的原因,但多是施工管理不当造成的,或是因为衬砌厚度不足,或是因为混凝土强度不够。

(3)限界受侵。围岩大变形(施工方法不当、支护形式欠妥、支护不及时),衬砌模板强度、刚度不足造成走模。

(4)衬砌结构同围岩贴合不密实。光面爆破效果不良、初期支护背后填充石块、泵送混凝土压力不足导致拱顶出现空洞。

(5)通风、照明不良。原因是设计欠妥、器材质量存在问题或运营管理不当。

隧道质量检测内容有以下几项。

(1)材料检测:重点是锚喷材料、防水材料。

(2)施工检测:包括施工质量和施工监控量测,量测的基本内容有隧道围岩变形、支护受力和衬砌受力。

(3)环境检测:施工环境检测和运营环境检测。

一、预加固(预支护)围岩质量检测

(一)常用预加固方法

(1)地表砂浆锚杆或地表注浆加固:适用于浅埋、洞口地段和某些偏压地段。

(2)超前锚杆或超前小导管支护:适用于浅埋松散破碎的地层内。

①应保证前后两组支护纵向大于100cm搭接。

②自稳时间为12~14h时,必须先支护后开挖。

(3)管棚钢架超前支护:适用于极破碎的地层、塌方体、岩堆等地段。

(4)超前小导管预注浆:适用于自稳时间短的砂层、砂卵(砾)石层、断层破碎带、软弱围岩浅埋地段或处理塌方等地段或区域。

(5)超前围岩深孔注浆:适用于断面较大和不允许有过大沉陷的各类地下工程。

── 请注意 ▶

这部分知识点是"1+X"路桥工程无损检测职业技能等级证书(中级)考点。

(二)注浆材料质量检测

注浆材料质量检测通常采用注浆材料性能试验。

1. 注浆材料分类

注浆材料通常划归两大类:水泥浆液和化学浆液。

2. 注浆材料要求

理想的注浆材料,应满足以下要求:

(1)浆液黏度低,渗透力强,流动性好,能进入细小裂隙和粉、细砂层等。

(2)可调节并准确控制浆液的凝固时间。

(3)浆液凝固时体积不收缩,能牢固黏结砂石;浆液结合率高,强度大。

(4)浆液稳定性好,长期存放不变质,便于保存、运输,货源充足,价格低廉。

(5)浆液无毒,无臭,不污染环境,对人体无害,非易燃、易爆之物。

3. 性质及测定

(1)黏度。

黏度表示浆液流动时,因分子间相互作用而产生的阻碍运动的内摩擦力,用简易黏度计测定。NDJ-79 型旋转黏度计如图 6-1-1a)所示。

(2)渗透能力。

渗透能力是指浆液注入岩层的难易程度,通常用渗透仪测定。渗透仪如图 6-1-1b)所示。

(3)凝胶时间。

凝胶时间是指参加反应的全部成分从混合时起直到凝胶发生,浆液不再流动为止的一段时间。凝胶时间一般用维卡仪测定。维卡仪如图 6-1-1c)所示。

(4)渗透系数。

渗透系数表示浆液固化后结石体透水性高低或结石体抗渗性强弱。

(5)抗压强度。

(三)施工质量检测具体内容

1. 超前锚杆

(1)基本要求。

①锚杆的材质、规格等应符合设计和规范的要求。

②超前锚杆与隧道轴线外插角宜为 5°~10°;长度应大于循环进尺,

宜为 3～5m。

③锚杆插入孔内的长度不得小于设计长度的95%。

④锚杆搭接长度应不小于1m。

(2)实测项目:长度、孔位、钻孔深度、孔径。

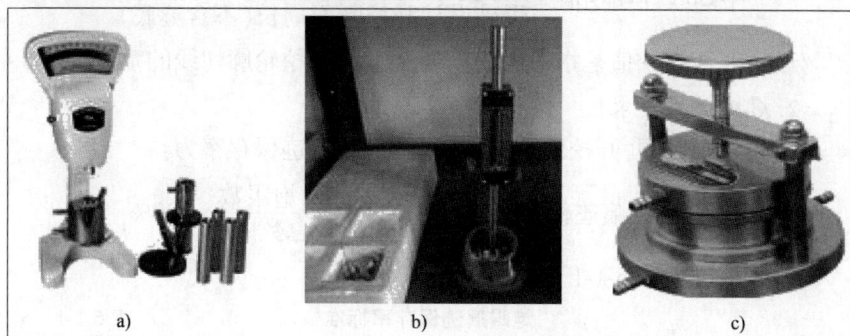

■ 图6-1-1

注浆材料检测常用仪器

a)NDJ-79 型旋转黏度计;b)渗透仪;c)维卡仪

2.超前小导管

(1)基本要求。

①钢管的型号、规格、质量等应符合设计和规范要求。

②钢管插入孔内的长度不得小于设计长度的95%。

(2)实测项目:长度、孔位、钻孔深度、孔径。

3.注浆效果检查

检查方法有分析法、检查孔法、无损检测法。可采用无损检测法对注浆前后岩体波速、振幅及衰减系数进行检测。

二、隧道开挖质量检测

隧道开挖质量检测包含两项内容:一是检测开挖断面的规整度(目测),二是检测超欠挖控制标准(激光断面仪)。

(一)开挖质量要求

1.基本要求

(1)不良地质地段开挖前应做好预加固、预支护。

(2)当前方地质出现变化迹象或接近围岩分界线时,必须先用地质雷达、超前小导坑、超前探孔等探明隧道的工程地质和水文地质情况,才能进行开挖。

(3)开挖断面尺寸要符合设计要求,应严格控制欠挖,尽量减少超挖。拱脚、墙脚上方1m范围内严禁欠挖。

(4)隧道开挖轮廓按设计要求预留变形量,其大小根据监控量测信息进行调整。

（5）隧道爆破开挖时应严格控制爆破振动。

（6）洞身开挖在清除浮岩后应及时进行初喷支护。

（7）超挖部分必须回填密实。超挖控制标准为：

$$平均线性超挖值 = \frac{超挖面积}{爆破设计开挖断面周长（不含隧底）}$$

最大线性超挖值是指最大超挖处至设计开挖轮廓切线的垂直距离。

2. 爆破效果要求

开挖轮廓圆顺，开挖面平整，其周边炮眼痕迹保存率为：

$$周边炮眼痕迹保存率 = \frac{残留有痕迹的炮眼数}{周边炮眼总数} \times 100\%$$

具体标准如表 6-1-1 所示。

炮眼痕迹保存率标准　　　　　　　　　表 6-1-1

围岩条件	硬岩	中硬岩	软岩
炮眼痕迹保存率	≥80%	≥70%	≥50%

对于松散岩层，软岩周边满足平整、圆顺即可认为合格。

（二）超欠挖检测方法

超欠挖检测方法如表 6-1-2 所示。

超欠挖检测方法　　　　　　　　　表 6-1-2

检测方法及采用的测定仪		检测法概要
直接测量开挖断面面积的方法	直接测量法	以内模为参照物，用钢尺直接测量超欠挖
	使用激光束法	利用激光射线在开挖面上定出基点，并由该点实测开挖断面
	使用投影机的方法	利用投影机将基点或隧道基本形状投影在开挖面上后据此实测开挖断面
非接触观测法	断面仪法（极坐标法）	以某物理方向（如水平方向）为起算方向，按一定间距（角度或距离）依次测定仪器旋转中心与实际开挖轮廓线的交点之间的矢径（距离）及该矢径与水平方向的夹角，将这些矢径端点依次相连即可获得实际开挖轮廓线

三、隧道初期支护质量检测

（一）锚杆加工质量与安装尺寸检查

1. 锚杆加工质量检查

锚杆加工质量检查项目有锚杆材料、杆体的规格、加工质量等。

2.安装尺寸检查

（1）锚杆位置。允许孔位偏差为±50mm，特别注意锚杆间距与排距的尺量。

（2）锚杆方向。尽量与围岩壁面和岩层主要结构面垂直。

（3）钻孔深度。钻孔深度允许偏差为±50mm。

（4）孔径。孔径大于杆体直径15mm时，可认为孔径符合要求。

（二）锚杆抗拔力试验

1.拉拔设备

拉拔设备主要有中空千斤顶、手动油压泵、油压表、千分表，如图6-1-2所示。

2.注意事项

（1）安装设备时，千斤顶与锚杆同心，避免偏心受拉。

（2）加载应匀速，一般以10kN/min的速率增加。

（3）如无特殊需要，可不做破坏性试验，拉拔到设计拉力即停止加载。

（4）千斤顶应固定牢靠，有必要的安全保护措施。

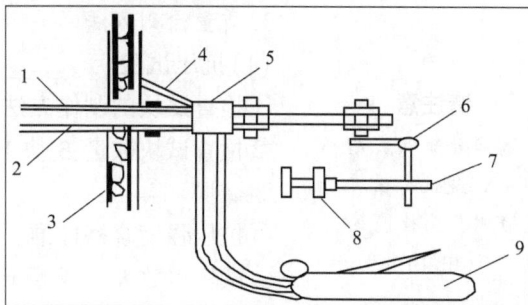

■ 图6-1-2
拉拔设备

1-锚杆;2-充填砂浆;3-喷射混凝土层;4-反力板;5-中空千斤顶;
6-千分表;7-固定梁;8-支座;9-手动油压泵、油压表

3.试验要求

（1）按锚杆数的1%且不少于3根做抗拔力试验。

（2）同组锚杆抗拔力的平均值应大于或等于设计值。

（3）单根锚杆的抗拔力不得低于设计值的90%。

（三）砂浆锚杆砂浆注满度检测

对于砂浆锚杆，应重点检测砂浆注满度或密实度（砂浆饱和度）。理论上，只要锚固的水泥砂浆长度大于杆体钢筋直径的40倍，则直至拉拔到钢筋颈缩，锚杆也不会丧失锚固力。锚杆检测仪器如图6-1-3所示。

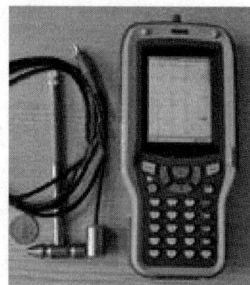

■ 图6-1-3
锚杆检测仪器

（四）喷射混凝土质量检测

1.质量检验指标

喷射混凝土质量的主要检验指标有喷射混凝土的强度和喷射混凝土的厚度两项内容。

2.喷射混凝土质量的影响因素

（1）喷射混凝土强度的影响因素。

①原材料。为保证喷射混凝土强度，砂的细度模数、含水率、含泥量及石子颗粒级配、最大粒径等质量指标必须符合《公路隧道施工技术规范》（JTG/T 3660—2020）中的有关规定。喷射混凝土用水：无杂质的洁

净水,不得使用污水、pH 值小于 4 的酸性水。速凝剂应保证初凝时间不大于 5min,终凝时间不大于 10min。

②施工作业。确保配合比正确,喷射前冲洗岩面,喷射中控制水灰比和喷射距离,喷射后洒水养护。

(2)喷射混凝土厚度的影响因素:爆破效果、回弹率、施工管理、喷射参数。

3.质量检测方法

(1)抗压试验。

①检查试块的制作方法:喷大板切割法、凿方切割法。

②检查试块数量:3 块 1 组,两车道隧道每 10m 至少在拱部和边墙各取 1 组试块。

③抗压强度合格标准:

a.试块组数大于或等于 10 时,试块抗压强度平均值不低于设计值,且任意一组试块抗压强度不低于设计值的 85%。

b.试块组数小于 10 时,试块抗压强度平均值不低于 1.05 倍设计值,且任意一组试块抗压强度不低于设计值的 90%。

c.检查不合格时,应查明原因并采取措施,可用加厚喷层或增设锚杆的办法予以补强。

(2)喷射混凝土厚度的检测。

①喷层厚度可用凿孔法或地质雷达法等方法检查,每 10 延米至少检查一个断面,再从拱顶中线起每隔 3m 凿孔检查一个点。

②合格条件。

a.每个断面,全部检查孔处喷层厚度应有 60% 以上不小于设计厚度;最小厚度不应小于设计厚度的 1/2,且不小于 50mm;平均厚度不得小于设计厚度。

b.当发现喷射混凝土表面有裂缝、脱落、露筋、渗漏水情况时,应予修补,凿除重喷或进行整治。

(3)喷射混凝土与围岩黏结强度试验。

①试块制作方法:成型试验法、直接拉拔法。

②合格标准:Ⅰ、Ⅱ级围岩黏结强度不应低于 0.8MPa,Ⅲ级围岩黏结强度不应低于 0.5MPa。

(4)喷射混凝土回弹检查。

对回弹率应予以控制,拱圈不应大于 25%,边墙不应大于 15%。

(五)钢支承施工质量检测

1.钢支承的形式

(1)格栅钢架。

主筋材料为 HRB440 级钢筋,直径一般不小于 22mm。

── 请注意 ▶
这部分知识点是"1+X"建设工程质量检测职业技能等级证书(中级)考点。

（2）型钢钢架。

工字形、U 形、H 形。

2. 施工质量检测项目

（1）加工质量检测：加工尺寸、强度和刚度、焊接质量。

（2）安装质量检测：安装尺寸、倾斜度、连接与固定质量。

（六）初期支护背部空洞检测

采用地质雷达法探测初期支护背部空洞，该方法已广泛应用于检测支护（衬砌）厚度、初期支护及二次衬砌背后的回填密实度，内部钢架、钢筋等分布情况。

1. 地质雷达法的原理

地质雷达利用一个天线发射高频宽频带电磁波，另一个天线接收来自地下介质界面的反射波。电磁波在介质中传播时，其路径、电磁场强度与波形将随所通过介质的电性质及几何形态而变化。因此，可根据接收到波的旅行时间（亦称双程走时）、幅度与波形资料，推断介质的结构。雷达探测原理示意如图 6-1-4 所示。

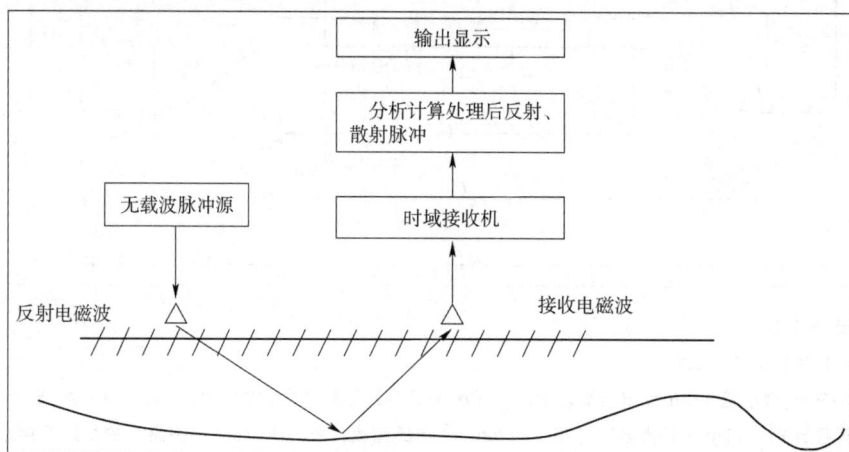

■ 图 6-1-4

雷达探测原理示意图

2. 现场检测

测线布置：以纵向布线为主，横向布线为辅。

3. 雷达图的解释

（1）界面根据反射信号的强弱、频率变化及延伸情况确定。

（2）衬砌背后回填密实度判定特征。密实：信号幅度较弱，甚至没有界面反射信号。不密实：衬砌界面反射信号同向轴呈绕射弧形，不连续，较分散。空洞：衬砌界面反射信号强。

（3）衬砌内部钢架、钢筋分布的主要判定特征。钢架：分散的月牙形反射信号。钢筋：连续的小曲线形强反射信号。

四、隧道防排水系统质量检测

(一)防水卷材检测

1. 长度、宽度、厚度、平直度和平整度现场检测

(1)合成高分子防水卷材的长度和宽度用卷尺测量。

(2)厚度用压力为$(2\pm0.2)\times10\text{MPa}$、压头直径为10mm的测厚仪(分度值为0.01mm)量测。厚度测量点(至少10个点)均布在卷材的横向。

(3)平直度和平整度量测:在平整基面上展开10m,用分度值为1mm直尺量测。

2. 拉伸性能试验

利用裁片机将试样裁成如图6-1-5所示形状。

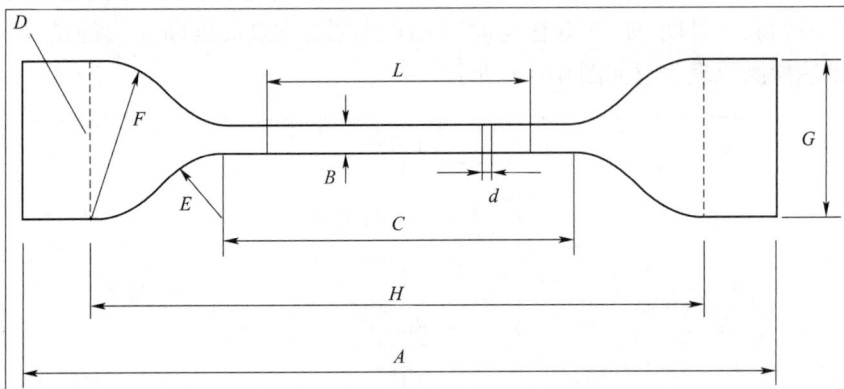

■ 图6-1-5

拉伸性能试验的试样

A-总长,最小值115mm;B-标距段宽度,6.0mm;C-标距段的长度,(32 ± 2)mm;D-夹持线;E-小半径,(14 ± 1)mm;F-大半径,(25 ± 1)mm;G-端部宽度,(25 ± 1)mm;H-夹具间的初始距离,(80 ± 5)mm;L-标距线间的距离,(25 ± 1)mm;d-标距段的厚度

3. 低温弯折性试验

(1)试验器具:低温箱、弯折仪、放大镜。

(2)试验程序:标准环境下,用测厚仪测量试样的厚度。将弯折仪上平板翻开,将两块试样平放在弯折仪下平板上,重合的一边朝向转轴,且距离转轴20mm,将弯折仪连同试样放入低温箱内,在规定温度下保持1h。然后,在1s之内将弯折仪的上平板压下,达到所调间距位置,保持1s后将试样取出。待恢复到室温后观察试样弯折处是否断裂,或用放大镜观察试样弯折处受拉面是否有裂纹。

(3)结果评定:两块试样均未断裂或无裂纹时,评定为无裂纹。

（二）土工织物物理特性检测

土工织物的物理性能包括抗拉强度及延伸率、握持强度及延伸率、撕裂强力、顶破强力、刺破强力、抗压缩性。其中抗拉强度是土工织物的一个基本性能。

1. 条带拉伸试验

抗拉强度及延伸率是土工织物主要的特性指标。条带拉伸试验用于测定土工织物抗拉强度，适用于土工合成材料的宽条拉伸试验和窄条拉伸试验。

2. 撕裂强力试验

土工织物的撕裂强力定义为：试样在撕裂过程中抵抗扩大破损裂口的最大拉力，也称撕破强度。公路行业采用梯形法测定土工织物的撕裂强力。

在试验过程中，撕裂力可能有几个峰值和谷值，也可能是单一上升而只有一个最大值，取最大值作为撕裂强力，单位为 N。

3. 顶破强力试验

顶破强力是反映土工织物抵抗垂直织物平面的法向压力的能力。顶破强力试验中常用试验有 CBR 顶破强力试验和圆球顶破强力试验。

4. 刺破强力试验

刺破强力是反映土工织物抵抗小面积集中荷载，如抵抗有棱角的石子、支护用钢构件端头等的能力。刺破强力试验是用一刚性顶杆以规定的速率垂直顶向土工合成材料的平面，测试试样被刺破时的最大力。

5. 土工织物水力学特性试验

（1）隧道用土工织物，必须具有以下特性。

①保土性：防止被保护围岩、衬砌的颗粒随水流流失。

②渗水性：保证渗流水通畅排走。

③防堵性：防止材料被细土粒堵塞失效。

（2）土工织物的渗透特性检测。

①垂直渗透系数试验：确定土工织物在法向水流作用下的透水特性。

②水平渗透系数试验：测定土工织物和塑料排水板沿其平面方向输导水流的特性。

（三）防水混凝土检测

1. 防水混凝土种类及特性

防水混凝土一般分为普通防水混凝土、外加剂防水混凝土和膨胀水泥防水混凝土，见表6-1-3。

隧道工程常用防水混凝土的种类及特性　　　　　　　　　表 6-1-3

种类	普通防水混凝土	外加剂防水混凝土外加剂类型				
		引气剂	减水剂	三乙醇胺	氯化铁	明矾石膨胀剂
抗渗压力（MPa）	>3.0	>2.2	>2.2	>3.8	>3.8	>3.8
主要技术指标	水灰比 0.5 ~0.6；坍落度 30 ~50mm；水泥用量 ≥320kg/m³；粗集料粒径≤40mm	含气量 3% ~6%；水泥用量≥ 250 ~300kg/m³	加气型减水剂，可以为缓凝、促凝和普通型的减水剂	可单独掺用三乙醇胺，也可以与氯化钠、亚硝酸酸配合	液体中氯化铁含量≥ 0.4kg/L，掺量一般为水泥质量的3%	必须掺入 32.5级以上的普通矿渣、火山灰和粉煤灰水泥，不得单独代替水泥，外掺量为水泥质量的20%
适用范围	一般地下防水工程	抗冻性能要求高	含筋率高或薄壁结构	要求早强及抗渗要求高	水中结构	有后浇缝

2. 防水混凝土的一般要求

隧道工程防水混凝土的抗渗等级不得小于 P6,有冻害地段及最冷月平均气温低于 -15℃时,抗渗等级不小于 P8。

防水混凝土结构应满足:

(1)裂缝宽度不大于 0.2mm,并不贯通。

(2)迎水面主钢筋保护层厚度不应小于 50mm。

(3)衬砌厚度不应小于 30cm。

3. 混凝土抗渗性试验

抗渗性试验主要用于检测混凝土硬化后的防水性能以测定其抗渗等级,抗渗等级可分设计等级、试验等级、检验等级三种。

(1)试件制备。试件形状有两种。圆柱体:直径、高度均为 150mm;圆台体:上底直径 175mm,下底直径 185mm,高 165mm。

(2)抗渗等级计算。

$$P = 10H - 1 \qquad\qquad (6\text{-}1\text{-}1)$$

式中:P——混凝土抗渗等级;

H——第三个试件顶面开始有渗水时的压力,MPa。

(四)防水板施工质量检查

1. 防水层铺设的基面要求

(1)喷射混凝土基面平整度要求:边墙 $D/L \leqslant 1/6$,拱顶 $D/L \leqslant 1/8$。其中,L 为喷射混凝土相邻凸面间的距离;D 为喷射混凝土相邻两凸面间下凹的深度。

(2)基面不得有钢筋、凸出物。

（3）断面变化或转弯处阴角应抹成 $R \geqslant 5cm$ 的圆弧。

（4）防水层施工时基面不得有明水。

2. 防水卷材的铺设方法与检查方法

防水卷材铺设方法：一是无钉热合铺设法，二是有钉冷黏铺设法。无钉热合铺设法中，当防水层破损时，补钉要剪成圆角，不要有尖角。

复合式衬砌防水层实测项目，见表6-1-4。

复合式衬砌防水层实测项目　　　　　　　　　　表6-1-4

项次	检查项目		规定值或允许偏差	检查方法和频次
1	搭接宽度(mm)		不小于100	尺量，全部，每个搭接检查3处
2	搭接缝宽(mm)	焊接	两侧焊缝宽≥25	尺量，每个搭接检查5处
		黏结	黏缝宽≥50	
3	固定点间距(m)	拱部	符合设计要求	尺量，检查总数的10%
		墙部	符合设计要求	
4	接缝与施工缝错开距离(mm)		≥500	尺量，每个搭接检查5处

（五）混凝土衬砌结构性防水薄弱环节及措施

1. 混凝土衬砌结构性防水薄弱环节

衬砌施工缝、沉降缝及伸缩缝是隧道混凝土衬砌结构性防水的薄弱环节。

2. 混凝土衬砌结构性防水措施——止水带

止水带类型主要有外贴式、预(中)埋式、内贴式。

预埋式止水带，因构造简单、施工简便及质量可靠，使用较为普遍。外贴式塑料止水带一般与防水板组合使用。

止水带一般要进行外观质量、外形尺寸、拉伸强度、扯断伸长率等检测。

五、隧道衬砌质量检测

（一）衬砌混凝土施工检查

对衬砌混凝土各道施工工序的检查，是防止衬砌出现常见质量问题的有效措施。

1. 衬砌外轮廓检查

在防水板铺挂之前，用全站仪直角坐标法或全断面仪极坐标法检测实际轮廓。对侵入衬砌断面的凸出部分进行处理。

2. 基础基坑检查

（1）量测基坑尺寸，应符合设计要求。

（2）检查基坑壁是否稳定，必要时采取加固措施。

（3）浇筑基础前，检查基坑基底，应清除坑内浮渣和积水；对于易软化崩解的岩石基底及时用砂浆封闭,对于砂、土、泥注意检查基底承载力。

(4)浇筑基础前,检查排水管布设是否畅通、防水板是否固定密贴。

3.模板台车检查

(1)检查模板台车刚度。经验表明,模板宜采用12mm厚钢板弯制,门架及支承件要有足够的刚度。

(2)检查模板台车轮廓尺寸。前后两端外形应尽量一致,最大径向尺寸差不大于5mm,以免衬砌环向施工缝出现错台。

(3)检查模板台车长度。经验表明,台车长度以8~9m为宜,对于曲线隧道还应检算其长度是否合适。

(4)检查模板台车进料检查窗孔。其位置和标准应满足表6-1-5的要求。

模板台车进料检查窗孔要求 表6-1-5

位置	项目	标准
仰拱、边墙及拱下部	从出口到灌筑面的落下高度	1.5m 以下
	灌筑1层的高度	40~50cm
	流动距离	不流动
拱顶部	灌筑方式	向上灌筑
	流动距离	10cm 左右

(5)检查模板台车就位情况。用全站仪直角坐标法检查台车按隧道中线和高程就位,主要测拱顶和两侧最宽处;检查台车抗上浮、抗两侧内缩的加固措施;检查模板支承件是否张紧。

(6)检查挡头板。检查挡头板是否安装可靠、封堵严实,是否损坏防水板。

4.混凝土浇筑检查

(1)观察角落和钢筋密度大的部位的振捣。

(2)观察拱顶部位浇筑。

(3)观察水平施工缝的处理。

5.拆模检查

适宜拆模时间根据实际采用的混凝土强度-龄期关系曲线确定,不承受外荷载的拱墙,混凝土强度应达到5MPa,或拆模时混凝土表面积和棱角不被损坏并能承受自重。

(二)混凝土强度检测

1.回弹法检测

(1)回弹法原理。

由于混凝土的抗压强度与其表面硬度存在某种关系,回弹的弹击锤被一定的弹力打击在混凝土表面上,其回弹高度与混凝土的表面硬度成一定的比例关系,根据表面硬度则可推求混凝土的抗压强度。

（2）测试范围。

①以每板衬砌为一构件，随机抽取大于衬砌总数 30% 的构件作为试样。

②每个试样均匀布置不少于 10 个测区，相邻测区的间距不宜大于 2m。

③测区的大小以能容纳 16 个回弹测点为宜，一般取 400cm²。

（3）测区表面要求。

测区表面应清洁、平整、干燥，不应有接缝、粉刷层、浮浆等。

（4）回弹值测读。

回弹仪轴向垂直测试面，每测区弹击 16 点，同一测点只允许弹击一次。测点应避开外露的石子和气孔，测点距构件边缘或外露钢筋不小于 5cm。

（5）回弹值整理。

剔除所测回弹值中 3 个最大值和 3 个最小值，求出测区平均回弹值。

（6）碳化深度值。

在测点内凿出 6mm 深的孔，滴 1% 浓度的酚酞乙醇溶液在孔壁边缘，量取紫红色部分垂直深度，求出测区平均碳化深度。

（7）混凝土强度值。

用测强基准曲线计算出测区强度值，进而计算试件混凝土强度，取其较低值为构件混凝土强度值。

◀ 请注意 ——

这部分知识点是 "1 + X" 土木工程混凝土材料检测职业技能等级证书（中级）考点。

2. 超声波法检测

（1）原理：根据混凝土的抗压强度与纵波的传播速度之间存在的某种函数关系，在标准状况下制备标准混凝土试块，并测得每个试块的平均传播速度与破损强度，拟合出曲线方程，最后根据波速来测算强度值。

（2）测试方法：超声波探测按探头安设的位置不同可分为对测法、斜测法、平测法。超声波探头安设位置如图 6-1-6 所示。

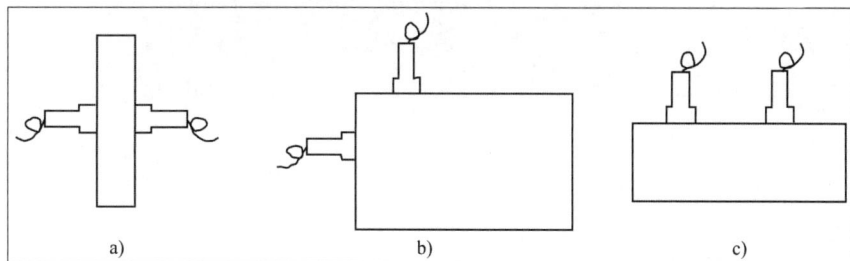

■ 图 6-1-6
超声波探头安设位置
a) 对测法；b) 斜测法；c) 平测法

（3）影响强度测定因素：横向尺寸效应、温度和湿度、钢筋、集料、水灰比、龄期、缺陷和损伤。

3.钻芯法检测

(1)钻芯法是利用钻机和人造金刚石空心薄壁钻头,从结构混凝土中钻取芯样以检测混凝土强度和混凝土内部缺陷的方法。

(2)钻芯取样时,一般要求芯样直径为粗集料直径的3倍。

(3)取芯数量:同一批构件不得少于3个。

(三)混凝土缺陷检测

1.混凝土缺陷检测内容

(1)外部缺陷主要有裂缝、蜂窝、麻面。检测仪器:刻度放大镜、塞尺、直尺、数码相机。

(2)内部缺陷为空洞。

2.常用检测方法

冲击回波法、激光断面仪法、地质雷达法、凿孔直接量测法等。

◀◀ **任务实施与评价** 🗒 ──

任务实施与评价如表 6-1-6 所示。

任务实施与评价表   表 6-1-6

任务要点	简述隧道质量检测的内容			
班级		姓名		评价时间	
任务 实施	考核标准		分值(分)	得分(分)
	能说清隧道各个分项工程质量检测的要求		15	
	组员分工合理,职责明晰,团结合作,表现出一定的职业素养		10	
	调研材料丰富、翔实		25	
	PPT 清晰、图文并茂		15	
	富有创新精神		15	
	表达流畅,分析合理		20	
	总计		100	

互评意见:

学习心得:

指导教师意见:

说明:小组互评要实事求是,公平公正

任务二　隧道施工监控量测

任务描述与分解 ▷▶▶

　　　　　　任务描述:简述隧道监控量测项目分析及量测结果的应用。
　　　　　　任务分解:根据任务描述,完成以下任务。
　　　　　　(1)小组合作讨论所学内容,厘清隧道监控量测项目;
　　　　　　(2)合作讨论隧道各监控量测项目测点的布置原则;
　　　　　　(3)小组代表讲解任务完成情况。

知识准备 ▷▶▶

一、监控量测项目及断面测点的布设

(一)监控量测项目

　　量测项目的确定主要依据围岩条件、工程规模及支护方式。量测项目通常分为必测项目(A类)和选测项目(B类)。必测项目是指施工时必须进行的常规量测,用来判别围岩稳定及衬砌受力状态,指导设计施工的经常性量测。A类量测主要包括洞内观察、隧道净空变形和拱顶下沉量测等,浅埋隧道尚应作地表沉陷量测,这类量测方法简单、可靠,对修改设计和指导施工起重要作用。选测项目是指在重点和有特殊意义的隧道或区段进行补充的量测,用来判断隧道开挖过程中围岩的应力状态、支护衬砌效果。B类量测主要包括围岩内部变形、地表沉陷、锚杆轴力和拉拔力、衬砌内力、围岩压力和围岩物理力学指标量测等。这类量测技术较复杂,费用较高,通常根据实际需要,选取部分项目进行量测。具体量测项目及要求见表6-2-1。

量测项目及要求 　　　　　　　　　　　　　　　　　　　表6-2-1

序号	量测项目	类别	要求掌握的主要内容
1	洞内观察	A	(1)开挖面围岩的自立性(无支护时围岩的稳定性); (2)岩质、断层破碎带、褶皱等情况; (3)支护衬砌变形、开裂情况; (4)围岩类别; (5)洞口浅埋段地表建筑物变形、下沉、开裂情况
2	净空变形	A	根据变形值、变形速度、变形收敛情况等判断: (1)围岩稳定性; (2)初期支护设计和施工方法的合理性; (3)模筑二次衬砌时间

续上表

序号	量测项目	类别	要求掌握的主要内容
3	拱顶下沉	A	监视拱顶的绝对下沉值,了解断面变化情况,判断拱顶的稳定性,防止塌方
4	地表、地层内部沉陷	A、B	判断隧道开挖对地表产生的影响及防止沉陷措施的效果,推测作用在隧道上的荷载范围
5	围岩内部变形	B	了解隧道周边围岩松弛区范围,判断锚杆设计参数的合理性
6	锚杆轴力	B	根据锚杆应变分布状态,确定锚杆轴力大小,用以判断锚杆长度和直径是否合适
7	围岩压力和两层衬砌间压力	B	了解围岩形变压力和两层衬砌间接触压力的大小和分布规律,检验支护衬砌受力情况
8	衬砌、钢架应力	B	根据衬砌和钢架应力情况,判断衬砌和钢架设计参数是否正确,进一步推求围岩压力大小和分布规律
9	锚杆拉拔试验	B	根据拉拔力确认锚杆锚固方法及长度的合理性
10	底鼓量测	B	判断是否需要仰拱和仰拱的效能
11	围岩弹性波测试	B	(1)校核围岩类别; (2)了解松弛区范围; (3)探明岩体强度、节理裂隙和断层情况、岩石变质程度

量测手段应根据量测项目和国内仪器的现状来选用。一般应选择简单、可靠、耐久、成本低的量测手段,并要求被测的物理量概念明确,量值显著,量测范围大,测试数据便于分析,易于实现对设计、施工的反馈。

(二)断面测点的布设

1.断面的确定

进行测试的断面有两种:一种是单一测试断面,另一种是综合测试断面。把单项或常用的几项量测内容组成一个测试断面,了解围岩和支护在这个断面上各部位的变化情况,这种测试断面即为单一测试断面。把几项量测内容有机地组合在一个测试断面里,使各项量测内容、各种量测手段互相校验,综合分析测试断面的变化,这种测试断面称为综合测试断面。

应测项目按一定间隔设置量测断面,常称为一般量测断面。由于各量测项目要求不同,其量测断面间隔亦不相同,在应测项目中,原则上净空变形与拱顶下沉量测应布置在同一断面上。量测断面间距具体可参考表6-2-2。

净空变形、拱顶下沉的量测断面间距   表 6-2-2

条件	量测断面间距(m)
洞口附近	10
埋深小于 $2B$	10
施工进展 200m 前	20(土砂围岩减小到 10)
施工进展 200m 后	30(土砂围岩减小到 10)

注:B 为隧道开挖宽度。

　　对于土砂、软岩地段的浅埋隧道,要进行地表下沉量测,沿隧道纵向布置测点的间距可视地质、覆盖层厚度、施工方法等情况确定。量测断面间距按表 6-2-3 选用。

地表下沉量测断面间距   表 6-2-3

覆盖层厚度 H	量测断面间距(m)
$H \geqslant 2B$	20 ~ 50
$2B > H > B$	10 ~ 20
$H \leqslant B$	5 ~ 10

注:当处于施工初期、地质变化大、下沉量大、周围有建筑物时取最低值;B 为隧道开挖宽度。

　　2. 测点的布置

　　测试断面上测点主要依据断面形状、围岩条件、开挖方式、支护类型等因素布置。在量测中,可根据具体情况决定布设数量,进行适当的调整。

　　(1)净空变形量测的测线布置。

　　由于断面形状、围岩条件、开挖方式不同,测线位置、数量亦有所不同,没有统一的规定。净空变形量测测线布置如图 6-2-1 所示。

　　拱顶下沉量测的测点,一般可与净空变形测点共用,这样既节省了安设工作量,更重要的是使测点统一,测试结果能够互相校验。

　　(2)围岩内部变形测孔布置。

　　围岩内部变形测孔布置,除应考虑地质、隧道断面形状、开挖等因素外,一般应与净空变形量测测线相应布设,以便使两项测试结果能够相互印证,协同分析与应用。一般每 100 ~ 500m 设一个量测断面。围岩内部变形测孔布置如图 6-2-2 所示。

　　(3)锚杆轴力量测孔布置。

　　量测锚杆要依据具体工程中支护锚杆的安设位置、方式而定,如局部加强锚杆,要在加强区域内有代表性的位置设量测锚杆。

　　(4)喷层应力量测点布置。

　　喷层应力量测点,除应与锚杆轴力量测孔相对应布设外,还要在有代表性部位设测点,如拱顶、拱腰、拱脚、墙腰等部位。另外,在有偏压、底鼓等特殊情况下,则应视具体情形,调整测点位置和数量,以便了解喷层在整个断面上的受力状态和支护作用。喷层应力量测点布置如图 6-2-3所示。

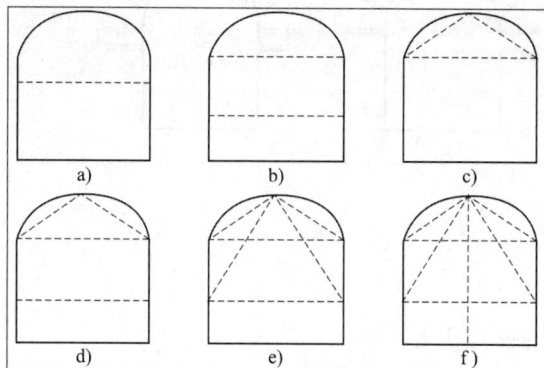

■ 图6-2-1
净空变形量测测线布置
a)一条测线;b)两条测线;c)三条测线;d)四条测线;
e)六条测线;f)七条测线

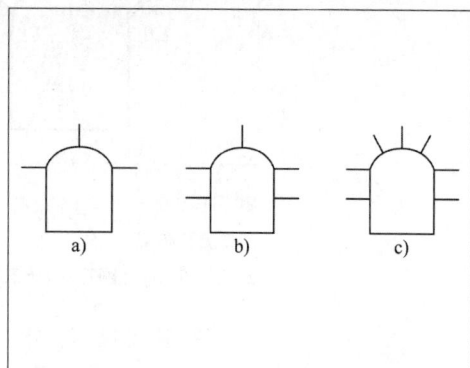

■ 图6-2-2
围岩内部变形测孔布置
a)三测孔;b)五测孔;c)七测孔

(5)地表、地中沉陷量测点布置。

地表、地中沉陷量测点,原则上主要应布置在隧道中心线上,并在隧道轴线正交平面的一定范围内布设必要数量的测点,在有可能下沉的范围外设置不会下沉的固定测点。地表沉陷量测范围及地中沉陷测点布置如图 6-2-4 所示。

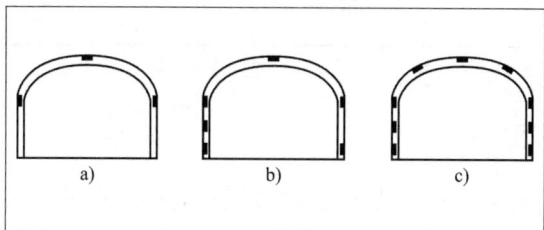

■ 图6-2-3
喷层应力量测点布置
a)三测点;b)六测点;c)九测点

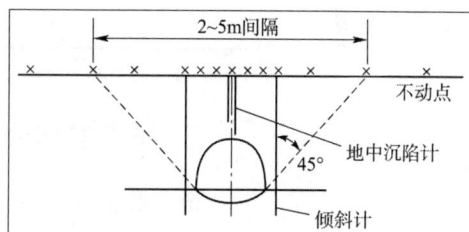

■ 图6-2-4
地表沉陷量测范围及地中沉陷量测点布置

(6)围岩压力量测点布置。

围岩压力量测点一般埋设在拱顶、拱脚和仰拱中间,其量测断面一般和支护衬砌间压力及支护、衬砌应力的测点布置在一个断面上,以便量测结果相互印证。

(7)声波测孔布置。

声波测孔宜布置在有代表性的部位,另外,还要考虑围岩层理、节理的方向与测孔方向的关系。可采用单孔、双孔两种测试方法;或在同一部位,呈直角相交布置三个测孔,以便充分掌握围岩结构对声波测试结果的影响。声波测孔布置如图 6-2-5 所示。

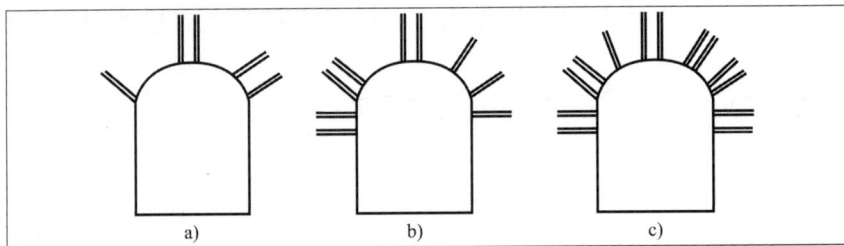

■ 图 6-2-5

声波测孔布置

a)五测孔;b)九测孔;c)十三测孔

3. 量测仪器(测点)的安设与量测频率

量测仪器的安设,一要快,二要近。快,即要求在开挖爆破后 24h(最好 12h)内,在下一循环爆破前完成全部埋设,并测取初读数。仪器安设后的量测频率,是由变形速度、与开挖面距离确定的。表 6-2-4 给出了净空变形与拱顶下沉的量测频率与变形速度、与开挖面距离的关系。

净空变形与拱顶下沉量测频率 表 6-2-4

变形速度(mm/d)	与开挖面距离	量测频率(次/d)
>10	(0~1)B	1~2
5~10	(1~2)B	1
1~5	(2~5)B	1
<1	>5B	1

注:B 为隧道开挖宽度。

二、量测数据分析与应用

量测数据反馈与设计、施工是监控设计的重要环节,但目前尚未形成完整的设计体系。当前采用的量测数据反馈与设计、施工的方法主要是定性的,即依据经验和理论上的推理来制定一些准则。量测数据反馈与设计、施工的理论法,目前正在蓬勃兴起,那就是将监控量测与理论计算相结合的反分析计算法。

(一)净空变形分析与应用

净空变形是围岩动态的最显著表现,所以隧道工程现场量测主要以净空变形作为围岩稳定性评价及围岩稳定状态判断的指标。

一般而言,坑道开挖后,若净空变形量小,持续时间短,其稳定性就好;若净空变形量大,持续时间长,其稳定性就差。

以净空变形作为指标来判断围岩稳定状态,则有赖于对实际工程经验的总结和对位移量测数据的分析。

（1）判断标准。用净空变形来判断围岩稳定状态,关键是要确定一个"判断标准"（或称为"收敛标准"）,即判断围岩稳定与否的界限。它包括三个方面:位移量（绝对或相对）、位移速率和位移加速度。

（2）根据以上判断标准,如果净空变形速度不超过允许值,且不出现蠕变趋势,则可以认为围岩是稳定的,初期支护是成功的。若表现出稳定性较好,则可以考虑适当加大循环进尺。

（3）二次衬砌（内层衬砌）的施作时间。按新奥法施工原则,当围岩或围岩加初期支护后基本达到稳定时,就可以施作二次衬砌。

应当特别指出的是,在流变性和膨胀性强烈的地层中,单靠初期支护不能使净空变形收敛时,就宜在净空变形收敛以前,施作模筑混凝土二次衬砌,做到有效地约束净空变形。

（二）围岩内位移及松动区分析与应用

与净空变形同理,如果实测围岩的松动区超过了允许的最大松动区,则表明围岩已出现松动破坏,此时必须加强支护或调整施工措施以控制松动范围。如加强锚杆等,要求锚杆长度大于松动区范围。如果与以上情形相反,甚至锚杆后段的拉应力很小或出现压应力,可适当缩短锚杆长度或缩小锚杆直径或减少锚杆数量等。

（三）锚杆轴力分析与应用

锚杆轴力是检验锚杆效果与锚杆强度的依据,根据锚杆极限强度与锚杆应力的比值 K（安全系数）即能作出判断。锚杆轴力越大,则 K 值越小。一般认为锚杆局部段的 K 值稍小于1是被允许的,因为钢材有一定的延性。根据实际调查发现,锚杆轴力在洞室断面各部位是不同的,表现为:

（1）同一断面内,锚杆轴力最大者多数在拱部45°附近与起拱线之间。

（2）拱顶锚杆,不管净空位移值大小如何,出现压应力的情况是不少的。

锚杆的局部段 K 值稍小于1的允许程度应该是锚杆轴力不超过锚杆的屈服强度,若锚杆轴力超过屈服强度,则应优先考虑改变锚杆材料,采用高强钢材。当然,增加锚杆数量或加大锚杆直径也可获得锚杆轴力降低的效果。

（四）围岩压力分析与反馈

由围岩压力分布曲线可知围岩压力及分布状况,围岩压力与围岩位移量及支护刚度密切相关,围岩压力大,即作用于初期支护的压力大。这可能有两种情况:一种情况是围岩压力大但变形量不大,这表明支护时间,尤其是支护的封底时间可能过早或支护刚度太大,可做适当调整,让围岩释放较多的应力;另一种情况是围岩压力大,变形量也很大,此时应加强支护,限制围岩变形,控制围岩压力的增长。当测得的围岩压力很小但变形量很大时,则应考虑可能会出现围岩失稳。

(五)喷层应力分析与反馈

喷层应力是指切向应力,因为喷层的径向应力总是不大的。喷层应力与围岩压力及位移有密切关系。喷层应力大的原因有两个:一是围岩压力和位移大;二是支护不足。

在实际工程中,一般允许喷层有少量局部裂纹,但不能有明显的裂损或剥落、起鼓等。如果喷层应力过大或出现明显裂损,则应适当增加初始喷层厚度。如果喷层厚度已较大,则不应再增加喷层厚度,而应增设锚杆、调整施工措施、改变封底时间等。

(六)地表下沉分析与反馈

对于浅埋隧道,可能因隧道的开挖而引起上覆岩体下沉,导致地面建筑破坏和地面环境改变。因此,地表下沉的量测监控对地面有建筑物的浅埋隧道和城市地下通道尤为重要。

如果量测结果表明地表下沉量不大,能满足限制性要求,则说明支护参数和施工措施是适当的;如果地表下沉量大或出现增加的趋势,则应加强支护和调整施工措施,如适当加喷混凝土、增设锚杆、加钢筋网、加钢支承、超前支护等,或缩短开挖循环进尺、提前封闭仰拱,甚至预注浆加固围岩等。

另外,还应注意观测浅埋隧道的横向地表位移,横向地表位移带发生在浅埋偏压隧道工程中,其处理较为复杂,应加强治理偏压的对策研究。

(七)声波速度分析与反馈

围岩的声波速度综合地反映了岩体的物理力学特征和动态变化。根据物理曲线可以确定围岩松动区的范围,工程中应注意将此结果与围岩内位移量测资料相对照,综合分析和判断围岩的松动情况,以便给修正支护参数和调整施工措施提供依据和指导。

◀◀ **任务实施与评价**

任务实施与评价如表 6-2-5 所示。

任务实施与评价表   表 6-2-5

任务要点	简述隧道监控量测项目及测点布置原则			
班级		姓名		评价时间	
任务 实施	考核标准		分值(分)	得分(分)
	能说清隧道监控量测项目及量测数据的处理		10	
	结合本项目学习内容,简述对"质量强国"的理解		10	
	具备施工安全意识		10	
	组员分工合理,职责明晰,团结合作,表现出一定的职业素养		10	
	调研材料丰富、翔实		10	
	PPT 清晰、图文并茂		15	
	富有创新精神		15	
	表达流畅,分析合理		20	
	总计		100	

互评意见:

学习心得:

指导教师意见:

说明:小组互评要实事求是,公平公正

── 过关练习 ▷▶▶

一、填空题(44分)

1. 隧道开挖质量检测包括_____、_____。

2. 超欠挖的检测方法有_____、_____、_____、_____。

3. 地质雷达法测线布置以_____为主,_____为辅。

4. 混凝土强度检测的方法有_____、_____、_____。

二、名词解释(12分)

渗透系数:

撕裂强力:

钻芯法:

三、简答题(44分)

1. 隧道质量检测内容有哪些?

2. 隧道防排水系统质量检测的主要内容有哪些?

3. 简述监控量测项目分析的应用。

4. 简述监控量测结果的应用。

◁◁ **工程案例分析** 📖 ──

地铁施工的监控量测

随着我国地铁建设项目规模的扩大、数量的增加,地铁施工安全问题日益突出,监控量测就显得至关重要。

1. 工程概况

某市地铁 8 号线河套停车场接驳站为 A 站,选址于 B 村西侧,C 路北侧、D 河南侧、规划 E 高铁东侧、规划机场高速西侧。出入线及正线区间线路呈西—东走向,站址位于 F 区河套街道,沿 C 路敷设。C 路道路宽度为 24m,双向六车道,车流量较大。

2. 地下管线

建设地点周边管线主要有雨污水管道、给水管、通信光缆、燃气管线,均沿 C 路敷设,其中较大区间明挖段施工前均对影响范围内的地下管线临时迁改,待结构施工完毕后在原位恢复,暗挖区间及竖井横通道施工过程下穿地下管线不进行迁改。

3. 监控量测的目的

地下工程按信息化设计,现场监控量测是监视围岩稳定、判断隧道支护衬砌设计是否合理安全、施工方法是否正确的重要手段,通过监控量测,达到以下目的:

(1)通过对监测数据的分析处理,监测基坑稳定和周边建筑物、邻近管线的沉降、变形情况,掌握变化规律,预测发展趋势,保证基坑施工、周边建筑物、邻近管线安全。

(2)将现场监测的数据、信息及时反馈,以修改和完善设计,使设计达到优质安全、经济合理的目标。

(3)将现场测量的数据与理论预测值比较,用反分析方法进行分析计算,使设计更符合实际,以便指导今后的工程建设。

4. 监控量测主要内容

(1)初支拱顶沉降。

拱顶沉降监测是反映地下工程结构安全和稳定的重要数据,是围岩与支护系统力学形态变化的最直接、最明显的反映。

(2)洞内净空变形。

地下工程开挖后,净空变形也是反映围岩与支护结构力学形态变化的最直接、最明显的参数,通过监测可了解围岩和支护结构的稳定状态。

(3)初始值及相关情况的采集。

(4)地表沉降。

地表沉降是地下结构监测施工最基本的监测项目,它直接反映地下结构周边土体变化情况。

(5)相邻地下管线变形。

地下结构开挖时伴随着土方的大量卸载,周边水土压力重新分布,势必对相邻地下管线造成一定影响,甚至使管线产生位移。对相邻地下管线变形进行监测,及时采取有效措施保证管线安全,不仅关系施工的顺利进行,更关系周边居民的正常生活。

(6)现场巡视、燃气检测、爆破振速监测、竖向支承轴力监测。

现场巡视、燃气检测、爆破振速监测、竖向支承轴力监测都需要通过相关仪器,读数测得。

5.监测控制值

(1)为确保隧道稳定,便于隧道开挖及施工,减少对周围环境的不利影响,需通过施工监测反馈信息修正设计,指导施工,并为以后工程做技术储备,严格按照设计要求进行监测工作。

(2)地表沉降(累计)控制值 30mm,横向沉降坡度控制值 1%,地表沉降平均(最大)速率控制值小于或等于 0.15%;隧道水平收敛控制值 10mm。

(3)管线沉降监测要求如下:燃气管线沉降控制值小于或等于 8mm,其余管线沉降控制值 s;在地下管线沉降测点设置前,应对施工影响范围内的管线进行实地调查。测点布置在管线接头处,或对位移变化敏感的部位。同时,管线测点宜直接布置在管线上,如受条件限制,也可在管线上方埋设地表桩进行间接监测。

(4)施工监测时间间隔。一般情况下,间隔时间不宜超过 3d,在开挖阶段应一天一测,当变形超过有关标准或场地条件变化较大时,应加密观测。当有危险事故征兆时,则需进行连续监测。对于光滑的变化曲线,若曲线上出现明显的折点变化,也应做出报警处理。

(5)在监测前对深埋监测元件必须进行标定(至少三次),然后确定初值。

(6)监测项目根据施工现场情况在征得建设单位及设计单位同意后,可适当调整。

(7)监控量测标准值是根据有关规范、规程及类似工程经验制定的,控制标准的 70%为预警值,应加强监测频率。当监测数据达到或超过管理基准值时,应立即停止施工,修正支护参数后方能继续施工。

(8)爆破振速:每次爆破监测,其监测控制指标为燃气管监测质点 0.5cm/s,其他爆破测振质点 1.5cm/s。

(9)洞内竖向临时支承(CD 法施工中隔壁)轴力监测的目的是为以后二次衬砌施工提供轴力数据,从而确定拆除支承的长度。

6.监测反馈

信息化施工要求以监测结果评价施工方法,确定工程技术措施。因此,对每一测点的监测结果,要根据管理基准和位移速率等综合判断结构和建筑物的安全状况。

7. 总结

地铁施工监控量测在施工过程中起着至关重要的作用,围护结构开挖和地下工程施工将会对周边建筑物、道路和地下管线等产生一定的影响,稍一疏忽或出现问题,将带来巨大的经济损失并威胁人身安全。跟踪掌握在土方开挖和地下结构施工过程中可能出现的各种不利现象,及时调整施工参数、工序以及是否要采取应急措施等技术依据,对保障建设单位声誉及相关社会利益不受损害具有重大意义。

> 请根据工程案例,结合本项目学习内容,分析地铁施工监控量测的常见方法及注意事项。

参考文献

[1] 中华人民共和国住房和城乡建设部.地铁设计规范:GB 50157—2013[S].北京:中国建筑工业出版社,2013.

[2] 中华人民共和国住房和城乡建设部.地铁限界标准:CJJ/T 96—2018[S].北京:中国建筑工业出版社,2018.

[3] 国家铁路局.铁路隧道设计规范:TB 10003—2016[S].北京:中国铁道出版社,2017.

[4] 覃仁辉.隧道工程[M].4版.重庆:重庆大学出版社,2015.

[5] 刘钊,余才高,周振强.地铁工程设计与施工[M].北京:人民交通出版社,2004.

[6] 高峰.城市地铁与轻轨工程[M].2版.北京:人民交通出版社股份有限公司,2019.

[7] 王勇,贾飞宇.公路隧道施工技术[M].北京:中国物资出版社,2011.

[8] 朱济龙.城市轨道交通车站机电设备[M].北京:机械工业出版社,2012.

[9] 赵忠杰.公路隧道机电工程[M].北京:人民交通出版社,2007.

[10] 宋秀清.隧道施工[M].3版.北京:人民交通出版社股份有限公司,2020.

[11] 杨其新,王明年.地下工程施工与管理[M].3版.成都:西南交通大学出版社,2015.

[12] 隋修志,高少强,王海彦.隧道工程[M].2版.北京:中国铁道出版社,2010.

[13] 吴焕通,崔永军.隧道施工及组织管理指南[M].北京:人民交通出版社,2005.

[14] 张庆贺,朱合华,庄荣,等.地铁与轻轨[M].2版.北京:人民交通出版社,2006.

[15] 王梦恕,等.中国隧道及地下工程修建技术[M].北京:人民交通出版社,2010.

教学调查反馈

一、关于教学情况的调研

亲爱的同学们：

你们好！

欢迎你们参加本次调研,本次调研的主要目的是了解同学们的学习情况,以便老师更好地展开教学工作。请同学们根据自己的情况如实填写。谢谢同学们的配合！

序号	问题	选项	选择结果
1	你对这门课感兴趣吗?	A. 感兴趣 B. 不感兴趣 C. 没感觉	
2	你认为这门课程学时安排合理吗?	A. 合理　B. 不合理	
3	你认为任课老师的授课态度如何?	A. 十分认真,富有激情 B. 一般认真 C. 不认真,敷衍了事	
4	你对任课老师使用的教学手段和教学组织方法是否满意?	A. 满意　B. 基本满意 C. 不满意	
5	你感觉老师布置的作业量合理吗?	A. 合理　B. 不合理	
6	你对任课老师的作业类型满意吗?	A. 满意　B. 不满意	
7	你认为课程进度如何?	A. 太快　B. 合适 C. 太慢	
8	你在学校的学习和生活方面适应情况如何?	A. 完全适应 B. 还在适应中 C. 没适应	
9	你对自己目前的学习状态满意吗?	A. 满意　B. 不满意	
10	你对这一学期的学习和生活有认真规划吗?	A. 规划了,执行了 B. 规划了,没有坚持 C. 没规划	

二、期待的课堂

请你结合自身情况,展望"隧道及地下工程技术"课堂形式。